한정숙

서울대학교에서 서양사를 공부하고 독일 튀빙겐 대학교에서
혁명기 러시아의 농민사회주의 사상에 대한 연구로 박사 학위를 받았다.
부산여대(현 신라대학교) 전임 강사, 세종대학교 사학과 조교수를 거쳐
서울대학교 서양사학과 교수로 재직 중이다. 러시아사, 우크라이나사,
여성사에 관해 강의하면서 논문과 책을 출판하고 있다. 저서로
『여성은 이렇게 말했다: 서양 고전과 역사 속의 여성 주체들』(2008),
『러시아는 우리에게 무엇인가』(공저, 2011), 『독일 통일과 여성』
(공저, 2012), 번역서로 『노동의 역사』(1982), 『봉건 사회』1, 2 (1986),
『유랑 시인』(편역, 2005), 『우크라이나의 역사』1, 2 (공역, 2016) 등이 있다.
최근에는 유라시아주의와 시베리아의 역사 연구에 많은 관심을
기울이고 있다.

시베리아 유형의 역사

08 서울대 인문 강의

시베리아 유형의 역사

격리 형벌, 계몽, 자유

한정숙

민음사

유형과 형벌

근대국가의 주권성이 강화되면서 국가는 주민의 신체와 생명에 대한 절대적 통제권을 가지게 되었다. 미셸 푸코의 『감시와 처벌』 첫 부분에는 인간의 신체를 직접적 대상으로 삼아 자신의 힘을 "호화롭게" 현시하는 국가권력의 힘이 인상적으로 묘사되어 있다. 그것은 프랑스혁명 전 구체제 시기의 일이었다.

그 후 근대국가의 전개 과정에서 인간의 신체에 작용하는 권력의 힘은 다양한 형태로 표현되었다. 한편으로는 주민의 정치적 권리가 강화됨에 따라 주민의 신체에 대한 국가의 직접적 폭력 행사는 차츰 뒤로 물러나고 감옥과 감시 체계를 통해 주민을 길들이는 규율 국가로의 전환이 이루어졌다. 다른 한편으로는 사회적 갈등의 출구로서 주민에 대한 선택적 포섭과 배제의 메커니즘이 강화되는 가운데, 배제되는 사회 구성원을 공간적으로 격리하는 기제로 유형 식민지(형벌 식민지, penal colony)가 체계적으로 조직되고 이용되는 현상도 찾아볼 수 있다. 격리를 통한 통제는 해당 사회의 주민을 길들이는 또 하나의 수단이었고, 통치자는 자기가 지배하는 공간 내에서 유형이라는 형벌이 가져오는 정치적·사회적 효과에만 관심을 기울였다. 따라서 많은 근대국가가 별도의 유형 공간을 가지고자 했고, 이 공간 안에서 유형 제도를 운영하고자 애썼다. 영국의 유형 식민지였던 오스트레일리아와 프랑스의 유형 식민지였던 프랑스령 기아나, 그리고 러시아제국의 유형 식민지였던 시베리아는 그 대표적인 예라고 할 수 있다. 사실 북미 대륙도 일찍이 영국 정부에는 유형 식민지로서 효용성을 가지는 공간이었다. 그런데 미국이 독립해 나가자 새로운 유형지를 찾고 있던 영국 정부가 마침 새로 지배하게 된 오스트레일리아를 그 대체물로 삼게 된 것이었다.

　　그러나 이 같은 의도와는 별개로 근대국가에서의 유형 제도는 유형의 공간을 변화시키는 결과를 가져오기도 하였다. 주로 정치적 이유에서 개별적인 인물들에게 추방과 유배형(오스트라키스모스, 엑실리움, 데포르타티오 등)을 부과했던 고대사회에서와는 달리, 근대국가에서는 다수의 인원을 추방하였고 이들을 집단적으로 수용하는 유배의 공간이 형성됨으로써 유형의 공간 자체에 별개의 사회가 형성되었기 때문이다. 유형 식민지였던 오스트레일리아는 독립하여 공화국을 이루게 되었고, 상처를 넘어서기 위한 노력 속에서 오늘날에는 독자적인 오스트레일리아 정체성을 형성하고 있다. 프랑스령 기아나와 뉴칼레도니아는 일반 형사범들뿐 아니라 파리코뮌 전사들과 같은 정치범의 유배지로 유명했는데, 이들은 유배형을 마친 후에도 그곳에 남아서 현지인들의 삶에 영향을 미치는 역할을 하기도 했다. 시베리아는 유럽러시아와 연결되면서 오늘날에는 사람과 물자가 분주히 오가는 공간으로 탈바꿈하는 과정을 겪고 있다.

유형이라는 형벌 제도의 역사에서 적어도 오늘날의 세상 사람들에게 가장 잘 알려져 있는 공간은 아마 시베리아일 것이다. 일반 사람들의 머릿속에서 시베리아 유형은 단순한 형벌 제도가 아니었다. 이 단어는 물리적·신체적인 면에서 인간이 다다를 수 있는 가장 비참하고 고통스러운 상태의 상징과도 같은 것이었다. 이 같은 관념은 아마 부분적인 진실과 부분적인 과장 혹은 오해를 담고 있을 것이다. 세상의 모든 규정과 관념이 다 그러하듯.

이 작은 책은 시베리아 유형 제도의 역사와, 이 제도로 인해 시베리아의 눈보라와 지하 광산 노동을 견뎌야 했던 사람들의 삶을 조금 더 가까이 다가가서 살펴보려는 시도이다. 원래 이 작업은 형벌 체계에 대한 법제사적 관심보다는 역사와 문학 속에 등장하는 시베리아 유형수들과 그 주변 사람들의 삶에 대한 인문학도의 관심에서 출발했다. 이 관심이 시베리아 자체의 역사에 대한 관심과 결합하였다.

이 책은 일반인들을 위한 강좌의 바탕글을 확대한 것인 만큼 시베리아 유형의 전모를 파악하겠다거나 감추어진 거대한 진실을 드러내겠다는 야심을 가지고 있지는 않다. '시베리아 유형'이라는 단어를 들을 때 많은 사람이 떠올리게 되는 극단적 상상을 글로써 충족시키고자 하는 노력과는 더욱 거리가 멀다. 한편으로는, 이제 고전이 된 19세기 러시아 저자들의 저작을 제외하더라도, 19세기 말에 이미 미국인 저술가 조지 케넌이 시베리아 유형 제도에 대한 보고로 엄청난 센세이션을 불러일으킨 바 있다. 이 제도의 '비인간성과 참상'을 폭로

하고 고발하려는 어떤 시도도 케넌의 책이 불러일으켰던 관심을 넘어설 수는 없을 것이다. 다른 한편으로는, 나치 독일의 유대인 수용소라는 어마어마한 악의 세계에 대해 알고 난 후의 인류에게 시베리아 유형 제도는 다소 소박하고 인간적인 면을 가진 것으로 보이기까지 하는 것도 사실이다. 그것은 시베리아 유형 제도가 실제로 많은 빈틈이 있고 자의가 난무하는 것 못지않게 행위자 간의 협상과 인간적 고려가 작용할 여지를 가진 영역이었다는 것과 무관하지 않다. 더 나아가 시베리아라고 하는, 인간의 통제에 쉽게 굴하지 않는 거칠고 광활한 공간이 어떤 연유에서든 자신과 인연을 맺는 인간에게 특수한 형태로 개입했다는 점도 생각해야 한다. 시베리아는 인간들의 관계에 밀고 들어와 이를 좌우하는 또 하나의 행위자였고, 이 점은 유형수들과 그들의 통제자들의 관계에서도 마찬가지였다. 시베리아 유형이 수많은 탈출자를 낳았던 것은 실로 시베리아 공간의 특별한 성격과도 무관하지 않다.

시베리아 유형에 대해 케넌이나 야드린체프, 혹은 다른 사법제도 개혁론자들은 극히 부정적인 묘사와 평가를 제시했던 반면, 시베리아 유형을 "괜찮게 보낸" 레닌 부부 같은 사람의 경험도 있다. 어떠한 사물에나 있기 마련인 다양성이라는 이름으로 이 모든 세부적인 차이를 다 그려 낼 수는 없다. 그러기 위해서는 시베리아만 한 캔버스가 있어야 할 터인데, 그럴 수 없어서 좁은 화폭에 원경으로 그림을 그리면 모든 것이 흐릿하고 회색으로 보일 수도 있다. 사실 지금 이 책이 하고 있는 작업이 그와 비슷한 것이다. 공간적·시간적으로도 먼 세계지만, 시베리아 유형의 구체적 모습이 대단히 다양했기 때문에, 모든 것을 한데 겹쳐 보면서 통계적 평균치만을 내고자 한다면 끝내는 평퍼짐하고 단조로운 형벌 제도의 역사만 남게 될 수도 있다. 그 점을 생각해서, 전체적으로는 원경이더라도 어떤 부분은 식별 가능하게끔 좀 더 또렷하게, 그리고 실제로 삶을 살아간 사람의 몸짓도 분간할 수 있게끔 그려 내고 싶었다. 생각대로 되었는지 모르겠다.

이 책은 국가가 구성원을 통제하는 방식에 대한 한 탐구이며, 특히 아감벤이 말하듯, 국가는 '벌거벗은 생명'으로서의 구성원 인신을 마음대로 다룰 수 있는 전권을 가졌다고 생각하는 사고방식에 대한 사례 연구이다. 그러나 이러한 사고방식이 지배하는 체제 아래서도 '벌거벗은 생명'인 사람들은 살고 저항하고, 이러한 사고방식의 신봉자들을 조롱하면서 그들 나름의 생존술을 익힌다. 그들은 이렇게 하면서 자신들의 생존을 도와주는, 혹은 그들의 생존술에 영향받고 도움 입은 문화를 만들어 간다. 지배받는 자의 생명력이 지배하는 자의 권력에 대해 거두는 작은 승리들은 곳곳에서 목격되며, 또한 그러한 작은 승리들이 권력에 파열을 내게 되는 것이다. 이 책에서 살펴보고자 하는 것 가운데는 그러한 모습들도 포함된다.

이 책에서는 서술의 대상을 시베리아 유형 제도가 확립된 17세기 중반 이후 1917년 러시아혁명 이전까지로 한정했다. 소련 시대까지 시기적 지평을 확대해 본다면 유형지로서의 시베리아 공간은 더욱 많은 상처를 드러낼 것이고 이를 통해 국가권력과 유형이라는 형벌의 관계에서 온전한 또 하나의 전형을 찾아볼 수도 있을 것이다. 그러나 소련 시기를 추적하는 작업은 이 책의 과제에 포함되지 않았기에, 별개의 책에서 다루어야 하리라고 생각한다. 시간적 제약으로 인해 여러 가지 미비점이 있음에도 일단 원고를 여기에서 마감하였다. 그러나 지은이의 간절한 바람이 있다면 곧바로 수정 증보판을 낼 수 있게 되면 좋겠다는 것이다.

인문학 서적의 집필과 출판에 아낌없는 지원을 보내 주셨던 민음사 박맹호 회장님은 감사의 말씀을 미처 드릴 사이도 없이 유명을 달리하셔서 황망하다. 영전에 뒤늦게나마 재배를 드린다.

2017년 12월

때 이른 한파 속에서 시베리아를 느끼며

영광스러운 바다, 신성한 바이칼이여.
영광스러운 배, 나무통엔 생선이 담겼네.
어와, 서풍이여 물결을 일으켜 다오,
젊은이 태운 이 배는 좀 더 멀리 가야 하네.

오랜 세월 나는 무거운 차꼬 찼었네.
오랜 세월 나는 아카투이산 속을 떠다녔네.
늙은 동료는 도망치도록 날 도와주었지,
자유를 예감하며 나는 기다리고 기다렸지.

실카강도 네르친스크도 이젠 두렵지 않네.
산지기조차 날 체포하지 못했네.
밀림에선 아귀 같은 맹수도 날 건드리지 않았지,
총알도 나를 스쳐 갔을 뿐이지.

밤에도 한낮에도 나는 걷고 또 걸었네.
도시 주변에선 주의 깊게 사방을 살폈네.
농사꾼 아주머니는 빵을 먹여 주었지,
젊은이는 매운 담배도 건네주었지.

영광스러운 바다, 신성한 바이칼이여.
영광스러운 나의 돛은 해진 겉저고리일세.
어와, 서풍이여 파도를 일으켜 다오,
멀리서 우렛소리 들려오누나.

　　　　　　　　—러시아 민요, 「영광스러운 바다, 신성한 바이칼이여」

차례

시베리아의 문 앞에서

2012년 가을, 고은 시인이 《경향신문》 인터뷰에서 시베리아에 꼭 가 보겠다는 희망을 피력한 것을 읽었다.[1] 한국을 대표하는 원로 시인에게 시베리아는 대륙의 웅혼한 기상과 우주적 광활함을 표상하는 공간이다. 지질학을 전공한 내 절친한 친구는 10대 소녀 시절 시베리아 횡단 열차를 타 보는 것이 평생의 꿈이라고 이야기하면서 언젠가 함께 여행하자고 제안한 적이 있다. '이토록 아득한 동경의 근원이 무엇일까' 궁금했지만, 정작 나 자신은 러시아 역사를 공부하면서도 굳이 이를 실현하겠다는 야심이 강하지는 않았다. 이제는 나도 시베리아 쪽에 여러 번 다녀왔지만, 주위를 둘러보면 이미 오래전부터 시베리아, 그중에서도 바이칼 호수를 방문하거나 시베리아 횡단 열차를 타고 달려 보고 싶다는 소망을 가진 이가 적지 않다. 언젠가부터 한국 사람을 포함하여 러시아 바깥의 많은 사람들에게 바이칼 호수 방문은 화사한 여행 상품처럼 되어 가고 있다. (내 친구는 내가 같이 여행할 시간을 내지 못하자 이런저런 방법으로 러시아어를 공부하여 독자적으로 시베리아 횡단 열차 여행을 감행하였고 그 후 흥미로운 여행담을 들려주었다.)

남부 유럽러시아 출신으로 서울대학교 노어노문학과 초빙교수인 미하일 보르듀고프스키 박사는 "러시아인들에게는 시베리아 횡단 열차를 타겠다는 생각 같은 것은 떠오르지 않는다. 가도 가도 똑같은 모습뿐인데 뭘."이라고 빙긋 웃으며 나의 시베리아 횡단 열차 여행담을 맞이했다. 중부 러시아 탐보프 출신이며 러시아 학술원 지리학 연구소 선임 연구원이었던 미하일 크르일로프 박사도 학회에 참석하여 러시아의 지역 문제에 대해 토론하면서, 자신은 시베리아에 딱 한 번 가 봤다고 했다.[2] 소련 시대에 학술 도시로 집중적인 지원을 받았던 노보시비르스크에 다녀온 것이니까, 그에게 시베리아 여행은 순전히 학술 활동의 일부였고 낭만적 소망의 발로는 아니었다.

그런가 하면 1967년에 태어난 시베리아 출신 러시아 문인으로 전국적 명성을 가지고 있는 예브게니 그리쉬코베츠는 작품 속 주인공의 입을 빌려 시베리아를 "역사의 흔적이 없는 곳, 성채가 없는 곳"으로 특징짓고, 공허함과 비어 있음이 곧 시베리아라고 말한다.[3] 이 작가는 시베리아를 떠나 있으나 시베리아에 대한 글을 계속 발표하고 있다. 그리고 얼어붙은 듯한, 공허한 듯한 시베리아의 삶이 다른 세상, 열려 있는 새로운 세상의 삶과 만나는 미래에 대한 내밀한 열망을 소설에서 감동적으로 표현하고 있다.

시베리아의 진정한 실체는 무엇일까? 그 진정한 모습은 어떻게 찾을 것인가? '시베리아는 ( )이다.'라는 문장을 두고 빈칸 안에 글을 채워 넣으라고 한다면 독자들은 어떻게 답할지 궁금하다. 어떤 분은 "시베리아는 아무것도 아니다."라고 할 수도 있겠고, 어떤 분은 "시베리아는 추위다."라고 할지도 모르겠다. 러시아 외부는 물론 러시아 내부에서도 시베리아인과 비시베리아인의 이미지와 시베리아관은 천양지차다. 시베리아를 체험한 인물들의 시베리아관도 극과 극으로 차이가 난다. 디멘트와 슬레즈킨은 다양한 사람의 시베리아관을 다룬 그들의 책 제목을 "천국과 지옥 사이"라고 붙였다.[4] 과거에도 시베리아는 가장 비참하고 황량한 곳, 지옥과 같은 곳이라는 시각이 있었던가 하면, 이 광활한 공간은 영혼이 구원받는 곳, 영혼의 자유와 정신적 해방이 이루어지는 곳이라고 여기는 사람도 적지 않았다.

시베리아의 비참함과 황량함에 대한 관념 혹은 느낌은 단순히 날씨가 춥다는 것과 사람이 많이 살지 않는다는 것에서 비롯되지는 않는다. 이 이미지는 다른 무엇보다도 시베리아가 유형 식민지였다는 것과 결부되어 있다. 그렇다. 시베리아는 유배지였다. 19세기 미국인 저술가로서 시베리아에 큰 관심을 가지고 시베리아 여행을 했던 조지 케넌은 시베리아를 "유배자들의 거처(The Exile's Abode)"라고 명명하였다.[5] 그는 시베리아 유형지와 수용소들을 직접 방문하고 유형수들의 삶을 관찰한 후 그 문제점을 지적하는 방대한 저술을 남기기도 했다.[6] 시베리아는 오랫동안 식민지였는데, 식민지는 잉여 인구 배출, 경제적 착취(원료 공급, 자본 투자, 시장), 군사적 기능, 유형지 등 여러 기능을 가지기 마련이다. 시베리아 역시 식민지로서 모든 기능을 수행했지만, 그 가운데 가장 중요한 것은 경제 식민지와 유형 식민지로서의 역할이었다.[7]

시베리아 경제 식민지는 모피와 금은, 다이아몬드를 제공해 주는 원료 공급지였다. 세계 체제 속의 러시아제국 사회에서 시베리아가 경제 식민지로서 담당한 역할은 앞으로 제대로 규명되어야 할 것이다. 그런데 유형 식민지로서의 시베리아는 어떤 모습을 가지고 있는가? 시베리아 유형 제도는 우선적으로 갈등의 근원을 외부로 내보냄으로써 징벌을 가시화하는 기제였다. 러시아제국 정부는 자국 사회(유럽러시아)에서 불순한 요소들을 제거하기 위한 장치로 시베리아 유형 제도를 활용했다. 동시에 이 제도는 경제 식민지 운영을 위한 인력 제공이라는 성격도 가지고 있었다. 시베리아 유형 제도는 자국 사회를 청소하여 갈등을 제거하는 기능을 하면서 일반 형사범들과 정치범들의 노동력을 활용하여 식민지를 경제적으로 착취함으로써 본국의 부를 증진하는 데 일조하였다. 시베리아는 물질은 퍼 담고 인간은 내다 버리는 곳이었다.

시베리아를 지옥이라고 할 때 이는 본국에서 영구히 추방된 사람들의 공간, 감시와 추위, 경제적 궁핍과 중노동 속에서 유형수들이 고통받다가 죽어 가는 곳이라는 생각과 결부되어 있다. 이 글에서는 죄수의 신분이 되어, 얽매인 몸이 되어 시베리아로 밀려났던 사람들, 족쇄 채워진 발길로 시베리아의 들판과 숲을 떠다녀야 했던 슬픈 사람들에 얽힌 이야기들을 살펴보고자 한다. 그런데 앞에서 시베리아에 대한 이미지가 극단적으로 대비된다고 했지만, 사실은 유형에 대한 이미지도 극단적으로 상반되었다. 톨스토이의 『부활』에서 네흘류도프 백작은 시베리아에 가서 죄 없이 유형당한 사람들의 이야기를 차례로 들으며 영혼의 소생을 체험하게 되고, 도스토예프스키 소설의 죄 많은 주인공들인 로디온 라스콜리니코프와 드미트리 카라마조프는 모두 자기의 영혼을 정화할 장소로서 시베리아를 받아들인다.

그렇다면 영혼은 그만두고 육체를 위해서는 어떠한가. 앞에서 소개한 노래 「영광스러운 바다, 신성한 바이칼이여」(이 노래에서 바이칼 호수는 '바다'로 불리고 있다.)는 탈옥에 성공한 유형수의 이야기를 그리고 있는데, 여기에서 시베리아의 산하는 자유를 가져다주는 곳으로 그려지고 있다. 인간은 유형수로서 묶여 있을 때는 지옥을 경험하지만, 이것을 벗어났을 때 시베리아의 광활함은 그에게 해방감을 더해 준다. 시베리아에 유배당해 있던 시기의 데카브리스트들과 자주 서신을 교환했던 장교이자 저술가인 이반 페트로비치 코르닐로프는 시베리아 근무를 자원하여 1848년에서 1850년 사이에는 동부 시베리아 군단에서 참모장교로 근무했다. 그는 후일 자서전에서 자신이 시베리아로 갔던 이유를 이렇게 술회했다. "페테르부르크에서 나는 비열함과 무의미함으로 오염되어 있었다. 시베리아에서 나는 다시 살아날 것이다. 평온하고 안일한 페테르부르크 생활을 벗어나 시베리아로 가게끔 나를 부추긴 것은 바로 이 점이었다."[8] 그런가 하면 시베리아와 자유를 결부시켜 주는 아주 현실적인 또 하나의 요인이 존재하고 있었으니, 그것은 곧 러시아 본토에서 농노제가 강화되고 공고하게 뿌리내리고 있던 시절에도 시베리아에는 농노가 존재하지 않았다는 사실이다. 이곳에 이주해 온 농민들은 "농노제가 없는 자유로운 땅"에서 그들의 자율적 공동체를 이루어 살았다. 또한 러시아 공식 교회를 거부하고 정교회의 구래 의례를 고수해 온 '구신도(舊信徒)'들은 본토에서는 엄청난 핍박을 받았지만, 시베리아에서는 그러한 간섭 없이 착실한 경제 활동과 가족생활을 영위하여 시베리아의 부를 일구는 데 크게 기여하기도 하였다. "시베리아는 자유다."라는 말도 분명 성립할 수 있는 것이다.

시베리아는 여러 얼굴을 가지고 있다. 하나의 얼굴만을 시베리아라고 내세울 수는 없다. 시베리아와 관련된 사람들이 그만큼 다양한 얼굴을 가지고 있었기에 그것은 당연하다.

시베리아라는 용어가 오늘날 협의로 쓰이기도 하고 광의로 쓰이기도 하므로, 먼저 명칭 문제를 잠깐 살핀 뒤에 시베리아의 역사 속으로 들어가도록 하자. 일반적으로 시베리아는 우랄산맥 너머 동쪽으로 이어지는 모든 러시아 영토, 곧 북태평양 연안, 캄차카반도, 사할린까지 포함하는 지역을 가리키는 말로 쓰고 있다. 특히 외국인들 사이에서는 대개 그러하다. 이는 넓은 의미의 시베리아, 즉 대(大)시베리아다. 이처럼 광의의 시베리아는 러시아의 아시아 지역 전체, 곧 동서로는 우랄산맥에서 태평양 연안에 이르고 남북으로는 카자흐스탄 북부 구릉지대, 몽골-중국 국경에서 북극해에 이르는 광대한 지역이다. 그 면적은 러시아 전체 면적의 4분의 3을 차지하며, 중국이나 미국의 전체 면적보다 훨씬 넓다. 대시베리아는 '시베리아와 극동'으로 총칭되기도 한다. 2000년까지는 그러했다. 또한 대시베리아는 서부 시베리아, 동부 시베리아, 극동으로 나누어 부르기도 했다.[9] 그러나 현재 우랄산맥 동쪽에서 태평양 연안까지의 러시아 영토, 즉 통념상의 시베리아는 행정적으로 우랄 연방 관구, 시베리아 연방 관구, 극동 연방 관구로 구분된다. 극동 러시아는 러시아에서는 극동 연방 관구라는 공식 행정 용어 외에 아시아-태평양 지역으로 불리기도 하는데, 행정구역상 극동 연방 관구에 속하는 지역은 아무르도(道), 추코트카 자치구(自治區), 비로비잔 유대인 자치도, 캄차카 지방, 코략 자치구, 하바로프스크 지방, 마가단도, 연해주, 사하 공화국, 사할린도이다.[10] 그런데 이러한 세세한 구분은 시베리아라는 단일한 공간에 대한 관념을 희박하게 만드는 경향이 있다. 시베리아가 워낙 넓기 때문에 이를 행정적으로 나누는 일은 반드시 필요하다. 그러나 단순히 행정단위를 나누는 것이 아니라 단일한 지역을 셋으로 나누고 행정단위를 잘게 쪼개는 것은 시베리아 공간의 세분화를 의미한다. 이는 의도적인 것이다. 즉 시베리아주의의 부상을 막고자 하는 중앙정부의 의도가 여기에 반영되어 있다고 할 수 있다.

이 글에서 시베리아라고 할 때는 넓은 의미의 시베리아, 즉 대시베리아를 가리킨다. 시베리아 유형은 대시베리아 지역 전체에 걸쳐 이루어졌고, 이에 따라 일단 우랄산맥 동쪽으로 보내는 모든 형벌 혹은 행정 조치를 지역적으로 세분된 명칭 없이 시베리아 유형으로 불렀기 때문이다.

1장

'식민지'
시베리아'

시베리아,
정복하고 정복되다

시베리아 땅에는 원래 튀르크인(야쿠트인, 시베리아 타타르인), 퉁구스인(에벤키인), 피노 위구르인(한티인, 만시인), 몽골인(부랴트인)과 같은 아시아계 사람들이 살고 있었다. 이들은 주로 수렵, 유목 생활에 종사하였으며, 대개는 샤머니즘을 신봉하고 있었다.[2] 칸을 자칭하는 지도자들이 출현하기도 하였으나 국가를 형성하는 단계까지 이르는 경우는 드물었고, 계급 분화의 정도도 약하였다. 시베리아를 러시아어로는 시비르라고 하는데, 19세기 시베리아 역사가 슬로프초프의 견해로는 시비르는 원래 지명이 아니고 우랄산맥 부근에 거주하는 종족들의 총칭이었다고 한다.[3] 어쨌든 우랄산맥 동쪽에 있던 시베리아 타타르인들의 칸국(汗國)이 시비르 칸국으로 불렸고, 러시아가 이 칸국을 정복한 후 더 동쪽으로 나아가면서 차지하게 된 지리적 공간을 모두 시비르라고 부르게 되었다.

러시아의 시베리아 정복은 16세기 후반(이반 4세 치세)에 시작되었다. 타타르족의 잔류 세력인 카잔 칸국을 정복하는 과정에서 우랄산맥 너머로의 진출이 이루어졌고 이는 끝없는 동진으로 이어졌다. 러시아의 시베리아 정복이 출발하는 상황에서 부각되는 이름은 쿠춤, 이반 4세, 스트로가노프 가문, 예르막 티모페예비치(일반 민중은 주로 티모페이치라고 불렀다.)이다. 쿠춤은 러시아에 정복당한 마지막 토착민 왕국인 시비르 칸국의 마지막 통치자였고, 이반 4세는 정복이 최초로 이루어지던 당시의 러시아 군주였다. 스트로가노프 가문은 러시아인들의 시베리아 정복을 처음에 주도한 세력이었고, 예르막 티모페이치는 스트로가노프 가문의 위촉을 받아 무장 원정대를 이끌고 실제로 시비르 칸국 정복에 나섰던 카자크[4] 대장이다.

서부 시베리아의 북부 지역은 러시아인들에게 일찍이 알려져 있었다. 노브고로드인들은 시베리아 일부 토착민과 친척 관계에 있는 우랄산맥 북부 토착민들과 일찍부터 모피 교역을 하였고, 벨리키[大] 노브고로드 공화국은 세력이 확장됨에 따라 이들에 대해 지배권을 행사하기도 하였다. 『노브고로드 연대기』 1187년(옛 러시아 연대기상의 연대로는 6695)* 항에는 "페초라와 유그라 땅의 조공 납부자들이 페초라에서 죽임을 당하였다."라는 기술이 등장하고,[5] 1193년(6701) 항에는 유그라와 관련하여 다음과 같은 기술이 나온다.

노브고로드 사람들은 사령관(보예보다) 야드레이와 함께 무장을

---

*   고대 동슬라브인들은 천지창조가 기원전 5508년에 이루어졌다고 생각했다. 그리고 연대 표시를 할 때 창세기부터 계산한 연도를 기입하였다. 서기 1187년은 연대기에서 6695년으로 표시되어 있다.

하고 노브고로드를 출발하여 유그라 땅으로 가서 도시를 장악했다. 그리고 그들은 또 다른 도시로 갔다. 그들은 도시의 문을 걸어 잠그고 도시 대문 앞에서 5주일을 버텼다. 유그라 사람들은 그들에게 사람을 보내 기만적으로 다음과 같이 말했다. "우리는 은과 흑담비와 다른 귀중한 물품들을 거두고 있습니다. 당신들의 농민과 당신들의 조공을 파괴하지 마십시오."[6]

물론 이 같은 연대기의 기술에도 불구하고 시베리아 자체에 대한 인식이 언제부터 시작되었는지에 대해서는 의견이 분분하다. 러시아 학술원 시베리아 분원에 소속된 이르쿠츠크의 두 학자는 러시아인들이 최초로 시베리아를 알게 된 시기는 노브고로드인들이 오브강 유역에 도달하여 현지인들과 전투를 벌인 1364년이라고 말한다.[7] 벨리키 노브고로드 공화국은 도시 노브고로드의 범위를 벗어나서 광범한 유럽러시아 북부 지역에 대한 사실상의 지배권을 행사하였다. 그러나 14~15세기가 되면서 러시아 통일과 독립의 주역인 모스크바가 노브고로드를 대신하여 이 지역의 지배권을 장악하게 되었다.

모스크바 공국은 킵차크 칸국으로부터의 독립을 선언한 후, 킵차크 칸국의 분열로 생긴 칸국들을 차례로 정복하였다. 1556년에는 우랄산맥 서쪽 지역에 있던 카잔 칸국을 정복하여 러시아의 영토로 편입시켰다. 카잔 칸국 지배 아래 있던 타타르인들과 다른 민족 가운데 상당수는 차르에게 복속하였지만, 일부는 저항을 계속하였다. 카잔 칸국이 정복된 후 서부 시베리아에 있던 시비르 칸국의 통치자 예디게르(토볼스크 타타르인들의 발음으로는 예트이가르)는 차르에게 복종할 것을 약속하고 야삭, 곧 조공을 바쳤다. 조공의 주된 형태는 모피였다. 그러나 예디게르를 몰아내고 시비르 칸국의 새로운 칸이 된 쿠춤은 독실한 이슬람교도로서, 자신과 다른 종교를 신봉하는 러시아인들에게 조공을 납부하기를 거부하였다. 그뿐 아니라 군대를 일으켜 우랄산맥 서쪽 지역을 공격하게 하였다.[8]

시비르 칸국과의 불화는 우랄산맥 너머에서 큰 사업을 하고 있던 스트로가노프 가문의 심각한 걱정거리였다. 이 가문은 노브고로드 출신의 상인 겸 기업가 집안으로 모피 교역으로 막대한 부를 축적했다. 그런 다음에는 모스크바 대공 권력과 긴밀히 협력하여 염전업 허가까지 받아 냈다.[9] 이 가문의 면세 특허 지역은 계속 확대되어 그들은 우랄산맥 일대, 특히 카마강, 추소바야강 주변에서 막대한 영지를 소유하고 농노 수만 명을 거느리며 사실상의 봉건영주와 같은 위치를 굳히고 있었다. 다만 벨리키 노브고로드 공화국이 모스크바 대공에게 맞섰다가 철저히 몰락한 과정을 숙지하고 있었기 때문인지, 이 가문의 남자들은 모스크바 군주에 대해서는 확실한 충성의 자세를 잊지 않았다. 그 같은 태도의 표시로 이들은 자체의 군사력을 가지지 않았다. 따라서 군사적 필요가 발생할 때는 용병에 의지하거나 모스크바 정부에 지원을 요청할 수밖에 없었다. 이 집안은 위구르인들을 비롯한 이민족들의 잦은 습격을 받자 이에 대항하기 위해 요새 시설을 갖춘 도시를 건설하였고, 때로는 그들이 먼저 이민족을 공격하기도 하였다. 이런 와중에 시비르 칸국의 공격을 받자, 그들은 이를 격퇴하고 나아가 아예 우랄산맥을 넘어 시비르 칸국을 정복하고자 했다.

그러나 스트로가노프 가문은 상인-기업가이지 무인의 피를 이어받은 사람들은 아니었다. 그들에게는 전투 능력이 없었다. 그들 영지의 주민들은 대개 평범한 농민들이었다. 다만 스트로가노프 가문은 막대한 부를 소유하고 있었으므로 사병을 고용할 수는 있었고, 곧 다양한 종류의 전사들이 그들의 주변에 모이게 되었다. 이러한 상황에서 스트로가노프 가문은 볼가강 연안의 카자크 우두머리인 예르막 티모페이치에게 주목하였다. 예르막은 볼가강을 오르내리면서 해적질을 하고 있었던 것으로 보인다. 그러던 중 그는 차르 이반 4세에게 물품을 공급하던 상인을 습격하는 바람에 군주의 노여움을 사 처벌을 받을 위기에 놓이게 되었다. 이 상황에서 스트로가노프 가문이 예르막에게 손을 내밀어 그를 불러들였던 것으로 보인다. 스트로가노프 가문은 예르막에게 무기와 전비(戰費)를 지급할 테니 시비르 칸국을 정벌하라고 제의하였다.[10]

이 제의를 받아들인 예르막의 주도로 1582년, 러시아의 시베리아 정복의 막이 올랐다. 예르막은 카자크가 주축을 이룬 병력을 이끌고 우랄산맥을 넘어가 이르트이쉬강을 오르내리며 시비르 칸국을 공격하였다. 이때 예르막 부대는 화승총으로 무장하고 있었는데, 활과 화살로 무장한 시비르 칸국 군대는 예르막 군대에 패배하였다. 사실 유목민들의 활 솜씨가 대단히 뛰어났으므로, 화력이 그다지 좋지 않았던 화승총을 가진 예르막 군대와의 싸움에서 전세가 일방적으로 결정되었을지는 의문이다. 그러나 카자크들은 수륙 양면에서의 전투에 익숙한 무인들이었다. 이들이 배를 타고 강을 오르내리며 수행한 전투에서는 유목민들조차 기동력에서 밀렸던 것으로 보인다. 당시 시베리아에서 가장 강력했던 지도자 쿠춤[11]의 통치는 이로써 막을 내리게 되었고, 러시아인들은 1586년 이르트이쉬 강변에 러시아인들의 도시 튜멘을 건설하였다.

예르막은 시베리아를 정벌하는 도중 전투에서 사망하였다.[12] 생존을 위해 필요한 일이면 마다하는 법이 없는 거친 무인에 지나지 않았을 그를 러시아 민요나 애국주의적 역사학에서는 차르와 러시아 민족을 위해 침략자인 시베리아 토착민들을 정복한 애국자이자 영웅으로서 미화하고 있다.[13] 러시아 민중들은 「튀르크 감옥의 예르막」이라는 민요에서 예르막이 술탄의 감옥에 갇힌 적이 있다고 노래하기도 했다.[14] 흑해 연안의 초원지대를 둘러싸고 튀르크 및 크림 칸국과 끊임없는 세력 다툼을 벌이고 있던 러시아인들에게 튀르크 감옥 이야기는 곧 기독교인으로서 이슬람 세력에 의해 고난받는 것을 의미했기에, 예르막이 튀르크 감옥에 투옥되었다는 설화는 사실 여부를 떠나 예르막이 러시아 민중 사이에서 점수를 크게 딴 인물이었음을 보여 준다. 게다가 그 후에 이루어진 시베리아 원정에서 목숨까지 잃었으니 그에 대한 미화와 영웅화가 이루어진 것도 이상할 것이 없다. 그러나 일부 역사학자는 예르막의 원정 자체는 단지 비적의 행위나 크게 다를 바 없는 것이었던 것으로 보고, 그 대신 (이 또한 19세기식 애국주의 역사학의 산물이기는 하지만) 모스크바 정부의 지도력과 추진력을 더 높이 평가하기도 하였다.[15]

러시아 차르 정부는 스트로가노프 가문이 주도하였던 시베리아 정복에 대해 처음에는 마땅치 않게 여겼지만, 그 결과가 무엇인지 깨닫게 된 후에는 이를 승인하고 높이 평가하였다. 나아가 그 후로는 스스로 본격적인 시베리아 정복을 주도해 갔다. 중부 시베리아가 정복된 데 이어서 동부 지역까지 정복되어 러시아인 원정대는 1648~1649년에 북태평양 '사냥꾼의 바다', 즉 아호트스크(우리에게는 오호츠크라는 발음으로 알려져 있다.)해 연안에 이르렀다. 앞에서 말했듯이 러시아인들이 시베리아 벌판을 거쳐 계속 동쪽으로 나아가게 이끈 가장 중요한 동인은 '부드러운 황금', 즉 모피를 얻고자 하는 맹렬한 욕망이었다.[16]

러시아뿐 아니라 유럽에서도 오랫동안 고급 모피에 대한 수요는 엄청났고, 모피는 수지맞는 수출 품목이었다.[17] 17세기 말까지 시베리아에서 공급되는 모피를 바탕으로 하여 이루어지는 모피 교역은 러시아 국가 재정에서 가장 중요한 수입원의 하나로서 국고 수입 전체의 10퍼센트를 차지할 정도였다.[18] 특히 서부 시베리아는 모피류의 주요한 공급원이어서 카자크 출신 무인이나 모피 상인들이 가장 선호하는 지역이 되었다. 유럽인들이 가장 선호하는 흑담비는 그들을 위한 또 하나의 중요한 모피 공급지였던 북아메리카 대륙에서는 나지 않는 그야말로 시베리아의 특산물이어서 흑담비 사냥 열풍에 휩싸인 사냥꾼들은 한곳의 흑담비를 남김없이 포획한 후 곧바로 다음 지역으로 넘어가곤 하였다.[19] 여우, 수달, 다람쥐 등도 집중적 수렵의 대상이었다. 서부 시베리아의 모피 동물이 고갈되자 러시아인들은 동쪽으로 계속 나아갔고, 이러한 과정이 끝없이 이어졌다.

그리하여 17세기 후반에는 러시아의 카자크, 모험가, 사냥꾼들이 동북쪽으로는 오호츠크해 연안에 이르고, 동남쪽으로는 아무르강까지 이르게 되었다. 이어지는 정복의 결과로 러시아는 18세기에 캄차카반도를 손에 넣고 유라시아 대륙의 동쪽 끝까지 장악하게 되었다. 이 과정에서 러시아인들은 시베리아의 토착 부족국가들을 정치적으로 복속시키면서 그 지배 영역을 계속 확대했고, 시베리아 전체를 식민지로 삼기에 이르렀다. 더 나아가 러시아인들은 베링 해협을 건너 알래스카까지 진출하였다.[20] 아메리카 대륙에 거점을 확보한 후 18세기 말에서 19세기 전반기에 이르는 시기에는 러시아-아메리카 회사를 차려 시베리아와 북아메리카(특히 알래스카) 사이에서 아주 활발한 모피 교역을 주도하기도 하였다.

모피를 획득하는 주요한 방법은 야삭의 징수, 10분의 1세, 매입, 이 세 가지였는데, 그중에서도 야삭의 징수야말로 러시아인들이 시베리아인들을 복속시키고 시베리아를 토착민의 영역으로부터 러시아의 땅으로 전환하는 과정에서 가장 중요한 수단이 되어 준 기제였다.[21] 야삭은 원래 튀르크어로서, 시베리아 토착민들이 상부의 정치 세력에 바치던 공납을 의미하였는데, 이 관행을 러시아인들이 토착민 지배에 활용한 것이다. 야삭은 대개 가공되지 않은 모피의 형태로 징수되었는데, 러시아 정부는 18~50세의 토착민 남성에게 매년 일정한 양의 야삭을 부과하고 대장을 만들어 이를 관리하였다. 유목민들의 특성상 한군데에 머무르지 않아 그들을 관리하고 통제하기에 어려운 점이 있었기 때문에 러시아 정부는 이들 가족 중 한 사람을 인질로 삼아 러시아의 행정력이 미치는 곳에 잡아 두는 방법을 썼다.[22] 그 외에 러시아인들은 토착민들에게 값싼 선물(보드카, 유리 제품, 금속 제품 등)을 대가로 주고 고가의 모피를 얻기도 했고, 러시아인들 가운데 영업자(промышленники, promyshlenniki)로 불리는 모피 교역 탐험자들이 직접 수렵 탐험대를 조직하여 모피 동물을 사냥하는 경우도 있었다.[23] 러시아인들은 한 지역의 모피를 남김없이 거두어들인 후 다른 지역으로 넘어가곤 하였기 때문에 시베리아의 모피 동물은 잇따라 멸종되었다.

모피가 웬만큼 고갈된 후에는 금, 은, 구리, 납 등 지하자원을 획득하기 위해 러시아인들이 밀려들었고, 국가 혹은 자본가들이 이를 배후에서 지원하였다. 은광은 18세기 초 네르친스크에서 처음 운영되기 시작하였고, 금광은 1745년 알타이산맥에서 처음 발견되었다. 알타이산맥은 또한 매장량이 풍부한 구리 산지이기도 했다.[24] 이처럼 유럽 러시아인들은 시베리아를 일차적으로 모피와 지하자원의 산지로 여겼고, 이는 유럽 국가들이 해외 정복지를 천연 원료의 산지로 여기는 것과 기본적으로 다를 바 없었다. 시베리아의 역사 연구가 니콜라이 야드린체프가 말했듯 시베리아는 오랫동안 러시아의 식민지였다.

러시아인들이 시베리아 전체를 차지할 수 있었던 것은 이 지역 자체에 러시아의 무력에 맞설 만큼 강한 토착 세력이 형성되어 있지 않았던 데다가, 러시아의 동진을 막을 만한 강력한 이웃 국가의 견제도 없었기 때문이다. 이 시기에 러시아의 동진을 막을 만한 유일한 세력은 중국의 청(淸)이었는데, 청 왕조의 지배층은 러시아와 경쟁해 가면서 북쪽으로 영역을 크게 확장할 의사가 없었다.

실제로 러시아는 시베리아 깊숙이 세력을 확장함에 따라 청과 몇 차례 분쟁을 겪기도 했다. 오호츠크해에 도달했던 러시아 모험가들이 남쪽으로 내려와 아무르강(헤이룽강)에 이르렀을 때 이 강 유역은 거의 무인 지대에 가까웠다. 하지만 그들이 강을 따라 계속 나아가면서 청의 영토를 침범하게 되었고 이로써 무력 충돌이 일어났던 것이다.[25] 그의 이름을 따서 명명된 도시 하바로프스크를 통해 기억되는 카자크 두목 예로페이 하바로프[26]는 두 번에 걸친 아무르강 유역 원정에서 병력을 이끌고 아무르강의 지류인 우수리강 유역으로 나아가 중국 국경을 침범하고 중국 농민들을 학살했다.[27] 그러자 청 정부는 이를 견제하기 위해 군대를 파견하여 대응하였으며 조선에도 원군을 요청하였다. 한국 역사에서 잘 알려진 두 차례의 나선정벌(羅禪征伐: 1654, 1658)은 조선군이 청의 원병으로서 아무르 강변에서 러시아군과 대결하였던 일을 말한다.[28] 그러나 청 정부는 러시아와의 계속적 분쟁을 원하지 않았기 때문에 네르친스크조약(1689)을 맺고 아무르강을 경계로 하여 러시아와의 국경을 확정 지었다. 그 후 청과 러시아 사이에는 교역이 이루어지고 러시아 선교사가 중국에 파견되는 등 비교적 우호적인 관계가 형성되었으며, 국경분쟁이 있더라도 청은 러시아에 적극적으로 무력 대결을 시도하지 않고 조약으로 관계를 정리하곤 했다.

이처럼 청이 러시아의 동진을 적극적으로 막지 않은 덕에 러시아는 적어도 동쪽에서는 경쟁자 없는 영토 확장을 이룰 수 있었다. 유럽 국가들이 해외 식민지를 획득하는 과정에서 다른 열강의 견제로 의도했던 영토 획득에 실패하거나 전쟁에 휘말리기까지 했던 것과는 다른 양상이었다. 이는 러시아가 서쪽으로 영토를 확장하는 과정에서 여러 차례 유럽 국가들의 견제에 부딪혀 뜻을 이루지 못하다가 18세기 초 표트르 1세 때에 이르러서야 비로소 발트해 연안 지역을 차지하게 되었던 것과도 대조를 이룬다.

물론 러시아인들이 손쉽게 시베리아를 차지한 것만은 아니다. 시베리아 정복과 탐험은 초인적 용기와 인내심이 필요한 일이었다. 이 과정에서 적지 않은 탐험가와 모험가들은 자기중심적으로 행동했으며 아무르강 유역의 정복자인 하바로프의 예에서 보듯, 때로는 아주 잔인한 살육자가 되기도 하였다.[29] 그들은 모피 동물을 멸종시켰고 자연을 훼손하는 경우도 빈번했을 뿐 아니라, 저항하는 토착 세력을 무력으로 절멸시키는 비극을 초래하기도 했다. 이처럼 탐험가와 모험가들이 (러시아 입장에서) 엄청난 악조건과 싸운 후 자원과 영토의 획득에서 성공을 거두면 그 과실을 가장 크게 누리는 것은 러시아 정부였다.

시베리아,
다스리고 다스림받다

러시아 정부는 시베리아를 식민지로 다루었기 때문에 시베리아 행정은 러시아의 정규 지방행정 체계에 따르지 않고 시베리아 행정청(시비르스키 프리카즈)이라는 별도 행정 기구의 관할 아래 놓여 있었다.[30] 그리고 이 지역 전체는 시베리아 왕국이라는 별도의 이름으로 불렸다. 그러나 차르인 표트르 1세는 제국의 관료적 중앙집권화 정책에 따라 시베리아의 식민지 지위를 철폐하고 이 광대한 지역을 러시아 제국의 영토로 합병하였다.[31] 그리하여 시베리아도 유럽러시아 지역과 마찬가지로 구베르니야(губерния, 도)로 구분되었으며, 적어도 원칙적으로는 제국 중앙 관료 기구의 통제 아래 놓이게 되었다. 예카테리나 2세 여제 통치 기간인 1763년에는 시베리아 행정청이 폐지되고 일반적인 지방행정 체계가 우랄산맥 이동 지역에도 도입됨으로써 제국의 일부로서의 시베리아의 지위가 더욱 선명해졌다.

러시아 학자 지바레프는 19세기 말까지 러시아의 시베리아 지배 방식을 다음의 세 시기로 구분하였다.[32] 첫 번째 시기는 직접 통치의 시기로 예르막의 원정부터 1720년까지이고, 두 번째 시기는 간접 통치의 시기로 1720년에서 1822년 사이에 해당하며, 세 번째 시기는 토착민 자치의 시기로 1822년에서 1900년에 이르는 기간이다. 그가 말하는 첫 번째 시기인 직접 통치 시기에 시베리아는 중앙정부가 파견한 행정 책임자인 군정 사령관, 즉 보예보다의 통치를 받았다. 보예보다는 군사권과 민사 행정권을 겸비한 직책이었는데, 중앙정부에서 멀리 떨어진 시베리아의 지리적 특징 때문에 보예보다가 권한을 남용하고 주민들을 착취하는 일이 비일비재하였다.[33]

보예보다는 시베리아 행정에 관해 전권을 행사하고 있었기에 자신이 독자적인 지배자라는 자부심 혹은 착각에 사로잡히기 쉬웠다.

이로 인해 많은 인간 드라마가 발생하였는데, 그 가운데 최초의 드라마를 빚은 인물이 마트베이 페트로비치 가가린 공이다. 그는 결국 시베리아 왕국을 건설하려고 한다는 혐의를 받게 되었고, 표트르 1세 황제의 명령으로 페테르부르크에 압송되어 '전대미문의 횡령'에 대한 규탄 아래 처형되었다. 토착민들은 군사 요새나 정착촌에 이름이 등록되어 야삭 징수의 대상이 되었다. 토착민은 러시아의 지배에 맞서 무장 저항을 하기도 했으나, 그들의 저항은 번번이 좌절되곤 하였다. 토착민은 정교로 개종하는 경우 야삭 납부를 면제받았는데, 러시아 정부는 야삭 징수에 주력했기 때문에 적어도 이 시기에는 토착민을 개종시키는 데 그리 열성을 기울이지 않았다.

두 번째 시기인 간접 통치 시기에는 토착민 납세자들은 지역별로 거주지(울루스) 혹은 씨족에 할당되어 토착민 씨족장의 관할 아래 놓였다. 야삭은 바로 토착민 씨족장들이 징수하여 러시아 관리들에게 가져다 바쳤기 때문에 러시아 관리들은 야삭 징수 때문에 토착민 대중과 직접 부딪히지는 않았다. 그 대신 러시아 지배층은 이 시기에 와서는 토착민을 정교 신자로 개종시키는 데 많은 노력을 기울였다. 러시아 정교의 고위 인사들은 시베리아의 토착 신앙인 샤머니즘을 박해하고 토착민들에게 정교로 개종할 것을 강제하곤 하였다.[34] 전 시기와는 달리 개종한 토착민도 야삭을 납부해야 했으므로, 토착민들은 획일적인 정신적·물질적 착취에 시달렸다.

세 번째 시기는 미하일 스페란스키의 시베리아 행정개혁을 기점으로 한다. 스페란스키는 촌락 성직자의 아들로 태어나 학자, 교수로 활동하다가 중앙 정계에서 입신한 인물이며 한때 차르 알렉산드르 1세의 측근으로서 제국 전체의 국정 개혁안을 마련하기도 한 대 정치가였다. 그러나 그는 대귀족들의 시기를 받아 1812년 권력의 핵심에서 밀려났고, 1816년에는 시베리아 총독으로 임명되었다. 시베리아라는 공간이 러시아제국을 위해 가지는 의미와 토착민의 중요성을 인식한 그는 "시베리아는 모든 측면에서 국가적 고려를 받을 만한 자격이 있다."라고 판단하였고,[35] 시베리아를 단순한 착취의 대상으로만 여길 것이 아니라 발전시키는 데 노력을 기울여야 한다고 강조했다. 이같은 고려 아래 그는 1822년 '시베리아 이족(異族)[36] 행정에 관한 법령(Устав об управлении Инородцев)'을 제정하였다. 이는 토착민들의 관습법과 러시아제국의 법률을 혼합한 것으로,[37] 이를 따라 씨족제도, 관습법, 종교 등의 영역에서 토착민들의 일정한 자치가 허용되었다. 스페란스키는 토착민들을 정주민, 유목민, 방랑민의 세 범주로 나누어 이들에게 각기 차별적인 세율을 부과하였으며, 일종의 사회보장 정책으로, 기근이 일어났을 때 주민들에게 식량을 공급하기 위한 곡물 창고도 지었다. 스페란스키의 정책은 토착민의 생존을 보장하고 그들의 전통, 관습, 문화를 보존하려는 의도도 있었지만, 시베리아와 그 토착민들을 러시아제국의 체제 안으로 끌어들이기 위한 노력이기도 하였다.[38] 그렇기 때문에 한 연구자는 스페란스키의 개혁을 "유기적 러시아화" 정책이라 일컬었다.[39] 스페란스키의 정책은 성공적이었다고 보기는 어렵다. 워낙 여건이 나빴기 때문이다. 그러나 그의 개혁 시도는 유럽러시아인 중에서도 시베리아에 대해 계몽적 관점에서 남다른 관심을 기울이는 인물들이 나타나기 시작했음을 잘 보여 준다.

스페란스키에 이어 시베리아의 운명에 큰 영향을 미친 인물은 니콜라이 무라비요프 아무르스키이다. 19세기 전반에 러시아제국 중앙정부의 관심은 주로 서유럽에 쏠려서 시베리아에 대한 관심은 크게 줄어들어 있었다. 1847년, 38세라는 젊은 나이에 이르쿠츠크-예니세이스크(동시베리아) 총독으로 임명된 무라비요프 아무르스키는 시베리아의 러시아화를 강력히 추진하였다. 그는 시베리아 극동의 토착민들에게 학교에서 러시아어를 배우도록 강요하였으며, 아무르강 북부 유역을 탐사하고 이 지역에 러시아인 정착촌을 건설하는 데 힘을 쏟았다. 그의 아무르 유역 탐사, 개발은 청과의 관계 악화를 우려하던 중앙정부의 반대에 부딪혔지만, 그는 러시아와 중국의 변경 지역에서 러시아의 영역을 확장하는 사업을 밀고 나아갔으며,[40] 이 과정에서 일부 시베리아 거주 러시아 지식인의 도움을 받기도 하였다.[41] 무라비요프 아무르스키의 정책은 러시아 제국주의의 연장선상에 있는 것이었는데, 그의 강력한 추진력 덕에 아무르강 일대에서 러시아의 위치는 견고해졌으며, 1858년 청과 러시아 사이에 맺어진 아이훈조약으로 아무르강과 우수리강이 동아시아에서 러시아와 중국의 국경으로 확정되었다. 이로써 시베리아의 러시아화는 더욱 촉진되었고 러시아인들은 아무르강을 통해 태평양에 자유롭게 접근할 수 있게 되었다.

2장

시베리아에
유배되다

유형 제도 성립의 역사

근대 이전의 사회가 범죄자를 처벌하는 방식은 다양했다. 가장 원시적인 것은 "눈에는 눈, 이에는 이" 원칙에 따른 동형 복수 방식을 법적으로 명시하는 것이다. 신체형을 부과하여 범죄자를 처형하거나 특정한 장소에 인신을 구금하는 것이 가장 일반적으로 떠올릴 수 있는 처벌 방식이다. 고조선 시대의 팔조법금 가운데 "사람을 죽인 자는 그 즉시 죽음으로 갚는다.(相殺以當時償殺)"라는 조항은 동종 형벌 원칙을 보여 준다. 반면 게르만족의 한 부족이었던 살리 프랑크인들의 관습법을 집성한 『살리 법전(렉스 살리카)』이나, 부족사회 시대 동슬라브인들의 관습법을 집성하여 키예프국(키예프 루스) 시대 법체계의 바탕을 제공하였던 『루스 법전(루스카야 프라브다)』에서는 인명 살상을 포함한 중범죄의 경우에도 범죄자에게 배상금을 부과함으로써 형벌을 대신하는 것이 허용되었다. 배상금을 지불한 범죄자는 사회에서 제거되지 않고 사회 구성원으로서 통합적 정체성을 가지고 살 수 있었다. 팔조법금 가운데 "남에게 상처를 입힌 자는 곡식으로 배상한다.(相傷以穀償)"라는 조항은 이 유형의 형벌의 예라고 할 수 있다. 이와는 달리 범죄자를 노예로 삼아, 그의 시민으로서의 권리는 박탈하되 그 노동력은 사회적으로 활용하는 방식도 있었다. 팔조법금 가운데 "도둑질한 자는 남자의 경우에는 인신을 몰수하여 그 집 종[奴]으로 만들고 여자의 경우에는 계집종을 만든다.(相盜者男沒入爲其家奴女子爲婢)"라는 조항이 이에 해당한다.

그중에서도 유형은 공동체가 타자를 물리적으로 박멸하지 않고 제거하는 방식이며, 이 또한 동서고금을 통해 꽤 널리 찾아볼 수 있는 형벌 형태이다. 라틴어에서 이를 가리키는 데 기본적으로 쓰인 말은 엑실리움(exilium, 혹은 엑스실리움(exsilium))이었다. 이는 유형 혹은 망명을 뜻하는 영어 단어 'exile'이라는 말의 어원인데,[1] 현실 속에서 유형은 복잡하고 다양한 형태를 띠었다.

서양의 유형 제도

특정인을 공동체로부터 격리하는 데는 기본적으로 두 형태가 있다. 하나는 추방이고, 다른 하나가 좀 더 일반적인 의미의 유형이다. 추방은 엄밀한 의미의 형벌로서의 유형과 달랐다. 공동체가 기피하는 인물에게 자유인 신분을 그대로 인정해 주고, 그를 내쫓은 공동체를 제외하고는 다른 어떤 곳에서도 거주할 수 있게 허락한다. 추방은 형벌이라기보다 예방적 조치이며 당사자의 자발성을 전제로 한다. 서양 역사에서 공동체 구성원들이 위험인물 혹은 기피인물을 추방하는 제도로서 가장 잘 알려진 것은 고대 그리스 도시국가들에서 행해진 도편추방(오스트라키스모스, ostracismos)이다. 대단히 유능하고 야심만만한 인물들이 흔히 이 도편추방의 대상이 되었다. 테미스토클레스, 알키비아데스 등의 유력 인사들이 도편추방을 당해 아테네에서 쫓겨났다. 살라미스해전을 지휘하여 페르시아전쟁에서 아테네를 승리로 이끌었던 테미스토클레스는 도편추방을 당한 후 페르시아로 가서 페르시아 왕에게 봉사하였다. 투키디데스는 이를 전혀 이상하게 여기지 않았을 뿐 아니라 테미스토클레스를 일관되게 찬양하였다.[2] 고대 로마에서 처음으로 이 추방형을 당한 인물은 역시 대단히 유능하고 야심 넘치고 반(反)평민적이기 때문에 공화정 체제하의 로마 주민들에게 불안감을 불러일으켰던 귀족 출신 장군 코리올라누스(Coriolanus)였다. 코리올라누스는 오늘날에는 반(半)전설적인 인물로 여겨지는데, 플루타르코스의 『영웅전(대비열전)』에 따르면 그는 영구 추방을 당한 후 로마에 대해 군사 반란을 일으키기 위해 로마의 적들과 손을 잡았으나, 어머니의 간곡한 설득으로 이를 포기하고 무기를 내려놓았다.[3] 이러한 사례들에서 보듯, 로마공화정 시대에 엑실리움은 형벌이라기보다 법적 판결을 피할 수 있는 수단이었다.[4] 그렇기에 폴리비우스는 "사형 죄로 재판을 받는 사람들은 유죄임이 밝혀질 경우 자유롭게 떠날 수 있는 기회를 부여받았고, 따라서 스스로 자발적 유배를 택했다."라고 썼다. 또한 키케로는 "엑실리움은 극형이 아니라 형벌로부터 도피하는 것이다. 우리의 법 중 어느 것도 엑실리움을 형벌로 규정하지 않는다."라고 강조하면서 투옥과 사형 혹은 불명예를 피하고자 하는 이들이 유배지에서 일종의 은신처를 얻는다고 쓰기도 했다.[5] 그러나 추방은 공동체 성원으로서 지닌 권리, 즉 시민권의 상실을 수반하였다. 로마공화정 시기에는 이를 '물과 불의 금지(aquae et ignis interdictio)'로 표현하였다.[6] 19세기 말에 시베리아 유형에 대한 연구서를 출판한 러시아 학자 펠드슈테인에 의하면 추방은 그리스, 로마와 같은 고대 도시국가들이나 동방의 신정국가들과 같은 고립되고 자기 충족적인 사회들에서 종종 찾아볼 수 있는 형벌이었다. 추방으로 범법자를 공중으로부터 격리할 때 그 효과가 가장 크게 발휘되는 것은 정치적 범죄의 경우였고, 신정정치의 전통이 유지되는 사회에서는 종교적 범죄도 이 경우에 해당하였다.[7] 근현대사에서도 추방형은 적지 않은 나라에서 정치적 반대자를 공중의 시선으로부터 몰아내기 위한 수단으로 사용되어 왔다. 계몽 시대의 형법학자 체사레 베카리아도 "공공의 안정을 해치는 자"는 (사형 대신) 추방에 처해야 한다고 보았다.[8]

　　이에 반해 유형은 범죄자를 공동체로부터 내쫓고 지정한 거주지에서 벗어나지 못하게 제한하는 것을 기본으로 삼는 형벌이다. 고대 로마의 엑실리움은 제정 시기에 들어와 황제 권력으로 표상되는 국가권력이 강화되자 공화정 시대보다 한층 엄격한 형태를 띠게 되어, 단순한 추방이 아니라 유형이 되었다. 아우구스투스 황제가 성적으로 분방했던 딸 율리아와 애인들을 섬으로 추방하여 벗어나지 못하게 한 것이 유형의 형태를 띤 형벌의 시초였다.[9] 국가가 징벌의 가혹성을 유지하면서 추방의 공간을 자기 영토 내에 두고자 함에 따라 추방이 유형으로 바뀌게 된 것이다.[10] 로마 황제가 명하는 강제 추방이라는 형태의 형벌은 라틴어로 데포르타티오(deportatio)라고 한다. 이 명칭은 기원후 23년에 티베리우스 황제의 명령에서 최초로 사용되었다.[11] 공화정 시기에도 가부장이 가족 구성원을 특정 장소에 유배하는 렐레가티오(relegatio, 장소 지정 이동 명령)라는 제도가 있었는데, 이는 가장 경미한 형태의 징벌이었다.[12] 렐레가티오는 영어로는 '렐리게이션(relegation)'이라고 하는데, 현대에 와서 이 말은 스포츠 팀에서의 지위 격하, 예를 들어 1부 리그에서 2부 리그로의 강등 같은 것을 가리킬 때 사용된다.[13] 범죄자들에 대한 형벌로서의 유형은 데포르타티오의 형태를 띠는 것이 일반적이며, 이를 영어로는 '디포테이션(deportation)', 러시아어로는 '브이스일카(vysylka)'라고 한다. 가장 엄밀한 의미의 유형에 처해지는 범죄자는 단순히 거주지를 벗어나지 못할 뿐 아니라 거주지로 지정된 장소에서 그 어떠한 것이건 유용한 목적을 달성하기 위해 일정한 규제 체제에 종속해야 한다.[14]

중국과 조선 시대의 유형

유형 제도는 조선과 중국처럼 일찍부터 강력한 국가 체제가 정비된 동아시아 사회에서도 주요한 형벌 형태로 자리 잡았다.『한국민족문화대백과』는 유형을 다음과 같이 규정하였다. "오형(五刑)의 하나로 죄인을 먼 곳으로 보내 그곳에 거주하게 하는 형벌. 유배(流配)라고도 한다."[15] 오형, 즉 다섯 형벌이란 중국 법에서 주된 형벌을 칭하는 개념이지만, 그 내용이 언제나 동일했던 것은 아니다. 진한 이전 시기와 진한 이후 시기 중국에서는 오형의 개념이 크게 달라졌다.[16]

유형은 일찍이 『상서(尚書)』, 즉 『서경(書經)』과 『주례(周禮)』의 형벌 체계에도 언급되어 있는 오래된 형벌이다. 단 선진(先秦) 시대, 즉 진(秦) 왕조 이전에는 유형이 주요 형벌은 아니었다. 『상서』의 「요전(堯典)」 편에서는 순(舜)임금이 "법으로 일정한 형벌을 정하시되 귀양살이로 오형을 너그럽게 하셨다."라고 한다.[17] 이 시대의 주요 형벌인 오형은 최고형인 사형[18]과 신체형(身體刑)인 육형(肉刑) 네 가지로 이루어져 있었다. 네 가지 육형은 남자를 거세하고 여자를 유폐하는 형벌인 궁형(宮刑), 발을 베는 형벌인 비형(剕刑), 코를 베는 형벌인 의형(劓刑), 죄인의 얼굴에 죄명을 문신하는 형벌인 묵형(墨刑)이었다. 궁형은 사형 다음으로 무거운 벌이었다. 진시황은 70만 명을 궁형에 처했다고 한다. 비형은 월형(刖刑)이라고도 했는데, 진(秦)대에서 한(漢)대에 이르기까지 월형에도 두 가지가 있어서 오른발을 베는 형벌이 좀 더 중했고, 왼발을 베는 형벌이 좀 더 가벼웠다. 묵형은 경형(黥刑)이라고도 했는데, 고대의 오형 중 가장 가벼운 형벌이었다.[19] 주(周)의 형벌 체계에 관한 글인 『상서』의 「여형(呂刑)」 편에도 오형이 각기 사형, 묵형, 의형, 비형, 궁형으로 기재되어 있다. 이 시기에 유형은 자유형(自由刑)에 속하는 것으로 앞의 오형에 속하지 않는 비교적 가벼운 죄에 부과되는 형벌이었으며,[20] 채찍질 등과 함께 아홉 형벌〔九刑〕 가운데 하나였다고 이야기되기도 한다.[21] 자유형이란 범죄자의 자유를 박탈하여 사회생활에서 격리하는 형벌을 말한다.

선진 시대에는 유형에 대해 유(流), 방(放), 찬(竄) 등의 용어가 사용되었는데, '유'는 이곳저곳으로 옮겨 가며 귀양살이하는 것이고,

'방'은 제한된 지역에 가두어 귀양살이시키는 것이며, '찬'은 귀양 보내 가두어 두는 것을 의미한다고 풀이된다.[22] 이는 수형자의 거주 장소를 멀리 떨어진 곳으로 옮기는 것을 말한다. 현대의 한 연구자는 흐를 류(流) 자가 쓰인 것은 유형이라는 것이 유수(流水), 즉 물의 흐름과 같이 한번 가면 다시는 돌아오지 않는다는 의미를 가졌기 때문인 것으로 보고 있다.[23] 한(漢) 왕조에 이르기까지 가혹한 형벌이 주를 이루던 형벌 체계에서 유형은 주된 형벌에 속하지 않았으나, 북위(北魏, 386~534) 시대에 이르러 율문에 정식으로 규정되었다. 북위의 형벌 체계에서는 유형과 도형(徒刑)을 구분하였고 "유형은 도형보다 중하며 사형에 다음간다."라고 하여 후세 형벌 규정의 선구가 되었다.[24] 도형은 관에 구금하여 노역을 시키는 것으로 역시 중한 죄인에게 부과하되 유형보다는 가벼운 것으로 여겨졌다. 북위의 영향을 받은 수당 시대의 법률에서는 자유형이 주된 형벌의 지위를 가지게 되었는데, 이 새로운 형벌 체계에서는 태형(笞刑), 장형(杖刑), 도형, 유형, 사형이 오형을 이루게 되었다.[25] 남북조 시대와 수당 시대에 정형화된 태형, 장형, 도형, 유형, 사형이라는 오형 체계는 청대 말에 이르기까지 거의 변하지 않았다.[26]

중국의 법체계를 받아들인 후 한국 역사상의 각 시대 형벌 체계는 진한 이후 시기의 오형 개념을 기본 골격으로 삼았다. 일찍이 삼국 시대에 고구려, 백제, 신라에 모두 유형 제도가 있었던 것으로 보이고,[27] 고려 시대에도 오형 가운데 하나로 유형 제도가 있었다. 고려 시대에는 관리가 뇌물을 받으면 죄질에 따라 유(流) 1000리(里)와 유

2000리 등의 형을 내렸다. 또한 고려 인종 때의 형벌 규정에서는 80세 이상의 노인이나 중병에 걸린 자는 살인을 저질렀더라도 곤장을 치지 말고 섬으로 유배 보내라고 하였다.[28]

조선 시대에 들어와서는 초기에는 명나라의 법률인 대명률(大明律)의 유형 제도를 적용했다. 유형은 태형, 장형, 도형, 유형, 사형이라는 오형 가운데 사형 다음으로 무거운 중형이었다. 대명률에서는 유형을 사람이 중한 죄를 범했을 때 차마 사형에는 처하지 못하고 먼 곳으로 보내어 죽을 때까지 고향에 돌아오지 못하게 하는 형벌로 규정했다. 대명률의 유형에는 2000리, 2500리, 3000리의 세 등급이 있었다.[29]

유형은 범죄자를 황무지와 해변의 고을에 보내되 노역은 부과하지 않았다. 역을 부과하는 도형과 유형은 조선 전기에는 명확히 구분되었지만, 후기 문헌에서는 구분하지 않고 쓰는 경우가 있었다.[30] 그리고 유형에는 반드시 장형이 함께 부과되었으니, 2000리 유형, 2500리 유형, 3000리 유형에 처해진 자는 모두 각기 100대의 장형을 받은 다음 유배의 길로 떠났다.[31] 장형은 죄를 범한 자를 큰 몽둥이[荊杖]로 치는 것을 말했다. 유형의 종류에는 범죄자를 온 가족과 함께 고향 1000리 밖으로 강제 이주시키는 천사(遷徙), 죄를 지은 관원을 정해진 유배지에서 살게 하는 부처(付處), 왕족이나 고관, 현직(顯職)에 있는 자 등을 배소(配所)의 일정한 장소에 격리하여 유폐하고 거주하게 하는 안치(安置) 등이 있었다. 안치는 다시 범죄자를 고향에 안치하는 본향안치(本鄕安置), 외딴섬에 격리해 안치하는 절도안치(絶島安置), 집 주위에 가시나무 울타리를 설치하여 그 안에 칩거하게 하는 위리안치(圍籬安置) 등이 있었다. 위리안치는 유배자가 가족과 함께 사는 것을 허용하지 않는다는 점에서 가혹한 형벌이었다.[32] 한편 절도안치(절도정배)의 장소로는 제주도, 남해도, 진도, 거제도, 흑산도 등이 배정되었는데, 이들 섬은 육지와의 연결이 차단되어 있기 때문에 도망갈 기회가 없고 생활환경이 열악하여 절도정배는 가장 가혹한 유배형으로 여겨지기도 했다.[33]

유배의 거리는 간단한 문제가 아니었다. 『속대전(續大典)』이 편찬된 영조 이전까지는 대명률에 바탕을 둔 『경국대전(經國大典)』이 주로 사용되기는 했으나, 대명률은 타국의 풍속과 사회생활을 기초로 하여 제정된 탓에 조선의 법과 일치하지 못한 내용이 많았으므로(本朝之法, 與大明律不同者頗多),[34] 실제로 법률을 적용할 때 많은 문제가 노출되었다. 그래서 결국 그때그때 임금의 교지로써 문제를 결정하는 경우가 생길 수밖에 없었다. 특히 중국과 조선의 나라 면적이 달라서 조선에서는 2000리와 3000리라는 거리에 해당하는 지역이 없었으므로, 조선의 실정에 맞게 법을 조정할 수밖에 없었다. 그래서 1430년(세종 12)에 유죄인(流罪人)의 배소를 조정한 배소상정법(配所詳定法)을 제정하여, "서울·경기 좌우도(左右道), 유후사(留後司)에서는 3000리는 경상·전라·평안·함길도 안에서 30식(息)[35] 밖에 있는 해변의 여러 고을, 2500리는 경상·전라·평안·함길도 안에서 25식 밖에 있는 여러 고을, 2000리는 경상·전라·평안·함길도 안에서 20식 밖에 있는 여러 고을"이라는 식으로 비례관계에 의해 거리를 조정하였다.[36] 이처럼 유배인의 거주지를 기준으로 유배지를 정하되, 국사와 관련된 일부 특수한 죄인은 평안도의 인산(麟山)과 이산(理山) 이북의 해안 각 고을과 함길도의 길주(吉州) 이북의 고을에 유배하지 못하게 했는데, 이는 유배자의 국외 탈출과 국가 기밀 누설을 방지하기 위한 조치였을 것으로 이해된다.[37]

유형을 3등급으로 구분하는 제도는 오랫동안 유지되었는데, 조선왕조 말기였던 1895년 유형의 분등과 가감에 관한 규정(流刑分等及加減例)을 제정하여 유형 3등급을 재조정하였다. 1등급은 종신형, 2등급은 유 15년, 3등급은 유 10년으로 하고, 현행 율령 중 유 3000리는 종신형으로, 유 2500리는 유 15년으로, 유 2000리는 유 10년으로 각각 정하였다.[38] 즉 거리를 기준으로 유형의 경중을 정하다가 형기를 기준으로 경중을 정하는 방식으로 바뀐 것이다.

유배지까지의 여정에는 유배자의 신분과 직책에 따라 상이한 압송관이 동행하도록 규정되어 있었다. 유배자가 관리인 경우 말과 음식을 관에서 제공하였으나, 비관직자의 경우 본인이 이러한 비용을 대야 했다. 이항복이나 윤선도처럼 저명한 인물이 유배되는 경우 유배지로 가는 길에 잠깐 머무르는 곳에서도 수령들이 물품을 보내오고 아전들이 찾아와 뵈었으며 지역 사족들이 찾아오기도 했다.[39] 유배지에 도착하여 관헌에서 후한 대접을 받기도 했다. 조선 시대 유형의 실례들을 살펴볼 때 여러 사람을 특정한 장소에 집단으로 유배시켜 무리 지어 거주시키는 형태의 유형은 찾아보기 어려운 듯하다. 특히 동일한 사건에 관련된 사람들을 같은 배소에 유배하는 일은 더욱 없었던 것으로 보인다.

한 연구에 따르면 유배의 횟수는 조선 초기에 높은 수치를 보이다가 16세기 후반(1551~1600)에는 현저히 떨어졌다. 그러다가 다시 증가하여 18세기 후반(1751~1800)에 극점에 다다랐는데 이때는 전체 유배 건수뿐 아니라 절도정배 건수도 절정에 이르렀다.[40] 유형의 빈도는 정치권력의 안정성과도 분명 밀접한 관련이 있는 현상이라 하겠다.

조선 시대에 유배의 형벌은 풍수설을 주장한 자, 술주정을 부리거나 풍속을 해치는 자, 관직을 사칭한 자, 직무에 태만하거나 불효죄를 범한 자, 법을 어기고 술을 빚은 자, 장모를 구타한 자에 이르기까지 폭넓게 시행되기는 했다.[41] 그러나 조선 시대의 유배형은 무엇보다도 '국사범이나 정치범에게 과하는 것'이라는 특징을 지니고 있었다.[42] 모반 사건(대역부도 죄) 관련자, 반란 혹은 음모 사건에 관계된 자, 정부의 정책을 규탄하는 상소를 올린 자, 불경죄를 범한 자, 시호를 요청하는 문제에서 국가권력의 의사에 반한 자 등이 유형에 처해졌다.[43] 즉 유형은 국가권력이 징벌의 형태를 빌려 정치적 반대자를 제재하는 수단으로서 가장 널리 활용되었다. 권력과의 갈등으로 유배된 인물들에 얽힌 이야기들은 조선의 전 시대를 관통하며 면면히 흐르고 있다. 정치적 패배자들은 유배지에서 죽음을 강요당하기도 했다. 부당하게 왕위에서 쫓겨난 어린 왕 단종이 노산군이라는 이름을 가진 채 영월 유배지에서 한 많은 삶을 마쳐야 했던 것은 그 대표적 예이다.

그러나 유배자를 강제로 고립시키는 형벌인 유배는 오히려 유배자의 정신 집중을 가능케 하여 지적(知的) 담금질의 기회를 제공하기도 했고, 이를 통해 뛰어난 학문적·문학적 생산물의 산실이 되기도 하였다. 그리하여 울분과 원망을 넘어설 정도의 정신적 강인함과 깊이를 지닌 유배자들은 평탄한 일상을 보냈더라면 결코 이루지 못했을 불후의 학문적·예술적 걸작들을 남기기도 했다. 추사 김정희의 뛰어난 예술 작품이나 다산 정약용의 방대한 학술 저작이 유배지에서 정진한 결과임을 상기해 보는 것으로 족하다. 중세 말 교황파와 황제파의 대립 이후 교황파의 내부 분열과 갈등 속에 반대파인 흑파(黑派, Neri)에게 쫓겨났던 이탈리아 토스카나 출신의 단테 알리기에리가 유랑의 세월을 보내면서 『신곡』을 썼던 것과 충분히 비견될 만한 일이다. 단테가 작품을 통해 자신의 반대자들을 지옥으로 보냈듯이, 유배자들은 자신의 정신적 생산물을 통해 그들을 벌했던 사람들 위에 올라설 수 있었다. 그러나 이러한 업적을 이룰 수 있었던 유배자는 물론 소수에 지나지 않았다.

러시아의
유형 제도 성립

러시아와 관련해서는 대개 16세기에 유형이라는 형벌 제도가 처음으로 법적으로 명시되었다는 것이 인정되고 있다. 키예프 루스 시절에도 유형 제도가 있었다는 설이 있으나 확실치 않다. 적어도 야로슬라프 대공이 제정한 『루스 법전』과 이를 수정해 증보한 야로슬라프 아들들의 법전(『증보판 루스 법전』)에는 유형에 대한 법적 규정은 없다. 반면에 도시의 구성원들이 민회의 결의를 통해 공의 초빙과 축출을 결정하는 권한을 가졌던 고대 노브고로드에서는 인기 없는 공을 추방하는 일이 자주 일어났다. 연대기에는 노브고로드 주민들이 공에게 반기를 들고 그에게 "손가락으로 방향을 가리켰다."라는 표현이 자주 나오는데, 이는 공을 추방하면서 그가 가야 할 방향을 가리키는 것이다. 스뱌토슬라프 로스티슬라비치라는 통치자는 선출된 지 2년 만인 1160년에 라도가 호수 쪽으로 쫓겨났다가 다음 해에 주민들의 선거 결과로 다시 공의 자리에 오르기도 했다.[44] 13세기 노브고로드와 모스크바의 통치자였던 알렉산드르 네프스키 공은 노브고로드 통치 초기에 스웨덴 군대의 침입을 막아 내는 혁혁한 공을 세웠는데도, 그 직후 인민들과 갈등을 빚자 일종의 추방 상태에 놓여(연대기에서는 다른 공들의 경우와는 달리 "노브고로드 사람들이 손가락으로 방향을 가리켰다."라는 표현을 직접 쓰지는 않고 있다.) 고향인 페레야슬라블*에서 가족 모두와 함께 칩거하기도 했다. 그런데 튜턴 기사단이라는 무시무시한 외적이 다시 침입하자 노브고로드 사람들이 여러 차례 간청하여, 알렉산드르 공은 다시 통치자 자리에 복귀하게 되었다. 이 귀환 이야기에서 노브고로드 사람들의 청을 받은 알렉산드르의 아버지, 곧 야로슬라프는 처음에는 다른 아들인 안드레이를 노브고로드 공으로 보냈으나, 노브고로드 사람들이 민회를 열고 고위 성직자를 파견하여 알렉산드르를 보내 줄 것을 다시 간청하였다. 그래서 결국 알렉산드르가 노브

---

*   현재의 페레슬라블 잘레스키시.

고로드로 귀환하였다.[45] 이는 지배자의 초빙과 축출에 관한 사항에서 민회가 결정권을 가지고 있으면서 지배자의 권력을 견제하는 모습을 보여 주는 것으로, 고대 아테네의 도편추방과 유사한 면이 있다. 양자 모두 강력한 고대적 직접민주주의의 요소를 가지고 있는 것이다. 물론 고대 루스에서 통치자의 추방은 장소를 지정해 범죄자를 유배 보내는 것과는 성격과 개념이 다소 달랐고, 법적으로 명문화된 처벌 형태는 아니었다고 할 수 있다.

모스크바국에서는 17세기 전반까지 중범죄는 주로 사형으로 벌했다.[46] 유형은 16세기 전반에도 드물지 않게 행해졌으나, 유형을 형벌의 한 형태로 처음으로 명문화한 통치자는 이반 4세였다. 러시아의 시베리아 정복이 갓 시작되었을 무렵인 1582년, 이 군주는 1550년에 편찬한 법전 『수데브니크(Судебник, Sudebnik)』를 보완하라는 칙령을 발표하였는데, 새 법전에서는 궁정에 허위 사실로 진정서를 내거나 소귀족들(deti boyarskie) 사이에 불평불만을 퍼뜨리는 자들을 국경 지방 도시들(세브스크, 쿠르스크)의 카자크들 사이로 유배 보낸다고 규정하였다.[47]

시베리아라는 특정한 공간이 유형과 결부되어 법전에서 명시적으로 언급된 것은 그보다 좀 더 나중의 일이었다. 즉 범죄자들에 대한 별도의 형벌로서 시베리아 유형이 도입된 것은 1649년 '전국 주민회의 법전(소보르노예 울로제니예)'이다.[48] 러시아 국권의 존립 위기를 가져왔던 동란의 시대를 극복한 후 개창된 로마노프왕조가 사회적 혼란 속에서 국가 체제를 정비하기 위해 1648년에 소집한 것이 전국 주민

회의(젬스키 소보르)였으며, 이 회의에서 편찬된 법전이 소보르 법전, 즉 '전국 주민 회의 법전'이다. 이 법전에서는 주민을 장악하기 위한 여러 조치가 도입되었고 당연히 형법도 정비되었는데 바로 이곳에 시베리아 유형이 명시되어 있다. 여기서 주목해야 할 것은 기층 주민을 예속시키는 과정과 시베리아를 유형지로 삼는 과정이 나란히 진행되었다는 사실이다. 전국 주민 회의 법전에서는 러시아 농민의 농노화에 대한 법제화가 완료되었으며, 아울러 시베리아 유형도 법제화된 것이다.

농민의 농노화는 지주에게 속한 농민의 이동권이 전면적으로 금지된 것을 말한다. 농민의 이동권은 몽골 지배를 극복하고 모스크바 공국의 독립을 이룬 이반 3세의 지배와 대귀족의 세력을 강경하게 견제하고 중소 지주의 세력을 강화하고자 한 이반 4세의 지배, 정통성 시비로 어려움을 겪고 있었기에 귀족 지주들의 요구를 수용해야 했던 군주 보리스 고두노프의 지배 등을 거치면서 아주 오랜 기간에 걸쳐 점차 제한되어 왔다. 이 과정에서 지주가 도주한 농민을 추쇄(推刷)할 수 있는 시효는 그때그때 군주의 칙령으로 정해 왔다. 그런데 전국 주민 회의 법전에 이르러 그 시효가 폐지된 것이다. 이로써 도주한 농민은 지주의 무기한 추쇄 대상이 되었다. 이는 주민에 대한 지배층의 통제가 막강해졌음을 의미한다.

러시아에서 농민의 농노화와 시베리아 유형 제도 확립은 현실과 법제화의 관계라는 면에서도 유사하게 전개되었다. 농민의 이동 제약이 15세기 말 이후 오랜 기간에 걸쳐 진행되다가 전국 주민 회의 법전을 통해 전면적 이동 금지라는 외적 형태를 얻은 것처럼 유형 제도,

그중에서도 특히 시베리아 유형 제도 또한 이 집성 법전을 통해 명시적 형태를 얻게 된 것이다.

19세기 후반 러시아제국의 대표적 형법 학자였던 포이니츠키에 따르면 시베리아 유형은 법제화되기 전에도 행해졌다. 유형은 권력 투쟁에서 패한 귀족들에 대한 통치자의 총애를 박탈하는 수단이기도 했고, 전쟁 포로나 범죄자를 관대하게 처우하는 수단(처형 대신 유배)이기도 했으며, 새로 정복한 지역 주민들의 반발 위험성을 제거하는 수단(강제적 집단 이주)이기도 했다. 그런가 하면 일시적 행정 필요(특정한 분야의 인력 필요)에 따른 강제적 인력 재배치 수단으로 이용되기도 했다. 리투아니아인, 독일인, 우크라이나인, 체르케스인 등 러시아와의 전쟁에서 패한 다른 민족 출신의 포로들은 처형을 당하는 대신 국경 지역, 특히 시베리아로 유배되어 러시아 정교를 받아들이고 이곳의 새로운 정주민이 되어 살아갈 수 있었다. 러시아 내에서도 몽골 지배 종식 후 모스크바의 차르를 중심으로 강행된 중앙집권화에 저항하다가 초토화된 노브고로드나 프스코프처럼 토착 정치체의 전통이 강한 유서 깊은 지역의 주민들도 (처형된 사람을 제외하고는) 외국인 포로들과 비슷한 처우를 받았다.[49] 이들뿐 아니라 일반 형사범들(절도, 강도, 사기를 저지른 자들)도 16세기 후반과 17세기 전반에 시베리아 유형의 적용 대상이 되었다.

시베리아는 이들을 수용하기 적합한 공간으로 여겨졌다. 토볼스크, 톰스크, 쿠즈네츠크 등 주로 서부 시베리아에 러시아인들의 주도로 새로 건설된 정주지들이 유형 장소로 이용되었다.[50] 이런 점에서 애초에 시베리아 유배는 징벌적 성격과 사민(徙民) 수단적 성격[51]을 결합한 것이었다고 말할 수 있을 것이다. 즉 공동체에서 배제하고 싶은 사람들을 이곳으로 보내 사람이 살 만한 땅으로 만들게 하고, 차후에는 이곳을 국가권력에 통합시키는 과정이 오랜 기간에 걸쳐 진행되었다. 물론 이것이 처음부터 어떤 심모원려를 가진 기획자에 의해 일관된 의도와 목표와 체계를 가지고 진행된 것은 아니다. 다만 초기에는 새로 획득한 오지를 어떤 형태로든 러시아 국가권력이 미치는 곳으로 활용할 필요가 있었음이 분명했고 유형지로 활용하는 것은 이런 면에서 가장 적합한 수단의 하나였다.

그리하여 시베리아 유형은 17세기 첫 20~30년 사이에는 이미 상당한 기반을 가지게 되었고, 전국 주민 회의 법전에서 정식으로 법제화된 것이다.

이 법전에는 범죄자를 유형에 처하는 경우에 대한 언급이 열 군데 나오는데,[52] 유형 장소에 관해서 시베리아의 레나 강변처럼 지명을 구체적으로 언급한 조항이 있고 "군주가 명하는 곳으로 유배한다.", "국경도시로 유배한다." 정도로만 규정한 조항이 있다. 유일하게 시베리아를 유형 장소로 특정한 조항은 19조 13항이다. 이 조항에서는 모스크바 교외와 다른 도시 교외의 납세 주민(посадские цяглые люди, posadskie tsiaglye liudi)은 군주에게 소속된 존재인데, 이들이 다른 사람에게 자신의 인신을 저당 잡혀 지주 소속의 농민이나 예속민(люди, liudi)을 칭하는 것은 중범죄에 해당한다고 규정하였다. 또한 이 같은 범죄를 저지른 모스크바 교외 및 도시 교외 주민은 "시베리아로 유배하여 레나 강변에서 살게 한다."라고 명시하였다.[53] 레나강은 동부 시베리아에서 남북으로 길게 흐르는 강이다. 러시아인들이 시비르 칸국을 정복한 후 동쪽으로 나아가다가 북태평양 연안(오호츠크)에 이른 것이 1649년을 전후한 시기였음을 생각하면, 1649년 법전에서 레나 강변을 언급한 것은 의미심장하다. 즉 얼마 전까지만 해도 주로 유럽 러시아와 가까운 서부 시베리아를 유형지로 삼아 왔던 러시아 정부가 동부 시베리아의 레나강 유역을 유배지로 특정한 것은 이 지역이 러시아 관할권이 되었음을 선포하는, 그야말로 재빠른 행동이었다.

전국 주민 회의 법전 가운데 유형과 관련된 다른 조항들은 다음과 같다.

> 궁정 서기 보좌관이 회계장부를 부실하게 기재해 군주의 재정에 손실을 입히는 죄를 두 번 범한 경우 채찍으로 때린 후 어디든 국경도시에서 복무하도록 유배한다.(10조 129항)
>
> 여럿이 모의하여 타인의 주거지를 침범하여 살인을 한 경우 종범은 채찍으로 때린 후 군주가 명하는 곳으로 유배한다.(10조 198항)
>
> 절도를 1회 범한 자는 채찍으로 때리고 왼쪽 귀를 절단하여 2년 동안 족쇄를 채워 가둔 후 군주가 명하는 국경도시로 유배한다. 이때 유배지의 행정 서기(디야크)에게 편지를 보내 그가 절도로 인한 수감 기간을 채웠으며, 감옥에서 석방되었음을 알린다.(21조 9항)
>
> 살인을 범하지 않고 절도를 2회 범한 자는 채찍으로 때리고 오른쪽 귀를 잘라 4년 동안 수감하며 수감 후 족쇄에 채워 군주의 영토

어느 곳으로든 보낸다. 수감 기간이 완료되면 군주가 명하는 국경 지방의 도시에 유배하며 이때 그에게 편지를 지참시켜 그가 다른 절도 건으로 인한 수감 기간도 채웠으며 감옥에서 석방되었음을 알린다.(21조 10항)

사기꾼에게는 절도를 1회 범한 자와 같은 처벌을 내린다.(21조 11항)

도박을 하면서 노상강도 행위로써 도둑질을 한 자에게는 절도범과 같은 처벌을 내린다.(21조 15항)

강도죄를 1회 범한 자에게는 오른쪽 귀를 자르고 3년 동안 수감한 후 국경 지방의 도시로 유배한다.(21조 16항)

매점매석을 4회 행한 자는 채찍으로 때린 후 먼 도시로 유배한다.

절도를 4회 범한 자는 채찍으로 때린 후 군주가 명하는 먼 도시로 유배하고, 그가 소유한 가축, 집, 관급 토지, 세습 토지는 몰수되어 군주에게 귀속된다.(25장 3항)

다량의 담배를 반입한 자는 여러 차례 고문하고 콧구멍을 찢고 코를 베어 내며, 고문한 후 군주가 명하는 먼 도시로 유배한다.(25장 16항)

이처럼 회의 법전에서 유배형 범죄로 규정된 것은 모의에 의한 강도 살인의 종범인 경우와 강도죄를 범한 경우를 제외하면 상대적으로 경미하고 비교적 흔한 범죄였다.

단 전국 주민 회의 법전의 편찬자들은 유배를 그 자체로 충분한 징벌 수단이라고 여기지는 않았다. 유배는 단독으로 선고된 것이 아니었으며, 채찍으로 때리기, 귀 자르기, 코 잘라 내기, 감옥에 일정

기간 수감하기와 같은 형벌이 유배에 선행되었다. 그래서 시베리아 유형 제도를 고찰한 19세기 말의 미국인 저자 조지 케넌은 이 시기의 유형 제도는 그 자체가 징벌로 여겨진 것이 아니라 이미 벌을 받은 범죄자를 사회로부터 분리해 버리는 수단이었다고 보기도 했다.[54] 그리고 중죄인들은 유배형이 아니라 사형에 처했는데, 앞에서 언급한 10조 198항을 보더라도 주거침입 후 강도 살인한 종범은 유배형에 처했지만, 그 주범은 사형에 처하게 되어 있다.(10조 198항)

전국 주민 회의 법전 이후 여러 차례의 칙령(ukaz)으로 유배형에 해당하는 범죄에 대한 규정이 확대되었는데, 중범죄는 물론 하찮은 규정 위반 행위까지 모두 유배형으로 징벌하는 경향이 늘었다. 1657년에는 취중 난투로 인한 과실 살인범이, 1663년에는 동화(銅貨) 은닉을 기도한 경제사범이, 1684년에는 "두레를 이루어" 무허가로 일거리를 찾아 상경하는 사람들이, 1699년에는 화재 현장에서 절도를 하는 사람이 유배형에 처해지게 되었다.[55] 이와 함께, 수상해 보이는 사람들을 다 유배형에 처하는 경향이 있었다. 걸인이 "꾸민 교활함"으로 구걸을 해도 유배를 당했고, 팔다리를 붕대로 묶어 지체장애인 행세를 하거나 눈을 가려 시각장애인 행세를 하는 등 거짓으로 장애인처럼 굴어 타인에게서 돈을 받는 자들에게도 유배형이 적용되었다.[56] 이런 이유로 이 시기에는 유배형이 비교적 경미한 형벌이라고 여겨지기도 했다.[57]

전국 주민 회의 법전에는 종교적·정치적 범죄자에 대한 유배형 규정이 없었으나, 차츰 이에 대한 규정도 좀 더 분명하게 도입되었다.

국가에 위험하다고 여겨지는 개인이나, 인민 사이에서 동란을 획책한 자, 권력에 순종치 않는 주민 집단도 유형에 처해졌다.[58] 스텐카 라진 주도의 농민-카자크 봉기(1670~1671)가 진압된 후 스텐카 라진은 처형 되었지만, 그의 추종자들은 백해 부근의 솔로베츠키 수도원에 유배되 었던 것도 그 예이다.

러시아 지배층은 17세기 중반부터 중죄인들에게 사형 대신 시 베리아 유배형을 더 빈번하게 선고하게 되었다. 그 후 러시아혁명 때까 지 시베리아는 유형의 땅으로 인식되었다. 앞에서 말한 경제적 착취 외에 이 유형지로서의 기능이야말로 시베리아의 식민지적 성격을 잘 보여 주는 것이었다. 1699년에는 시베리아 베르호투리예에 유형수들 을 위한 특별 수용소가 지어졌다. 유형수들은 이곳에 수용되어 있다 가 자신들의 최종 목적지인 유형 장소를 향해 떠나가게 되었다.[59]

유형에 처해지는 사람은 크게 두 종류, 곧 일반 형사범과 정치 범(국사범)이었다. 이 두 범주는 17세기식 용어로 각기 "악인(likhie)"과 "실총자(失寵者, opal'nye)"로 표현되었다.[60] 실총자란 군주의 총애를 잃 은 사람을 가리키는 말로, 17세기의 실총자는 권력투쟁에서 패배한 지배계급 인사와 관직자를 의미하였다. 그러나 18세기 말과 19세기로 가면서 정치범의 대종을 이루는 집단은 근대적 정치사상과 사회사상 에 바탕을 두고 전제정에 맞서는 지식인이나 혁명가들이었다. 기성 교 회에 맞서는 종교적 반대자들도 시베리아 유형자 사이에서 독자적 그 룹을 이루었다.

유형 식민지로서 시베리아와 러시아의 관계는 오스트레일리아와 영국의 관계에 비견할 만한 것이었다. 차이가 있다면 후자는 바다로 서로 멀리 격리된 별개의 공간이었음에 반해 전자는 육로로 연결되어 있는 공간이었다는 점이다. 바로 이 점이 시베리아가 식민지라는 인식을 흐리게 만드는 주된 요인이기도 했다.

제정 시대
(페테르부르크 시대)의
시베리아 유형

넓게 보면 시베리아 유형 제도는 두 가지 고려에서 도입되고 확대되었다. 하나는 식민정책적 고려이고, 다른 하나는 범법자를 격리할 필요성에 대한 고려이다. 러시아 정부는 변경 지대를 개척하고 국경 수비를 강화하며, 새로 획득한 지역의 러시아화를 추진하고 노동력이 필요한 곳에 수공업자를 제공하는 등의 목적을 위해 유형수들을 동원했다.[61] 특히 정치범이 아닌 일반 유형수들은 시베리아 식민자라는 의미를 가졌다. 시베리아는 늘 인구 부족과 노동력 부족에 시달렸고 다른 지역에 비해 러시아화 진척이 크게 지체되어 있는 곳이었으므로, 유럽러시아 지역에서 유형당한 사람들은 시베리아의 부족한 인구를 보충하고 이 광활한 지역을 러시아화할 책임을 진 유입민들이었던 것이다.

전국 주민 회의 법전 이후 유형 제도가 확대되었으나, 17세기 말부터 시작된 차르 표트르 1세 재위 시기에는 형벌의 양상이 변화하여 카토르가(каторга), 즉 강제 중노동형이 유형보다 우세를 보였다. 카토르가는 원래 '노 젓는 배'[62]를 뜻하지만, 일반적으로 강제 중노동이라는 의미로 사람들의 머릿속에 새겨지게 되었다. 카토르가라는 형벌이 러시아 문헌에 처음 등장한 것은 1668년 안드레이 안드레예비치 비니우스가 카스피해에 함대를 창설하여 배치하고, 노 젓는 노동력으로는 수형자들을 동원하자고 제안한 것을 기록한 문서에서이다.[63] 이 제안 자체는 실현되지 않았으나 카토르가라는 말만은 긴 수명을 누리게 될 터였다. 중노동형은 유배형과 흡사한 양상을 띠는 경우가 종종 있었고, 특히 시베리아 유형이 보편화된 이후에는 유형과 중노동형이 결합되는 경우가 많았으나 엄밀한 의미에서 이 두 가지는 구분되었다. 유형은 본질적으로 '사회로부터 먼 공간으로 격리함'을 목표로 하는 것이었지만, 중노동형에서는 현상적으로 격리가 일어나더라도 이것이 그 자체의 고유한 특징이었던 것은 아니다.[64] 중노동형은 무엇보다 국가의 토목 건설 사업에 노동력을 충원하는 방식으로 활용되었다.

　　러시아를 유럽 열강의 일원으로 올려놓은 정복자이자 개혁가이며 대제라는 칭호를 가진 차르 표트르 1세는 끊임없이 토목 사업을 일으킨 군주였다. 그가 범죄자들을 처음으로 강제 중노동에 동원한 것은 1696년 아조프에 도시를 건설할 때였다.[65] 그 후 표트르 1세는 이 제도를 적극적으로 활용하였다. 그는 수도를 모스크바에서 페테르부르크로 이전하면서 핀란드만 부근의 허허벌판에 완전히 새로운 도시를 건설했다. 당연히 수많은 건설 인력이 필요했다. 또한 그는 정복

군주로서 수많은 대외 전쟁을 통해 영토를 크게 확장했는데, 새 점령지의 수비를 위해 변경 지대에 요새를 건설하였다. 중노동형을 선고받은 이들은 페테르부르크, 크론슈타트, 로게르빅항(발트항)과 같은 새로운 도시의 건설과 리가, 레발, 타간로그, 오렌부르크 등의 요새 건설에 동원되었다. 그중에서도 로게르빅항 건설은 1767년까지 강제 중노동수들의 노동력을 대규모로 동원하여 이루어진 사업으로 유명하였다. 수많은 중노동형 죄수들이 매년 로게르빅 항구를 건설하는 노동에 동원되었는데, 이때 동원된 중노동자 수는 연간 600명에 이르렀다.[66] 표트르 1세는 러시아 해군의 창설자이기도 했다. 조선소를 건립하고 배를 건조하는 데 드는 인력, 우랄산맥 부근에 광산을 개발하는 데 요구되는 인력도 카토르가 노동력으로 충원하였다. 시베리아 중노동형의 실태를 조사했던 관리 살로몬의 표현을 빌리면, 표트르 1세는 범죄자들을 "무임의 국가 노동자"로 여기게 된 것이다. 표트르는 러시아 역사에서 공익에 복무하는 기구로서의 국가 이념을 확립하고, 복무자 국가(服務者國家, service state) 원칙을 확대하여 국가 운영에 도입한 통치자이다.[67] 19세기 러시아 역사가 보리스 치체린의 해석을 따르면, 맨 아래로는 농노에서 맨 위로는 최고위 귀족에 이르기까지 모든 사회 구성원이 국가를 위해 복무한다는 관념을 바탕으로 하여 구성되는 것이 모스크바 국가 체제의 특징이었다.[68] 표트르 황제는 이 복무자 국가 개념을 강화했는데[69] 이 관념에 따르면 범죄자라 할지라도 국가를 위해 복무하게 된다. 표트르 황제가 도입한 범죄자의 중노동형은 바로 이 관념을 따른 것이다.

범죄자로 하여금 국가나 사회에 '유용한' 기능을 수행하게 하는 것은 여러 의미를 가질 수 있다. 국가나 사회의 경제적 필요를 위해 범죄자를 노동력으로 활용하는 것은 노동력이 부족한 사회의 선택일수 있다. 전쟁 포로들을 죽이는 대신 노예 노동력으로 이용했던 고대 사회의 관습과 비교해 볼 수 있다. 노예 노동력을 거둘 만한 여건이 되지 않는 경우 혹은 구금으로 인한 관리 비용이 더 드는 경우 범죄자를 처형하는 경우도 있다. 그런가 하면 부르주아의 재산권이 가장 중요한 가치였던 영국 사회에서는 사소한 재산 절도에 대해서도 극형을 내리기로 규정되어 있었다. 자신들의 재산을 수호하고 증식하는 데 모든 것을 걸었던 부르주아지가 전시효과를 위해 사회에 엄벌주의를 들이밀었던 경우라고 할 수 있다. 오스트레일리아를 유형 식민지로 삼고 있던 영국의 법정은 18세기 말에서 19세기 초까지 가혹한 형벌 선고를 일삼았다. 기혼녀에게 겁을 준 다음 2실링짜리 손수건을 빼앗았다는 이유로 한 남자에게 사형을 선고했다가 감형하여 유배형을 내렸고, 옷가지와 피스톨(호신용 소형 총기)을 훔친 아홉 살 소년, 7실링어치 리넨 가운과 실크 모자를 훔친 열세 살 소녀 등을 징벌하겠다고 그들을 이 머나먼 땅, 뱃길만으로도 여덟 달이 걸리는 황량한 "운명의 바닷가"로 내보내곤 하였다.[70] "문명 수준이 높고 고상한" 영국 지배층이 재산 관련 범죄자들을 다루는 태도는 다른 어떤 사회보다 더 가혹하고 비인간적이었다. 그것은 대두하는 부르주아적 원칙의 지극히 위선적인 성격을 빼놓고는 이해하기 어려운 것이었다.

　　반면 노동력이 부족한 사회는 범죄자들을 물리적으로 제거하지는 않고 그 대신 사회적으로 필요한 노동에 동원하기도 한다. 이때의 노동은 강제 노동의 성격을 띤다. 표트르 1세 통치 시기의 중노동형 수행 장소는 유럽러시아 쪽에 치중되어 있었다. 범죄자를 처형하는 대신 노동력으로 이용하는 것은 한편으로는 이 범죄자가 사회적 노동을 통해 새로운 인간으로 변화할 가능성이 있음을 인정한다는 의미를 내포한다. 다시 말해 형벌은 단지 응징이라는 의미만을 가지는 것이 아니라 교화와 교정의 의미도 가지는 것이다. 그런데 표트르 1세가 범죄자의 인권을 고려하고 심리적·행동적 측면에서 그들의 재활과 사회 복귀를 돕는다는 분명한 의식을 가지고 있었는지는 말하기 어렵다. 무엇보다 국가가 주도하는 건설 토목 사업에 동원된 중노동 수형자들의 작업환경과 노동조건은 너무나 열악하여 이들의 사망률이 매우 높았다.

표트르 1세 시기에 우크라이나 코자크*들은 페테르부르크 건설과 각지의 요새 건설에 동원된 대표적인 집단이었다. 대북방전쟁**

---

*   러시아어 카자크(복수형은 카자키)에 상응하는 우크라이나어는 코자크(복수형은 코자키)이다. 이 책에서는 우크라이나인들을 지칭할 때 코자크라는 용어를 쓰기로 한다. 우크라이나 코자크들의 최고 지도자를 헤트만이라 칭했다. 보흐단 흐멜니츠키 이후 코자크 헤트만은 우크라이나의 최고 행정 수반 역할을 했다.

**   대북방전쟁(1700~1721)은 북부, 동부, 중부 유럽 일대의 지배권을 둘러싸고 러시아와 스웨덴이 벌인 전쟁이다. 러시아, 덴마크, 작센 군주들이 연합하여 스웨덴의 패권에 맞서 동맹을 결성했다가 무너진 후 다른 여러 유럽 국가들이 러시아와 연합하면서 전쟁이 시작되었다. 그러나 이후 주로 러시아 차르 표트르 1세와 스웨덴 국왕 카를 12세가 맞붙는 형태로 전쟁이 진행되었다. 두 사람 모두 군사적 천재였으나, 1709년 우크라이나 폴타바에서 벌

시기 우크라이나의 코자크 최고 지도자(헤트만)인 이반 마제파는 표트르의 불운한 적수인 스웨덴 국왕 카를 12세의 편에 섰다가 카를의 패배에 따라 몰락하고 반역자로 낙인찍혔다. 이 일은 우크라이나 코자크들에게도 재앙을 초래하였다. 그들은 잠재적인 반역자로 여겨졌고, 러시아 정부는 그들을 제어하기 위해 페테르부르크 주변과 아스트라한에 요새를 건설하거나, 당시 '방어선(линия, liniia)'이라 불린 카프카스산맥에 요새를 건설하는 일에 우크라이나 코자크를 수백 명에서 수천 명씩 동원하였다.[71] 이들의 노동조건은 엄청나게 가혹하였다. 예를 들어 1719년에는 표트르 1세의 지시로 볼호프강과 네바강을 연결하기 위해 라도가 운하가 건설되기 시작했는데, 이 건설 현장에서 근무했던 우크라이나 코자크 장교 체르냐크 대령은 1722년 러시아 원로원에 보고서를 보내 다음과 같이 진정하였다.

라도가 운하 건설 현장에서는 수많은 코자크가 병들거나 죽었습니다. 무서운 질병이 아주 빠른 속도로 퍼지고 있는데, 가장 흔한

어진 결전에서 러시아군이 승리함으로써 전세가 러시아에 결정적으로 유리하게 기울어졌다. 러시아는 뉘스타드조약(1721)으로 발트해 동부 연안의 스웨덴 영토(리보니아, 에스토니아, 잉그리아, 핀란드의 케홀름슬랜과 카렐리아)를 차지하여 발트해로의 출구를 얻게 되었다. 러시아는 이 전쟁의 승리로 유럽 열강의 일원으로 확고히 자리를 굳혔다. 반면 이 전쟁에서 패한 스웨덴의 위상은 하락하였고, 카를 12세와 결탁하여 러시아에 맞섬으로써 우크라이나의 자율권 내지 독립을 확보하고자 하였던 우크라이나 최고 지도자 마제파는 몰락하였다. 우크라이나의 자율권 또한 오히려 크게 축소되었다.

병은 고열과 다리의 부종으로, 이로 인해 사람들이 죽어 갑니다. 그러나 작업 감독관으로 배치된 장교들은 레온티예프 여단장의 지시로 불쌍한 코자크들의 이토록 어려운 사정은 무시한 채, 일하는 그들을 사려와 분별도 없이 무자비하게 곤봉으로 구타합니다. 게다가 장교들은 코자크들을 밤낮 가리지 않고, 심지어 일요일과 축일조차 가리지 않고 휴식 없이 노역을 시키고 있습니다. 그렇기 때문에 저는 작년에 코자크들의 3분의 1만이 살아서 귀향한 것처럼 이번에도 많은 코자크가 이곳에서 죽지 않을까 염려됩니다.[72]

일종의 정치적 이유에 따른 강제 동원 대상이었던 우크라이나 코자크들은 정해진 기간 동안만 일했지만, 일반 범죄자 중노동수들은 일부 유기수들을 제외하고는 종신수들로 중노동을 하다가 삶을 마치는 존재들이었다. 늙고 병들어도 석방되지 않고 국가나 수도원의 비용으로 부양되었다.[73] 표트르 1세는 중노동 수형자들의 부인들에게 재가를 허락했는데,[74] 이는 국가가 수형자 가족에게 중노동수들은 사회 복귀의 가능성이 없으므로 포기하라는 권유를 한 것이나 다름없었다.[75]

한편 부국강병의 일념으로 군대를 확장하기 위해 골몰하던 표트르 1세는 절도범과 부랑자들을 병사로 만들기도 했다. 그렇지만 이들 무리가 군대의 기강을 현저히 무너뜨리는 바람에 병사들의 탈영이 줄을 잇는 사태가 벌어졌고, 군부대 사령관들은 대책 마련에 부심하였다.[76]

따라서 교정과 재활이라는 개념을 표트르 1세 치세의 형벌 제도에서 찾기는 쉽지 않은 듯하다.[77] 잘 알려졌다시피 이러한 관념은 계몽사상 시기 유럽에서 체계적으로 발전하였고, 이탈리아의 법학자 베카리아가 그 선구자이다. 러시아에서는 표트르 1세의 딸인 옐리자베타 여제와 표트르 1세의 숭배자였던 예카테리나 2세 여제 시기에 교정주의적 형벌 정책이 부분적으로 채택되었다고 할 수 있다. 이 시기에 이르면 시베리아 중노동형은 범죄자의 국가 봉사 및 교정이라는 복합적인 기능을 가지게 되는 것이다.

물론 표트르 1세 치세에도 시베리아 유형이 중단된 것은 아니다. 이 강력하고 무서운 군주도 시베리아의 광산을 개발하고 시베리아 남부 국경을 방어할 인력을 위해, 주로 정치적 이유로 자신에게 반기를 들었던 집단이나 전쟁 포로들을 이곳으로 보냈다. 그는 이복 누이 소피야 공주와의 권력투쟁에서 공주의 편을 들었던 구식 소총 부대, 즉 스트렐츠이의 반란을 진압하면서 반란에 가담한 자들을 시베리아로 유배하였다. 그래서 이 시기 시베리아에는 유배당한 스트렐츠이가 없는 요새(오스트로그)가 없었다. 또 1708년에는 콘드라티 불라빈이 이끄는 카자크-농민 봉기에 가담했던 돈 카자크들* 대부분을 시베리아로 보냈다. 1711년에는 대북방전쟁 당시 포로가 되어 카잔 지방에 억류되어 있다가 탈출을 시도했던 스웨덴군 포로들이 우랄산맥 너머 동

---

*   돈강 유역에 거주하던 카자크들(카자키)을 말한다. 유라시아 국경 초원지대의 자율적 무인 집단이던 카자크들은 흔히 그들의 거주 지역을 따서 불렸다. 돈 카자크들은 돈강 유역에, 우랄 카자크들은 우랄산맥 일대에 거주하였다.

쪽으로 끌려왔으며, 1715년에는 케르젠스키예의 분리파* 신도들 역시 시베리아 유형수의 신세가 되었다.[78] 이들은 일반 형사범과는 성격이 달랐고 그 수는 제한되어 있었다.

표트르 1세의 사후에는 도주 농노들이나 부랑자들을 지주가 받아들이고자 하지 않는 경우 이들을 시베리아로 유배 보냈다. 지주들은 "일도 없고 인두세도 내지 않은 채 빈둥거리고 게으름 부리는 놈들이 다시는 없게 하고 싶어서" 도주 농노들을 받아들이기를 거부하기도 했던 것이다. 1730년대 안나 여제 시기에는 국경 너머로 도주하려고 한 자, 함량 낮은 금은을 만들어 판매한 자, 병역 이행에 부적합한 자, 공장 십장이나 노동자 가운데 술주정을 부리거나 주사위 놀이와 카드놀이를 한 자 등을 시베리아로 유배 보내라는 칙령이 발표되었다.[79]

표트르 1세의 딸인 옐리자베타 페트로브나 여제 시기에 이르러 시베리아 유형은 크게 확대되었다. 이는 여제가 1753~1754년에 내린 칙령을 통해 사형을 폐지한 데 따른 결과였다. 일설에 의하면 부친의 사망 이후 궁정의 복잡한 세력 관계 속에서 제위 계승자로서 안정

*   케르젠스키예 스키트이는 니즈니 노브고로드도의 구신도 수도사 촌락군(群)이며, 17세기 말~18세기 초에 형성되었다. 대부분의 촌락이 케르젠강을 따라 형성되었기에 이와 같은 명칭을 가지게 되었다. 700명 이상의 수도승과 200명 이상의 수녀들이 이곳에 거주했다고 한다. 18세기 전반에 공식 교회의 집요한 탄압을 받게 되었고, 1737년에는 올레네프스키 수도촌과 샤르판스키 수도촌을 제외하고는 모두 파괴되었다. 1762년 이후 재건되어 전성기보다 많은 구신도 수도승들이 이곳에서 살았으나 19세기에 들어와 다시 정부의 탄압으로 쇠퇴의 길에 들어서게 되었다.

된 전망을 가지기 힘들었던 시절, 그녀는 자기가 황제가 되면 사형 제도를 폐지하겠다고 신에게 약속했으며 제위에 오른 후 이를 실행에 옮겼다고 한다.[80] 그래서 그녀는 제위에 오른 직후 측근 신하들이 정적들을 죽이자고 제안했을 때도 피를 흘리지 않겠다는 이유로 거절했다. 이런 이유로 옐리자베타 예제와 동시대인이었던 러시아 계몽사상의 대표자 미하일 로모노소프는 그녀의 재위 20주년을 기념하는 송시 중 제9 송가에서 "내 통치의 온화한 힘은 사형제의 밤을 물리치나니."라고 찬양하기도 했다.[81] 옐리자베타 여제의 의사에 따라 원로원은 1753년 5월에 정치적 처형의 내용 및 처형 유예에 관한 명령을, 1754년 9월 30일에 사형제 폐지에 관한 명령을 공표했다. 정치적 처형은 생명의 박탈이 아니라 인격권과 공민권의 박탈을 수반하는 의례 처형(ritual execution)이라고 할 수 있다. 이 의례에 처해지게 되면 참수대에 눕혀지거나 교수대에 매달렸다가 채찍질을 당하고 콧구멍을 찢는 벌을 받은 후 종신 유배형에 처해졌다.[82] 1753년에는 원로원 명령으로 정치적 처형도, 실제 처형도 중단되어 원로원의 재심에 넘겨졌다. 그리고 1754년의 명령으로 사형제가 사실상 철폐된 대신 사형에 해당하는 중죄를 저지른 사람들은 정치적 처형을 수반하는 종신 중노동형을 받게 된 것이다.[83] 그다음으로 중한 형벌은 종신 유배형인 영구 정배(定配)형이었고, 그다음 단계는 단순 유배형인 거주 유배형이었다. 영구 정배형은 권리박탈 및 일정한 기간의 노동의무를 수반하는 것이었는데, 중노동 기간이 유기라는 점에서 종신 중노동형보다는 좀 더 가벼웠지만 유럽러시아로 돌아올 수 없고 시베리아에 영구히 정착해서 살아야 한다는 점에서는 역시 중벌이었다. 이 형벌을 받은 유형수는 유배지에서 요새를 건설하는 노동에 종사하고 노동 수용소에서 거주하였다. 이들은 시베리아에서 정부가 지시하는 노동에 종사하였고, 이를 이행할 능력이 없는 사람은 감옥에 수감되었다.[84] 종신 유배형은 1753~1754년 옐리자베타 여제의 칙령에서는 중범죄자에게 부과되었다. 이에 반해 단순 유배형은 처음에는 일종의 행정 조치 혹은 특사의 의미로 부과되었고, 영구 정배형과의 경계도 모호하였는데,[85] 차츰 해당 사항이 좀 더 명확하게 규정되었다. 1차적으로는 군 복무 능력이 없는 자가 단순 유배를 당했고, 1775년의 칙령에서는 절도 초범은 모두 단순 유배에 처하게 했다. 단순 유배란 시베리아의 촌락에 정착하여 사는 것을 뜻하였으며, 범죄가 중할수록 유배지가 유럽러시아에서 멀어졌다.[86] 거주 유배형이라는 용어는 18세기에는 공식 법률 용어로 사용되지 않다가 19세기 전반에 법전에 쓰이는 용어가 되었다. 1811년부터 단순 유배형은 가족과 함께 살 권리를 박탈하지 않았으므로 이 형벌을 받은 사람은 대개 가족과 함께 시베리아로 떠날 수 있었으며, 형기가 만료되면 관청이 지정하는 장소에서 일반인으로서 거주하였다.[87]

옐리자베타 여제가 사형제를 철폐한 데 대한 평가는 몇 가지 점에서 엇갈린다. 이탈리아인으로 18세기의 유명한 계몽주의 법학자였던 체사레 베카리아는 옐리자베타 여제의 사형 철폐가 다른 가혹한 처벌(낙인찍기, 생활 여건이 극도로 열악한 지역으로의 종신 유배 등)로 대체된 것에 지나지 않으므로, 여제가 과거보다 더 관대한 형법을 도입했다고 보기는 어렵다고 주장하였다.[88] 베카리아의 견해는 러시아에 대한 서구 지식인의 부정적 편견을 보여 주는 전형적인 예다. 한편 전국 주민회의 법전에는 사형 조항이 있기는 했지만, 법전이 제정된 후에는 실제로 사형이 거의 집행되지 않았기 때문에 옐리자베타 여제의 입법이 획기적인 변화를 의미하는 것은 아니라고 보는 견해도 있다.[89] 그러나 사형 집행이 빈번하지 않다고 해도 사형제가 존치되어 있다는 것은 언제든지 인간의 자의에 의해 처형이 이루어질 여지를 남겨 놓고 있다는 점에서 사형 철폐와는 큰 차이가 있다. 살로몬은 1898년 5월 20일부터 시베리아에 파견되어 유형과 중노동형의 실태를 조사하였던 고위 관리인데, 그는 18세기 유럽에서는 사형이 일반적이었던 데 비하면 모스크바국의 유형 제도는 의심할 바 없는 진보였으며 이는 수천 명의 목숨을 살려 주었다고 평가하였다.[90] 옐리자베타 여제가 군주의 이름으로 사형제를 폐지한 것은 러시아 역사에서나 세계사에서나 그 의미가 결코 작지 않다고 하겠다.

옐리자베타 여제의 개인적 신념 외에 시베리아 유형의 확대를 가져온 또 하나의 중요한 계기는 지주들이 마음에 들지 않는 농노들을 시베리아로 보낼 수 있도록 한 1760년 12월 13일 자 칙령이었다. 이는 지주가 농민에게서 절대복종을 얻어 내기 위한 수단이었다. 그런데 지주들이 농노들을 시베리아로 보내는 데는 다른 이유도 있었다. 지주는 시베리아로 유형 보낸 농노의 수만큼 징병에 응해야 하는 소속 농노의 수를 면제받을 수 있었으므로, 나이 들고 병약한 농노를 시베리아로 보내 버리고 징집 대상인 젊고 튼튼한 농노를 영지에 붙잡아

둘 수 있었던 것이다. 이렇게 해서 유배당하는 농민은 "불손함으로 인한" 유배자라는 특별한 명칭을 가지게 되었는데, 이들은 대개 시베리아의 바라빈 초원에서 톰스크에 이르는 지역에 배치되었다.[91]

예카테리나 2세 여제는 1765년 1월 17일 자 칙령으로 농노를 시베리아에 유배할 수 있는 지주의 권리를 재확인하였다. 실제로 그녀의 통치 시기에 지주가 소속 농노를 유형 보내는 일은 드물지 않게 일어났다. 지주 외에 도시 행정 기구, 공동체나 촌락도 자체 결정으로 농민을 시베리아로 유배할 수 있었다. 일반적 의미의 범법자가 아니라 '불손하거나 적응 능력이 떨어지는' 인물들을 지주나 행정 기구가 시베리아로 유형 보내는 이 같은 제도는 행정 유배로 불렸다.

지주가 농민을 유형에 처하는 제도는 1811~1812년에 공식적으로 철폐되었다. 그러나 실제로는 19세기 중반에 이르기까지 오히려 성행하였고 농노제가 철폐되고 나서야 정식으로 폐지되었다. 이 점에서도 시베리아 유형이 농노제와 운명을 거의 함께하는 인신 예속 제도라는 것을 알 수 있다. 즉 농노제를 법제화하여 명시한 법전에서 처음으로 법적 규정을 얻게 된 시베리아 유형은 농노제가 절정에 달했던 시기에 지주에 의한 농민의 유배라는 제도를 통해 가장 극단적인 인신 예속적 성격을 드러냈고, 이는 농노제가 철폐되고 나서야 비로소 종식될 수 있었던 것이다.

예카테리나 2세 여제는 푸가초프 농민 봉기로 인해 트라우마를 얻은 통치자다. 1773년, 이 봉기에 가담했다가 시베리아 유형에 처해진 농민들을 호송하는 과정에서 유형수들의 반발과 저항으로 큰 문제가 생기자 여제는 시베리아 유형 제도를 폐지하기로 결정하기도 했다. 시베리아 대신 유형 장소로 선택된 곳은 우랄산맥 서쪽 유럽러시아 지역인 오렌부르크도였다. 그러나 1년 반 만에 시베리아 유형 제도는 다시 부활했고,[92] 여제는 시베리아 유형 제도를 부지런히 써먹은 통치자로 남게 되었다.

시베리아 유형은 19세기 초에 들어와 일시적으로 중단되었다가 재개된 후 계속 확대되었으며, 일반 형사범을 상대로 한 유형 제도는 19세기가 끝나면서 함께 종료되었다. 19세기 초 시베리아 유형 확대와 정비는 관련 법률의 체계화를 통해 이루어졌다. 유형의 확대는 주로 경범죄자들과 부랑자들에게 적용되었다. 이 시기가 되면 그동안 죄수들의 노동력을 활용해 왔던 유럽러시아의 요새 건설을 비롯한 토목 사업 부문에서 노동력의 추가 공급이 필요치 않게 되었다. 더욱이 앞에서 말한 대로 죄수들을 병사로 입대시켰다가 군대의 기강이 무너지는 사태가 벌어졌기 때문에 이들을 군대로부터 격리하지 않을 수 없게 되었다. 1821년 7월 11일 자 칙령에서는 그때까지 요새 건설 노동에 동원되어 왔던 경범죄자들과 부랑자들도 모두 시베리아로 유배하도록 규정하였다. 이 법이 제정된 다음 해에는 유배자의 수가 3000명에서 6000명으로 대폭 늘어났다.[93]

3장

시베리아 유형의
제도적 변화와
다양한 형태

시베리아
유형 제도의 확대

1649년의 전국 주민 회의 법전 이후 유형이 크게 늘어났다는 것은 앞에서 이미 말하였다. 표트르 1세 정부는 아주 하찮것없는 일도 중노동형에 해당하는 범죄로 만들어 버렸다. "타르를 사용해서" 러시아 신발을 만드는 일, 러시아식 외투를 착용하고 러시아식 수염을 기르는 일은 종신 유배 및 중노동형, 참나무 숲에서 나무를 베는 일, 말굴레 없는 말을 타고 다니는 것을 3번 발각되는 일은 무기 유배 및 중노동형에 해당되었다. 그리고 재산 불충분, 강도 1~2회, 유해 식품의 소지 및 판매, 원로원을 거치지 않고 차르에게 직소하는 일, 옛날식 선박을 건조하는 일 등도 종신 유형배나 유기 유배 및 중노동형에 해당하는 죄였다.[1] 이 시기에는 시베리아 유형보다는 유럽러시아 지역 내에서의 유형 및 중노동형이 더 일반적이었다.

반면에 표트르 1세의 후계자들의 치세에는 시베리아 유형이 일반화되었다. 펠드슈테인은 18세기 유형에서는 강제 노동의 계기가 우세했던 반면 18세기 말에는 계몽사상의 영향으로 식민 목적의 유형

이 등장했다고 보고 있다.[2]

점점 더 많은 유형수가 시베리아를 향해 떠나갔다. 차르 니콜라이 1세 치세였던 1830년대에 유배 제도 개선에 대한 논의를 주도한 국가 평의회 법률국에서 수집한 자료에 따르면 1833년 동부 시베리아의 총인구는 127만 6053명, 서부 시베리아의 총인구는 118만 7925명이었다. 그런데 그 가운데 유형수(중노동 유형수와 정배 유형수)는 동부 시베리아에 5만 4520명, 서부 시베리아에 4만 1012명이었다. 즉 유형수의 숫자가 시베리아 인구의 25분의 1에 달하는 높은 비율을 차지한다는 것이다.[3]

18세기 중반 옐리자베타 여제 시기에 시베리아 유형은 중노동 유배형과 정배형으로 나뉘고 이들 범주는 각기 종신형과 유기형으로 나뉘었다. 1822년의 법에서는 중노동 유배형을 종신형과 유기형으로 구분했는데, 종신형의 경우 의무 노동 기한은 20년이었고, 유기형의 경우에는 선고 때 의무 노동 기한이 결정되었다.[4] 중노동 형기가 끝나면 종신 유형수는 자기가 일한 기관에서 정착할 권리를 가졌고 유기 유형수는 정주지로 갈 수 있었다. 1822년의 규정에서는 정배 유형수들의 강제 노동을 6개 부류로 나누었다. 그리고 1842년 『러시아제국 법전(*Свод Законов*, *Svod Zakonov*)』에서는 정배형을 다음과 같은 네 가지 형태로 나누었다.

1) 모든 권리의 박탈과 채찍질(비특권 신분자의 경우에 해당)이 수반되는 유배형

2) 모든 권리의 박탈을 수반하되 채찍질은 면제되는 유배형

3) 채찍질이 수반되며 권리박탈은 면제되는 유배형

4) 권리박탈과 채찍질이 모두 면제되는 유배형

이 가운데 마지막 부류는 주거 유배형(ssylka na zhit'yo)으로 불리게 되었다. 1839년 1월 4일의 법에 따르면 주거 유형수는 공민권 박탈을 면제받고, 시베리아 유형지에서 소시민(мещанин) 신분으로 등록하며, 3년 후에는 상인층에 편입되고 길드에 가입할 수 있었다.[5]

19세기 전반기는 유형을 확대하는 경향과 유형을 축소하고 엄밀히 제한하려는 경향이 번갈아 나타났다. 좀도둑, 매점매석꾼, 불순한 자 등은 18세기에는 이론적으로는 유배형의 대상이기는 했으나, 요새 건설 노동, 군 복무 등으로 유배형을 대신하였다. 그러나 1821~1823년의 법 개정으로 이들도 시베리아 유형에 처해지게 되었고, 이 때문에 시베리아 유형수의 수가 크게 증가하게 되었다. 1824년에는 유형수가 1만 2000명에 달하였고, 1830~1846년 사이에는 해마다 6000명에서 8000명이 유배를 당했다. 이 수는 19세기가 경과하는 동안 계속 늘어나 야드린체프가 시베리아 유형에 대한 글을 썼던 19세기 말에는 연간 발생하는 유형수의 수가 1만 9000명에까지 이르렀다.[6]

시베리아 유형의
다양한 범주와 양상

19세기 유형의 법적 범주들

　러시아는 비잔티움의 관습을 따라 범죄자들에게 신체 훼손형을 적용한 전통이 있었다. 이는 정치범에게는 적용되지 않고 일반 형사범에게 적용되었다. 모스크바국 시기에 신체형으로 대표적인 것은 코를 베어 내거나 콧구멍을 찢는 것이었다. 두 가지가 함께 적용되는 경우도 있었다. 앞에서 소개한 대로 전국 주민 회의 법전에서는 담배 사범들을 가혹하게 다루어, 다량의 담배를 반입한 자에 대해서는 유배형 이전에 콧구멍을 찢고 코를 베어 내는 형벌을 가한다고 규정한 바 있다.(25장 16항) 이 같은 신체형은 제정 시대에 들어와서도 한동안 계속되었다. 범죄자 중 중죄인은 콧구멍을 찢긴 후 시베리아로 유형을 당했고 경범죄자는 콧구멍 찢기는 형벌을 면제받고 유형을 당했다. 옐리자베타 여제 재위 시기인 1754년 9월 30일에 원로원이 공표한 명령에서는 과거의 사형에 해당하는 범죄를 저지른 자에게는 가혹한 채찍질을 가할 뿐 아니라, 콧구멍을 찢고 얼굴에 낙인을 찍었다. 낙인은 키릴문자 대문자로 'BOP(보르)'라고 찍었는데, BOP는 도둑을 뜻하는 말이다. 이마에는 'B'를, 한쪽 뺨에는 'O'를, 다른 쪽 뺨에는 'P'를 찍었다. 정치적 죽음에 해당하는 형벌을 받는 자도 역시 태형을 당하고 콧구멍을 찢긴 후 유배형에 처해졌다. 신체형이나 낙인은 범죄자에게 그야말로 사회적 낙인을 찍는다는 의미도 있었지만, 중노동형이나 유형에 처해진 범죄자가 탈출하더라도 이들을 쉽게 식별할 수 있는 표지가 되기도 하였다. 옐리자베타 여제의 원로원은 죄수의 탈출을 막는 수단으로서 낙인의 의미를 설명하고 있다.[7]

포이니츠키의 연구에 따르면 1842년의 법전에는 중노동 유배형과 관련된 항목이 82개조, 정배형과 관련된 조항이 124개조에 이르렀다.[8] 가짜 기적을 보여 준 자, 상관에게 고분고분하지 않은 자, 두 번 이상 타인을 무고한 자, 종교적 이단과 분리파 교도(라스콜니키)가 모두 유배형에 처해졌다.[9] 다른 한편으로는 시베리아 유형 제도의 효율성에 대한 회의론이 등장하면서 입법자들은 유배형을 엄격히 제한하려는 노력도 동시에 보여 주었다. 차르 정부 일각에서는 강력한 유배형 폐지론이 등장했으며, 1845년에 편찬된 『범죄자 및 교정 대상자 형법전(*Ulozhenie o nakazaniiakh ugolovnykh i ispravitel'nykh*)』은 가장 중대한 범죄만 유배형으로 징벌하는 것을 원칙으로 했다.[10] 그러나 이 규정은 제대로 지켜지지 않았고, 유배형은 계속 잡범들에게까지 적용되었다.

더 나아가 1845년에는 형법전에 새로운 형태의 유배형이 도입되기도 하였다. 이 법전에서는 중노동 유배형, 정배형과 더불어 주거 유배형을 명문화함으로써[11] 기존의 정배형 가운데 권리박탈과 채찍질을 수반하지 않는 유배형을 독자적인 범주로 분리했을 뿐 아니라, 정착 유배형(ssylka na vodvorenie)이라는 새로운 유배 형태를 설정한 것이다. 그래서 모두 네 가지 유형이 법제화되었다.

1) 중노동 유배형: 중노동형과 유배형이 결합된 것으로서 최고 중범죄자들이 이 형을 선고받았다.

2) 정배형: 중노동 유배형 다음의 중벌로, 시베리아에서도 가장 먼 곳으로 유배되는 경우와 그렇게 멀지 않은 곳으로 유배되는 경우로 나뉘었다. 정배수들은 동부 시베리아 외에 카프카스 지방으로도 유배되었는데, 특히 종교 관련 범죄자들(새로운 이단의 신자, 기존 이단을 보급한 자, 정교회를 모욕한 자, 분리파에 소속된 자, 개신교도)이 주로 이 형벌에 처해졌다.

3) 주거 유배형: 특권 신분자들에게 적용되었으며, 입법자들은 이를 일종의 교정적 조치로 이해하고 있었다. 이 형을 선고받는 자는 개인적·신분적 특권을 포함하여 모든 권리를 박탈당했다. 이 주거 유배형은 사리사욕과 관련된 범죄를 징벌하는 종신 형벌이었으며, 시베리아로의 유배와 시베리아 외 지역으로의 유배로 나뉘었다. 시베리아 외의 유형지는 아르한겔스크, 올로네츠, 페름 등 유럽러시아의 오지였다. 시베리아로의 유배는 다시 다섯 등급으로 나뉘었는데, 중벌의 순서로 1~2등급에 해당하는 유형수는 유럽러시아에서 멀리 떨어진 동부 시베리아의 이르쿠츠크와 예니세이스크에, 3~5등급 유형수는 서시베리아에 있는 톰스크와 토볼스크에 유배되었다.

4) 정착 유배형: 다소 특수한 유배형으로서, 유럽러시아의 감옥의 수용 한계로 인해 징역형 수인을 다 수용하지 못하자 넘치는 인원을 시베리아로 보내면서 새로 설정한 범주였다. 이 범

주에 속하는 유형수는 부랑자들뿐이었다.[12]

이 네 가지 형태 이외에도 18세기부터 행해진 행정 유배가 19세기에도 유지되었다. 행정 유배는 세 범주의 사람들을 유배형에 처하는 제도였다.

1) 농민과 소시민 가운데 지주, 행정 당국에 밉보인 사람들
2) 수인 부대에서 복무하는 기간이 만료되었으나, 사회에서 받아들여지지 않은 사람들
3) 사회와 국가의 안정을 위협한다고 보이는 자

지주, 촌락공동체, 행정기관이 '행실 나쁜' 사람들을 유배 보낼 권리를 가졌다. 지주보다 공동체와 행정기관이 이 권리를 더 많이 행사하기는 했지만, 지주가 마음에 들지 않는 농노를 시베리아로 보내는 일도 드물지 않았다.

1827~1846년 사이에 7만 9848명은 재판을 통해, 7만 9909명은 행정처분을 통해 시베리아에 유배되었다.[13] 행정 유배 제도는 엄청나게 독소적인 내용을 안고 있었다. 정치적으로 차르 체제에 위협이 된다고 보이는 인물들을 지방 관헌이 내무부에 이첩하면 내무부가 특별 회의체를 구성하여 유배 여부를 논의하였으며, 내무 대신이 유배를 결정하였다. 형기는 1년에서 5년까지였다.[14]

유형수 중에는 가족을 시베리아로 데려올 수 있게 허락된 사람

도 있었고, 여성 유형수들을 시베리아 현지인과 결혼시켜 자녀를 낳게 하려는 기획이 추진되기도 하였다. 중노동 유형수들, 즉 카토르가 유형수들은 일터에 배치되어 감독 아래 중노동에 종사하였다. 네르친스크의 광산업(은광, 납광), 오호츠크와 이르쿠츠크의 제염업, 직물업, 일부 도시의 양조업, 아마포 제조업 등은 모두 유형수들의 강제 노동력으로 발달하였다.[15] 또 일부 국경 수비대는 유형수들을 병력으로 투입하기도 하였다. 봉기에 가담했다가 체포되어 시베리아로 유배된 카자크들은 대개 국경 수비대에서 근무했다.[16] 감독관의 부족과 비효율적 행정 등으로 인해 유형수 노동의 생산성은 전반적으로 낮았으며, 유형수들의 탈출도 빈번하게 일어났다.

파벨 황제(재위 1796~1801)는 시베리아에 노동 수용소 제도를 확대하고자 하였다. 그가 일찍 사망한 후 이 제도는 동요를 겪었는데, 이 비슷한 유형의 수용소가 19세기에 계속 존재하였다.

일반 형사범과 정치범·국사범

시베리아 유형수에는 여러 범주가 있었지만, 유형수 집단을 구분하는 가장 분명한 선은 일반 형사범과 정치범(종교적 이유로 인한 유형수 포함) 사이에 그어져 있었다. 수적으로는 일반 형사범이 대다수였다. 러시아 정부는 시베리아 유형에 대한 통계를 1807년부터 내기 시작했다. 따라서 19세기에는 유형수들에 대한 통계분석이 훨씬 용이해졌다.[17] 1827년에서 1847년까지 시베리아에 유배된 15만 9755명 가운데 정치범은 443명으로 전체의 0.25퍼센트를 약간 상회하는 비율이었다.[18] 러시아혁명(1917)을 눈앞에 둔 19세기 말(1898. 1. 1)에도 사정이 크게 달라진 것은 아니어서 시베리아 유형자 수는 총 31만 명이었는데, 그 가운데 정치범의 비중은 1퍼센트 미만이었다.[19]

　　그러나 시베리아에 유배된 정치적 유형수들의 의미는 단순한 수치만으로 파악할 수 있는 것이 아니었다. 러시아 농노제를 비판한 저서 『페테르부르크에서 모스크바로의 여행』을 출판했던 라디시체프나, 차르 체제를 폐지하고 근대적인 러시아 국가를 건설하고자 했던 데카브리스트들의 경우에서 보듯 정치범의 시베리아 유형은 혁명 전 러시아의 억압적 체제와 이에 대한 저항을 동시에 상징하는 성격을 가지고 있었다. 데카브리스트의 경우, 그들의 봉기가 좌절된 후 사형에 처해진 다섯 명을 제외하고 주요 관련자들이 거의 모두 시베리아로 유형당했는데, 이들의 유형은 최고의 정예 지성인들이 시베리아에 유배되어 고난받는다는 인식의 확산을 가져왔다. 그리고 그 이후 1917년의 러시아혁명에 이르기까지 시베리아는 차르 정부가 정치적 반대자들의 말과 행동을 막기 위해 곳곳에 만들어 놓은 유형지로 얼룩졌다.[20]

　　새로운 러시아를 꿈꾸는 혁명가들에게 시베리아 유형은 마치 통과의례와도 같은 것이 되었다. 페트라셰프스키 그룹의 지식인들이 독서와 토론을 했다는 이유만으로 고난을 겪어야 했던 곳이 시베리아였고, 체르니셰프스키가 엄청난 영향력을 가진 혁명적 인민주의 지식인으로서의 삶을 마저 펼치지 못한 채 죽기 직전까지 지내야 했던 곳도 시베리아 유형지였다.

시베리아는 브레시코 브레시코프스카야, 마리야 스피리도노바와 같이 수구적 정치인들을 폭탄으로 제거하고자 했던 여성 인민주의자들이 그들의 거사 끝에 끌려가 몇 년씩 지냈던 곳이었고, 레닌, 스탈린, 트로츠키가 19세기 말에서 20세기 초에 유형수로서 발자취를 남긴 곳이기도 하다. 본명이 블라디미르 일리치 울리야노프인 마르크스주의 혁명가가 시베리아 유형지로 갔다. 그는 그곳에서 자신의 필명 중 하나이자, 세인에게 공식적인 이름으로 기억될 레닌이라는 가명을 택하게 된다. 자신이 3년 동안의 유형 생활을 보냈던 시베리아 동부에서 남북으로 길게 흐르던 강의 이름이 레나강이었던 것이 그 계기다. 레닌은 실로 '레나의 남자'였던 것이다.

이렇게 볼 때 정치범들이 시베리아 유형수 집단에서 차지하는 비율이 낮은 것과 관계없이 시베리아 유형을 상징하는 존재로 집단 기억을 구성하게 된 것은 전혀 이상한 일이 아니다. 시베리아에는 러시아인 정치범뿐 아니라 폴란드인, 우크라이나인, 아르메니아인 등등 러시아제국의 전제적 지배에 항거하는 다른 민족 출신의 혁명가와 정치범도 상당수 유형수로 머물렀다.

시베리아 유형과 중노동형은 제정 시대의 형벌 제도에서 가장 중요한 위치를 점했다. 19세기 말 시베리아 유형 제도를 폐지하기 위한 논의가 이루어지던 시기에 이 논의에 참여한 정부 위원회 측 인사들의 견해에 따르면 시베리아 유형과 중노동형이 권력자 입장에서 다음과 같은 장점을 가지고 있었기 때문이었다.

이미 17세기에 확립되었던 범죄자의 시베리아 유형은 한때 광대하고 자연적 부가 풍부하지만 노동력은 부족한 이 지역에 인구를 정착시키는 것을 도와주었다. …… 자원이 풍부한 이 머나먼 지역으로 계속 따라오는 것이 어렵고, 유형수가 정착하는 곳에서는 생각할 수 있는 온갖 곤란이 그를 기다리기 때문에 유형은 힘겹고 두려운 벌이라는 의미를 얻게 되었다. 또한 고향으로 돌아오기가 극도로 어렵기 때문에 유형은 유럽러시아 지역을 유해한 인간들로부터 보호하는 데 가장 바람직한 수단이라는 인식이 생겨나게 되었다.[21]

즉 식민과 징벌이라는 이중의 정책적 고려가 시베리아 유형 제도를 지속시킨 두 개의 축이었고, 러시아 정부는 이 제도가 2세기 반 동안 효과적으로 시행되었다고, 적어도 공식적으로는 평가하였던 것이다. 식민과 격리는 일반 범죄자에게 해당되는 목적이었고, 정치범의 경우 유형 정책 집행자의 가장 큰 목적은 사회로부터의 격리와 무력화였다.

되풀이하여 말하지만, 시베리아는 본토의 모순을 떠넘기는 곳이자 강제 식민의 수단이었다. 정복 후 자발적 이주가 잘 이루어지지 않았기 때문에 강제로라도 이곳에 인간을 정주시키고자 한 것이다. 니콜라이 1세 정부의 외무대신이었던 카를 네셀로데 백작은 시베리아는 범죄자와 러시아 사회의 다른 쓰레기들을 쓸어 담을 '저인망(底引網)'으로서 가장 유용하다고 주장하였다.[22] 그리고 이와 유사한 맥락에서 19세기 후반, 서부 시베리아 톰스크의 한 통신원은 "시베리아는 바람직하지 못한 모든 자가 쏟아져 들어가는 곳이요, 러시아를 위한 환기통"이라고 단언하였다.[23]

중노동 유배형의 실제

시베리아 유형 중에서도 가장 무거운 형벌은 중노동 유배형이었다. 이는 중노동형과 유배형을 결합한 것이었으며, 표트르 1세의 후계자들 이후 중노동 유배형의 실행 장소는 시베리아에 집중되었다. 그중에서도 19세기에 중노동 유배형은 유럽러시아와 좀 더 밀접하게 통합되어 있던 서부 시베리아보다는 동부 시베리아 쪽으로 몰렸다. 1823년에서 1858년까지 중노동 유형수는 3만 명에 이르렀고, 이들은 기본적으로 농업 노동이 아닌 공업, 광업, 건설 분야에서의 중노동을 형벌로서 이행해야 할 사람들이었다. 그러나 19세기 중반까지 시베리아는 경제적으로 중노동자들의 노동력을 모두 수용할 수조차 없을 정도였다.[24]

1845년 형법전에서는 중노동 유형수들이 종사하는 중노동을 노동환경과 강도를 기준으로 하여 광산 노동, 요새 건설 노동, 공장(завод, zavod) 노동의 차례로 등급 매겼다. 공장 노동은 다시 1~3등급으로 나뉘었다.[25] 여기서 공장이라는 것은 일반 공장이 아니라 군사적 원칙에 따라 조직된 자급자족적, 산업적 형벌 노동 수용소를 말하는 것이었다. 양조공장과 직물공장 등이 대표적으로 유형수 노동력을 사용하는 공장이었는데, 비교적 노동 강도가 낮은 편인 직물공장에서는 주로 여성 유형수들이 일했다.[26] 요새 건설을 비롯한 토목, 건설 노동도 거칠고 괴로운 일이었지만 노동환경과 강도, 타인의 평가라는 점에서 단연 가장 열악한 것으로 꼽는 것은 광산 노동이었다. 애초에 시베리아는 우랄산맥 서쪽의 백인들에게 모피 공급지로서 각광받았지만, 이 광활한 땅이 엄청나게 풍부한 지하자원을 품고 있다는 사실이 밝혀진 다음에는 광물을 캐내어 온갖 소용에 충당하려는 욕망이 인간들의 정복욕을 부추겼다. 광물을 캐내는 일을 위해서 일반 농노들을 광산 전속 농민으로 할당하여 사역시키기도 했지만 이것은 우랄산맥 기슭의 광산에 적용되는 것이었고, 산맥 너머 동쪽으로 가면서는 유형수들의 노동력을 이용하는 것이 일반화되었다.

1885년의 새로운 형법전에서는 앞에서 말한 광산, 요새, 공장 노동이라는 세 범주를 폐지하고, 그 대신 중노동 유배형을 일곱 단계로 세분하였다. 1~3단계는 1급 중노동형, 4~5단계는 2급 중노동형, 6~7단계는 3급 중노동형이었는데, 2등급자와 3등급자는 형기를 마친 후에는 지하 광물 채취 노동에 동원되지 않는 유형수를 가리켰다. 지하 노동이 중노동 중에서도 가장 힘든 일로 공히 인정되고 있었음을 말해 준다.

중노동 유형수들은 유형지에 도착한 후 요새에 수감되며 다음과 같은 단계를 거쳤다. 첫 번째는 시험 단계로, 기간은 1년 이상 8년 이하였다. 이 기간에 양호하게 행동하면 다음 단계로 넘어갔다. 두 번째는 교정 단계로, 이 단계는 전 단계보다 훨씬 견디기 수월하였다. 이

때부터는 중노동 유형수도 보수를 받기 시작하였다. 세 번째 단계는 교정 단계에서 1~3년 동안 양호한 태도를 보인 중노동 유형수에게 해당되었다. 이 단계에서는 행정 당국이 여러 가지 혜택을 주었다. 모범적인 중노동 유형수들은 요새 밖에서 거주할 수 있었고 결혼도 할 수 있었다. 결혼을 하면 그에게 장려금이 주어졌다. 물론 의무 노동은 계속 수행해야 했는데, 10개월 동안 일하면 1년으로 쳐 주었다. 이 같이 경감된 척도로 노동 형기를 마치면 중노동 유형수는 정배 유형수 범주로 올라갈 수 있었다. 이때 중노동 유형지에서 멀리 떨어진 곳에서 토지를 받아 정착을 시도하는 것이 원칙이었지만, 19세기 말에 이르러 사할린, 네르친스크, 자바이칼리예 등지의 중노동 유형수들은 유형지에서 토지를 불하받아서 정착하는 경우가 많았다.[27]

중노동 유형수들의 노동 가운데서도 가장 힘든 것이 광산 노동이었음은 앞에서 말한 바 있다. 시베리아는 아주 오랜 세월 동안 인간의 탐욕에 포착되지 않은 채 남아 있었기 때문에 러시아인들은 18세기에 이르러서야 비로소 이들 광물자원의 산지를 발견할 수 있었다. 그들은 광물자원의 매장량이 풍부함에 놀랐고, 이를 캐내기 위해 물불을 가리지 않게 되었다. 네르친스크, 알타이, 우랄산맥 기슭 베료조보(현재 한시-만티 자치 지구에 속하는 작은 도시)에서 잇따라 매장량이 풍부한 은광과 금광이 발견되자 정부는 이들 지역에 국영 광업소를 세우고 유형수들을 동원해 광물을 채굴하기 시작하였다. 우랄 기슭 금광과 네르친스크 광산에 유형수를 보내기 위해서 1735년과 1737년에 관련법이 제정되었고, 알타이의 광산을 위해서는 1747년에 관련법이 제정되었다.[28]

네르친스크 중노동 수용소

네르친스크 강제 노동 수용소는 자바이칼리예의 네르친스크 지구에 세워진 일군의 수용소를 총칭하는 이름이었다. 바이칼 너머 땅, 즉 유럽러시아를 기준으로 바이칼 호수 동쪽에 있는 지역이라는 뜻을 가진 자바이칼리예는 산악 지대이며 다우리야로도 불렸는데, 이는 다우르라는 소수민족 이름에서 비롯된 것이다. 네르친스크는 다우리야의 수도였다. 우리에게 네르친스크는 러시아와 청의 국경을 확정지은 네르친스크조약으로 익숙한 이름이지만, 이 도시에는 러시아 외교 역사에 한 획을 그었다는 역사적 기억보다 더 진하고 고통스러운 인간의 경험과 기억들이 들어차 있다. 이 도시는 시베리아 중노동 유배형의 핵심 지역 가운데 하나였다. 이곳에는 금과 은이 풍부하게 매장되어 있었기에 금광과 은광을 개발할 인력을 확보하기 위해 러시아 정부가 유형수들을 이곳으로 보냈기 때문이다. 19세기 말에 네르친스크 강제 노동 수용소를 방문하여 유형수들의 삶을 관찰하였던 세르게이 막시모프의 기록으로는 당시 네르친스크 지역 전체의 강제 노동 유형수는 모두 4000명이었다.[29] 어떤 사람의 안락한 삶을 찬란하게 장식해 주는 네르친스크산 금은은 극한의 부자유 속에서 예속 노동에 동원되는 유형수의 피땀으로 캐낸 것이었다. 인간 세상에서 그러한 경우가 드물지 않듯이, 이 도시의 풍부한 자원은 불행한 유형수들에게는 재앙의 근원이었다.

네르친스크에는 강제 노동 수용소가 여러 군데였는데, 19세기에는 다음과 같은 수용소들이 있었다.

아카투이 중노동 감옥(Akatuy katorga: 1832~1917)

알가차 중노동 감옥(Algacha katoraga: 1869~1915)

카라 중노동 감옥(Kara katorga)

제렌투이 중노동 감옥(Zerentuy katorga)

말체프 중노동 (여성) 감옥(Maltsev katorga)

쿠토마르 중노동 감옥(Kutomar katorga)

카다인 중노동 감옥(Kadain katorga)

알렉산드로프 중노동 감옥(Alexandrov katorga)

조지 케넌은 그의 저서 『시베리아 유형 제도』에서 카라 강제 노동 수용소의 실상을 관찰하고 이를 상세히 기록한 바 있다. 카라 광산은 차르의 개인 재산으로, 그의 개인적 이익을 위해 운영되는 일련의 노천 금광으로 이루어져 있었는데,[30] 데카브리스트들이 많이 유배당한 동시베리아의 치타에서 약 480킬로미터 떨어진 곳에 있었다. 케넌은 자신이 방문한 1885년의 교통 상황을 다음과 같이 설명했다. 치타에서 실카강 왼쪽 기슭까지 잘 닦인 우편 도로가 이어지다가 선박으로 실카강을 항행할 수 있게 되는 스트레친스크라는 소읍에서 우편 도로가 갑자기 끊기고, 이곳에서 카라 형벌 수용소 마을 사이는 여름에는 보트로, 겨울에는 썰매로만 연결되었다.[31] 카라강을 따라 남에서 북으로 광산과 감옥, 유형수 촌락들이 이어져 있었다. 케넌은 이들이 각각 카라 하류 혹은 우스트 카라(카라 하구) 감옥(Lower-Kara or Ust-Kara prison), 하류 채굴지(Lower Diggings), 카라 중류 감옥(Middle-

Kara prison, 1890년 폐쇄), 카라 상류 혹은 아무르스키 감옥(Upper-Kara prison, 1890년 폐쇄) 등으로 불렸다고 썼는데,[32] 그보다 20년쯤 전에 이곳을 방문한 막시모프는 이곳의 감옥이 모두 넷이어서 앞에서 말한 감옥 외에 룬잔스카야(Lunzhanskaya)로 불리는 가장 작은 감옥도 카라 중노동 수용소군에 속해 있었다고 적었다. 룬잔스카야 감옥은 감방이 둘밖에 되지 않는 아주 작은 감옥이라고 했다.[33]

정치범 수용소로는 카라 중류에 남성 정치범 수용소가, 카라 하구에 여성 정치범 수용소가 있었다.[34] 케넌이 방문하던 당시 카라 수용소에는 대략 1800명의 중노동 유형수가 있었다.[35] 이 가운데 절반 정도는 감옥에 엄격하게 수감되어 있었고, 나머지 절반은 감옥 바깥에서 각기 자신의 간이 주택이나 오두막집에 거주하였다.[36] 카라 형벌 수용소 전체의 행정 중심지는 하류 채굴지에 있었는데, 하류 채굴지에는 200~300명의 일반 형사범이 죄수 촌락을 이루어 거주하고 있었다.[37] 정치범이나 일반 형사범들이나 모두 시험 단계에는 엄격한 감독 아래 수감 생활을 하지만, 이 기간이 끝나면 '자유재량'에 따라 감옥을 벗어나서 살았다.[38] 우스트 카라 감옥의 상태는 정말 열악해서 감방 안의 공기가 질식할 것처럼 탁했다. 카라 중류 감옥의 상태는 좀 더 양호하였다. 죄수들은 감방에서 아침 식사를 한 후 광산으로 떠나 온종일 야외에서 일하였고, 저녁에 감방으로 돌아와 식사하였다. 점심 식사는 비바람과 눈보라가 치는 날에도 노천에서 하였다.[39]

케넌이 이곳을 방문했을 때 카라 중노동 수용소의 유형수 수는 그전보다 늘어나 있었다. 케넌보다 10년 이상 앞서 막시모프가 이곳을 방문했을 때는 중노동 유형수가 1200명 정도였다.[40] 이렇듯 두 저자가 제시하는 유형수의 수와 감옥의 수는 차이가 있다. 막시모프 방문 이후 감옥의 수는 하나 줄어들었지만, 유형수의 수는 늘어난 것이다. 정치범들은 광산 노동에 종사하지 않는 경우도 많았지만, 케넌이 그들을 방문한 1885년에는 차르 알렉산드르 3세 통치하의 경직된 분위기 속에서 유형수 대부분이 극도의 정신적 고통을 겪고 있었다.

유형과 식민

중노동 유형수가 광산, 건설, 산업 노동에 동원된 것과는 달리 정배 유형수는 기본적으로 농업 노동력으로 활용되었다. 적어도 제정 러시아의 유형 정책 입안자들의 머릿속에서 이들은 시베리아의 넓고도 사람 드문 땅을 비옥한 옥토로 가꾸어 줄 사람들이었다. 그래서 수많은 사람이 유배형을 선고받아 차꼬를 찬 채 시베리아로 끌려왔다. 국가는 이들을 농업 이민자들과 유사하게 대우해서 이들에게 토지와 농기구, 무이자 대출을 제공했다.[41] 그리고 이들이 결혼하여 가정을 꾸리고 농촌 사회의 일원으로서 안정된 생활을 할 것을 기대하고 있었다.

새로 획득한 영토를 유형 식민지로 이용하고 유형수들을 노동력으로 이용하여 식민지를 경제적으로 발전시키고자 하는 시도는 시베리아 유형 정책이 유일한 예가 아니었다. 북아메리카 대륙도 유럽인들을 위한 유형 식민지로서의 성격을 가지고 있었다. 그러다가 미국이 독립을 하여 더는 이곳을 유형 식민지로 유지할 수 없게 되자 새로 이

기능을 떠맡았던 곳이 오세아니아, 그중에서도 특히 오스트레일리아였다. 영국인 선장 제임스 쿡 대령이 오스트레일리아 동부 해안을 본격적으로 탐사한 후 이 땅을 자국의 영토로 간주한 영국은 오스트레일리아에 80년 동안 유형수들을 퍼 날랐다. 이 해양 대륙은 토착민이 오랫동안 거주해 온 땅인데도 근대 제국주의에 의해 백인 유형수들의 땅으로 전락해 깊은 내상을 입어야만 했다.[42] 유형수들을 이용한 시베리아 식민 시도는 유별난 것도 아니었고 예외적인 것도 아니었다. 다만 이 제도는 유난히 오래 계속되고 대규모로 이루어졌다는 특징이 있다.

러시아 카자크들이 오호츠크해 연안에 처음으로 도착한 것은 1648~1649년이었는데, 이 지역에 대한 지배권이 점차 확고해지자 러시아 관리들은 유형수들을 이용해서 이 지역을 식민화하고자 했다. 그리하여 1731년에는 부채를 갚지 못한 사람들을 오호츠크해 연안으로 유배 보냈다. 유형수들을 수공업과 농업에 종사케 하였고, 보수도 지급하였다. 이때 이송되어 온 유형수들이 극히 일부만 남고 대부분 도주하는 바람에 오호츠크 지구를 식민화하려는 정부의 노력은 실패로 끝났지만, 그 후에도 토볼스크와 이르쿠츠크 사이 바라빈 초원을 식민화하려는 노력은 훨씬 더 대규모로 진행되었다. 바라빈은 늪지대였는데, 총독 치체린은 늪지대를 개간하고 도로를 건설하기 위해 엄청난 노력을 기울였고 어느 정도 성공을 거두었다.[43]

이 같은 개간과 식민을 위한 인력을 충원하기 위해 경미한 범죄를 저지른 사람도 유배형에 처하는 일이 늘어났다. 18세기 후반에는 밀주 판매자, 20루블 이상을 훔친 자 가운데 군 복무에 부적격인 자는 이주 유배형에 처했다. 그리고 1811년부터는 100루블 이상의 절도범, 절도 재범, 범인 은닉자, 떠돌이 등도 이주 유배형을 선고받았고, 중급 정도의 범죄자들도 정배형에 처해졌다.[44] 정교회에 소속되지 않은 종교적 분리파나 비정통파가 특히 자주 정배형을 선고받았다. 1823년에서 1858년 사이에 정배 유형수는 누계 약 20만 명에 이른 것으로 보고되었다.[45] 이들은 식민자의 역할을 해야 했으므로 형기를 마치면 유형 지역에서 국가 농민으로 등록하고 농민으로 살아갈 수 있었다.[46] 예컨대 1799년에 파벨 황제가 내린 칙령에서는 퇴역 병사, 농노, 징병 기피자, 범죄자를 모두 합쳐 1만 명을 시베리아로 이주시킬 계획이 제시되었다. 그 가운데 퇴역 병사는 바로 국가 농민의 칭호를 받았고, 범죄자는 10년 모범수인 경우에 국가 농민의 범주에 속하게 되었다. 이들은 국가 농민이 되면 1인당 30데샤티나[47]의 토지, 주택, 종자, 농기구를 제공받았으며, 초기에는 세금도 면제받았다.[48] 1882년의 법에 따르면 정배 유형수들은 국가 농민이 되기 전 10년 동안 임금노동, 상업, 영업에 종사할 수 있었다. 단 유형지 정착 후 3년이 지나야 했고 특별 허가를 받아야 했다. 이들은 이 기간 중 약간의 재산을 소유할 수도 있었고, 도시 외부에서 부동산을 매입할 수도 있었다.(단 자기 명의로는 아니고 유형수를 관리하는 기관의 명의로 매입할 수 있었다.) 정배 유형수가 일단 국가 농민이 되면 그에게는 상당한 자유가 주어졌다. 그는 재산 소유권을 가질 수 있었고, 시베리아 전역을 다닐 수 있는 이동권 역시 가질 수 있었다.[49]

그렇다면 정배 유형수들의 실상은 시베리아의 넓은 땅을 억센 팔로 경작하여 견실한 농민으로 살아가는 도덕적 인간으로 갱생하리라는 당국의 기대에 부합하는 것이었을까? 이에 대해서는 상반되는 평가가 있다. 그러나 전반적으로는 식민 제도로서의 정배형의 의미와 효율성에 대해 비판적인 견해가 많았다. 민간 연구자들뿐 아니라 정부 당국의 견해도 그러하였다. 유형제 철폐를 위해 소집된 1900년 4월 24일 자 국가 평의회 연석회의는 시베리아 유형이 시베리아를 식민하는 수단으로서 성공적이지 못했음을 자인하면서 회보에 이렇게 기록했다.

16세기 말에 모스크바국이 주로 변경 지방에 주민을 정주시키기 위한 수단으로 유형을 채택한 이래 장구한 세월 동안 유형 제도의 운명을 특징짓는 것은 끊임없는 변동과 동요라는 모습이며 또한 거대한 비용을 지출해 가며 집요하게 시도해 보았지만 이 지출이 언제나 비생산적이었고 이들 시도가 도처에서 실패로 끝났다는 모습이다. 이는 또한 전반적으로 달성되지 못한 희망과 바람직하지 못한 결과를 줄줄이 우리 눈앞에 보여 준다.[50]

19세기 말 시베리아 유형과 중노동형의 실태에 정통했던 살로몬은 1898년 5월 20일부터 시베리아에 파견되어 유형과 중노동형의 실태를 조사하였던 고위 관리인데, 그는 식민으로서의 유형의 의미에 대해 모스크바 시대(여기서는 주로 17세기를 말한다.)와 페테르부르크 시대(18세기 초~19세기 말)를 나누어 평가했다. 표트르 대제가 페테르부르크로 수도를 옮긴 1712년 이후를 페테르부르크 시대로, 그 이전 시기를 모스크바 시대(키예프 루스 이후)로 부를 수 있을 것이다. 살로몬에 따르면 모스크바 시대에만 하더라도 유형 제도를 통해 변경 지대에 주민과 문화를 제공했고 시베리아에도 생산노동을 가능케 할 수 있었다.[51] 그러나 19세기의 유형 제도에 대해 그가 파악한 것은 유배자들을 시베리아에 정착시켜 농경자로 전환하려는 노력의 거듭된 실패였다.[52] 시베리아 유형에 대한 연구서를 출판한 법학자 펠드슈테인은 모스크바 시기에조차 유형수를 시베리아 식민의 인력으로 활용하고자 한 러시아 정부의 정책은 성공적이지 못하다고 보았다. 방법의 부적절성과 비효율성도 문제였지만, 그가 보기에는 시베리아의 기후와 토양 조건이 농경 정착에 부적합했고, 땅이 넓고 감시가 소홀해서 유배자가 의무 이행에서 벗어나기 쉬웠던 것이다. 다만 그는 "모스크바 시기의 시베리아 유형은 국가의 경계를 확대하고 변경 지방에서 러시아의 지배를 공고화하는 데 다대하게 기여했다."라고 평가했다.[53] 유형 제도는 개인의 계몽과 개전이나 시베리아 내부의 발전과는 큰 상관없이 국가 영토의 외연적 확대에 기여한 것에 지나지 않는 셈이었다.

그런데 시베리아 유형 제도가 지속되고 있던 시기에 연구자나 정책 관련자들이 식민정책의 성과가 낮은 원인으로서 이구동성으로 지적하는 문제점 가운데 하나는 유형수들이 남편과 아내, 그리고 될 수 있으면 자녀까지로 이루어진 가정을 꾸리고자 하더라도 이루기가 어렵다는 점이었다. 기본적으로 시베리아 식민자는 농업에 종사하는 인력으로 상정되어 있었는데, 당시의 농민적 농업경영은 가족 노동력을 기본으로 하고 있었기 때문에 가족이 구성되지 않으면 농업경영 자체가 어려워질 수밖에 없었다. 이는 식민의 의미를 현저히 감소시켰다. 더 나아가 식민자가 가족을 이루지 않으면 현지의 인구 재생산 자체가 가능하지 않았다.

이러한 현상과 관련하여 연구자나 관변 인사들이 하나같이 지적하는 것은 이른바 "여성 부족" 문제였다.[54] 식민 문제 혹은 시베리아 유형에 대한 논의에서 기본적으로 여성은 남성 유형수들의 난폭한 기질을 순화하여 온순하고 근면한 농경자이자 책임감 있는 생활인 가장으로 만들어 줄 수 있는 존재로 여겨졌다.[55] 그런데 시베리아는 유럽 러시아인들에게 정복된 이래 남성과 여성의 비율이 심각한 불균형을 보이는 곳이었다. 게다가 유형은 일반적으로 판결의 주체나 유형 당사자 누구를 보더라도 압도적으로 남성적인 제도였고 시베리아 유형 역시 예외가 아니었다. 유형수들은 대부분 남성이었다. 남성 유형수들이 가족을 이룰 수 있는 길은 대체로 세 가지였다. 기존의 자기 가족을 시베리아에서 유지하는 것, 시베리아에서 여성 유형수와 결혼하는 것, 시베리아에서 현지 여성 주민과 결혼하는 것이 그것이다.

유형수가 기혼자인 경우 일반적으로 원래의 가족을 시베리아에서 유지할 수 있었다. 이들의 가족이 시베리아로 오는 비용은 정부가 제공해 주었다. 1867년에서 1871년 사이에 유형수의 부인 5581명과 자녀 1만 2627명이 유형수를 따라 시베리아로 왔다.[56] 이 기간 중 시베리아로 온 유형수의 수를 대략 4만 명 전후로 잡는다면 그 비율올 알 수 있을 것이다. 그러나 남성 유형수의 대부분은 독신자였다. 독신 남성 유형수들이 결혼할 대상을 현지에서 찾는다면, 결혼할 수 있는 상대들은 여성 유형수이거나 현지 정착민 여성이었다.

물론 여성 유형수도 없지 않았다. 예카테리나 마슬로바, 즉 톨스토이의 소설 『부활』의 여주인공 카추샤는 세계인의 가슴속에 저릿한 아픔으로 새겨져 있는 시베리아 여성 유형수일 것이다. 카추샤는 톨스토이가 하녀 출신의 성매매 여성이 자신을 유린한 옛 주인을 살해한 실제 사건에서 영감을 얻어 창조해 낸 인물이다. 현실 속의 카추샤들도 시베리아로 끌려갔다. 당국은 남녀 유형수들을 서로 결혼시켜 가족을 이루게 하려고 여러 방법을 쓰기도 했다. 소설 속 카추샤도 같은 유형수였던 시몬손과 결혼한다. 물론 두 사람의 결혼은 당국의 결혼 장려책과는 전혀 무관한, 두 고결한 인격체의 정신적 결합에 의한 것이기는 하지만, 유형 행정 당국은 이러한 유형수 간의 결혼을 기꺼워했을 것이다.

그런데 현실 속에서 여성 유형수는 수적으로 남성보다 현저히 적었다. 여성 유형수의 비율은 지방에 따라, 혹은 연구 시기에 따라 조금씩 차이가 있다. 1827년에서 1846년까지의 시베리아 유형의 실상을 조사한 아누친의 연구를 따르면 유형수 가운데 여성의 수는 남성의 6분의 1(남자 100명당 여자 18명)이었다. 그리고 여성 유형수 중에서도 당시 여성의 가임 상한 연령으로 생각되던 40세를 넘는 여성의 비율이 전체 여성 유형수의 8분의 1(2786명 가운데 341명)이었다.[57] 다른 조사에 따르면 1823년에서 1861년까지 28년 동안 모두 28만 9514명이 유형수(법정 판결에 따른 유형수와 행정 유형수)로서 유럽러시아에서 시베리아로 왔는데, 그 가운데 4만 2309명이 여성이었다. 이들은 이 기간 중 전체 유형수의 약 14.6퍼센트를 이루었다.[58]

또한 19세기의 기준으로 보았을 때 여성 유형수 중 적지 않은 수가 가정을 꾸리기에 그다지 적합하지 않아 보이는 여성이었다. 예컨대 남편 살해범 같은 여성도 있었다. 여성의 전체 범죄 건수에 비해 남편 살해의 비율은 매우 높았다. 일반적으로 남성이 여성에 비해 범죄를 저지르는 비율이 훨씬 높은데도 자녀 살해나 배우자 살해는 여성이 더 빈번하게 저질렀다. 배우자 살해 건수를 성별로 나누어 보면 아내를 살해한 남성 100명당 남편을 살해한 여성이 161명이었다.[59] 물론 당대의 연구는 남편 살해를 저지른 여성들의 사악한 성품보다, 러시아 사회가 여성에게 가하고 있던 억압에서 그 원인을 찾기는 하였다. 아무것도 모르고 젊은 나이에 시집온 여성이 가정 폭력에 시달리다가 분노가 폭발하여 최후의 수단으로 남편을 살해하게 된다는 것이다.[60]

그런데 이런 것을 감안하더라도 시베리아에 유배 온 유형수가 여성에게 덜 가부정적이고 덜 폭력적인 태도를 취할 것이라고 볼 만한 이유는 전혀 없었다. 그러니 남녀 유형수들이 순탄하게 결혼하여 가정을 이루고 자녀까지 낳아 현지 사회의 안정된 구성원을 이룰 수 있는 경우는 많지 않았다.

그렇다면 다른 하나의 선택지, 즉 남성 유형수가 현지의 일반 여성과 결혼하는 것은 어떠했을까? 물론 그러한 경우도 있기는 했다. 그러나 전반적으로 유형수들은 현지 주민 사이에서 좋은 평판을 얻지 못했다. 유형수들의 도덕적 수준에 대한 부정적 평가가 많았다.[61] 정배 유형을 선고받은 유형수 중에는 원래 한군데 정착하지 못하고 유랑 생활을 하는 이른바 '브로댜가'가 많았다. 다시 아누친의 연구를 보자면, 1827년에서 1846년 사이 20년 동안 4만 8566명의 부랑자가 시베리아에 유배되었는데, 이들은 이 기간에 시베리아로 보내진 전체 유형수(15만 9755명)의 30퍼센트를 이루었다.[62]

이들은 기질적으로 한군데 정착해서 가정을 꾸리고 사는 데 어려움을 느끼는 사람들이었다. 유형수 가운데 괜찮은 수입을 올리는 사람은 1년에 70루블을 벌었는데, 이런 사람은 극소수였다.[63] 유형수들은 현지 사회에서 착실하게 일을 해서 돈을 벌기보다는 떠돌거나 일확천금을 꿈꾸었고, 심지어 탈출하여 현지에서 새로운 범죄를 저지르는 일도 많았다. 정부는 시베리아에 유형수들을 보내면서 배당 지역 주민들에게 비용 일부를 부담하게 했다.[64] 예컨대 유형 장소로 유명했던 예니세이스크도에서는 주민들이 감옥을 유지하는 비용을 분담해야 했으며 촌락공동체들은 유형수의 병원 비용, 세금, 체납 비용 등을 부담해야 했다.[65] 이런 이유로 시베리아의 현지 주민들은 유형수들을 더는 보내지 말라고 탄원서를 보내기도 했다.[66]

따라서 유형수가 시베리아 현지의 일반 정착민 여성과 결혼하여 결혼 생활을 영위하는 것은 크게 기대하기 어려운 일이었다. 19세기 후반 시베리아 지역주의의 대표적 지도자로서 시베리아의 낙후성을 비판하였던 야드린체프는 시베리아 유형 제도를 연구하고 이에 대해 가장 비판적으로 서술한 러시아 지식인 중 하나였는데, 그는 "유형수들의 출신은 새로운 장소와 사회에서도 결코 망각되지 않았다."[67] 라고 말했다. 이런 사정 때문에 당국은 유형수와 현지 여성의 결혼을 장려하기 위해 장려금을 지급하기도 했다. 예를 들어 인근 유목 민족의 여자아이를 신붓감으로 '매입'하는 경우 장려금으로 150루블을, 현지 거주민 가족이 자기네 여성과 유형수의 결혼에 동의하는 경우 역시 장려금으로 150루블을 주었으며, 자유인 여성이 유형수와 결혼하기로 결정하면 이 여성에게 50루블, 해당 남성 유형수에게는 30루블을 지급해 주었다.[68]

여성 유형수는 가족이 그녀를 따라 시베리아로 오는 것과 현지에서 일반 남성 주민과 결혼하는 것이 모두 가능했다. 여성 유형수를 시베리아 식민의 한 요소로서 생각하는 당국자도 있을 수는 있었다. 여성이 부족한 시베리아에서 일반 남성 주민이 여성 유형수와 결혼할 수 있게 장려하는 당국자도 있었다. 예컨대 18세기 후반에 식민 당국은 레나강 유역, 앙가라강 유역, 이르트이쉬강 유역 등으로 유배당한 여성 유형수들에게 결혼은 현지 농민과만 할 수 있다고 명하였다.[69] 다만 남성 유형수가 선호되는 신랑감이 아니었듯, 여성 유형수 역시 여러 면에서 다투어 구애받는 신붓감은 아니었다. 현지 주민들은 이 여성들이 지나치게 방탕하다고 여겼다. 여성 유형수들이 빈곤 때문에 성매매를 한다는 보고는 드물지 않게 찾아볼 수 있다.[70]

전반적으로 유형수들이 결혼하여 안정된 가족생활을 영위하는 경우는 많지 않았다. 야드린체프가 19세기 후반에 고찰한 바로는 유형수들이 자녀를 출산하고 양육하는 것을 저해하는 요인들은 다음과 같았다.

1) 평생 독신으로 사는 유형수가 압도적으로 많은 것

2) 유형수들의 연령이 높은 것

3) 유형수 가운데 노쇠한 사람이 매우 많은 것

4) 부랑자는 유형지 도착 후 첫 5년 동안 결혼할 수 없다는 규정

5) 중노동 유형수는 결혼하기 어려운 것

6) 유형수가 시베리아로 출발하면서 결혼이 깨지기도 하는 것

7) 부랑자 출신 유랑자들은 가족생활에 관심이 없는 것

8) 현지 주민들이 유형수와의 혼인을 내켜 하지 않는 것

9) 유형수들 사이에 성매매, 질병, 매독이 만연해 있는 것 등

이런 상황 속에서 시베리아 유형수들이 시베리아의 인구를 늘리고 활력 넘치는 새로운 주민이 되어 줄 것을 기대하기란 어려웠다.[71] 일반 형사범 출신 유형수들은 인구의 증식이라는 점에서 양질의 식민 요소를 제공하지는 못했던 셈이다.

야드린체프가 파악하기로는 유형수 개개인의 삶의 방식 자체도 시베리아의 경제생활에 크게 도움이 되는 것은 아니었다. 그가 파악한 이주 유형수들의 삶은 안정된 이주 농민의 삶과는 전혀 달랐다. 그가 관찰하기로는 유형수 100명 중 한 명이 농경자가 될까 말까 했고, 수공업 분야는 더 심해서 수공업 학교가 문을 열었을 때 유형수가 노동력을 제공하는 일은 전무했다.[72]

시베리아에 유배 온 집단들 가운데 식민자로서의 목적에 가장 잘 부합하고 이 역할을 가장 충실히 수행한 사람들로는 분리파 신도들을 들 수 있다. 1660년대의 러시아 교회 분열 이후 옛 의례를 고수하면서 공식 교회에 맞섰던 다양한 분리파 신도들은 러시아 정부의 탄압으로 시베리아에 온 후 근면함과 성실함으로 부를 일구었고, 가정을 꾸려 많은 자녀를 양육하곤 했다. 일례로 옐리자베타 여제와 예카테리나 2세 여제는 폴란드로 도망갔던 스타로두브파 옛 신도들을 다시 잡아 와서 시베리아로 보냈는데, 이들 가운데 일부는 알타이 지방에, 일부는 셀렝가 지방에 유배되었다. 그들의 후손은 오랫동안 시베리아에서 "폴란드 사람들"로 불렸는데, 시베리아 주민들 중에서도 가장 유복하였고 대가족을 이루며 살았기에 현지에서 "가족인(家族人, semeiskie)"들이라는 별명을 얻었다.[73]

식민 수단으로서의 유형 제도가 성공적이지 못하다는 점은 계속 지적되었고 러시아 정부의 파견 관리들도 인식하고 있었다. 유형수가 독신이거나 부인을 잘못 얻으면 노동력에 도움이 되지 않을 뿐 아니라, 이러한 사람이 늙어 죽으면 고아만 남게 되고 이런 촌락은 곧 폐촌이 되어 버린다고 했다.[74]

유형 제도
비판론과 최종 폐지

제정러시아 정부가 2세기 반에 걸쳐 비효율적인 시베리아 유형 제를 유지하는 데는 시베리아 식민이라는 목적과 사회적 통제라는 목적이 다 고려되었다. 그중 어느 쪽에 중점을 두는지는 시기마다 달랐다. 그런데 식민의 수단으로서나 주민을 통제하는 수단으로서나 시베리아 유형 제도가 효율적이지 못하다는 사실은 일찍부터 인식되었고, 그 폐해에 대한 논의도 일찍부터 시작되었다. 유형지를 탈출하거나 유형지에서 또다시 범죄를 저질러 주민들에게 피해를 입히는 유형수들의 존재와 유형 행정을 담당하는 현지 관리들의 무능으로 인한 무질서는 중앙정부를 충분히 골치 아프게 만들었다.[75] 사실은 유형 제도가 시행되기 시작한 17세기에 이미 시베리아 행정 당국자들은 유형수들이 저지르는 악행과 범죄에 대해 보고하고 있었다. 그들은 유형수들이 "자신의 노동으로 살 능력이 없고", "도주벽"이 있음을 지적하였다.[76] 이런 문제점은 유형 제도의 시작 단계부터 1900년의 일반 형사범 유형 폐지에 이르기까지 끊임없이 제기되었고 또한 이런 이유로 유형 폐지론도 일찍부터 제기되었다.

아닌 게 아니라 18세기 후반에는 한때 시베리아 유형 제도가 폐지되었다가 재개되기도 했다. 시베리아 유형 제도가 확대된 시기는 러시아 농노제가 확립되고 확대된 시기와도 일치하였다. 농민들과 카자크들은 농노제에 거세게 저항하며 여러 차례 농민전쟁을 일으켰다.

그 최후, 최대의 농민전쟁이 1773년에서 1774년 사이에 예멜리얀 푸가
초프를 우두머리로 하여 전개된 카자크-농민 봉기였다. 당시의 통치
자였던 예카테리나 2세 여제는 자기가 제거한 남편 표트르 3세를 자
칭하면서 봉기 세력을 이끌고 북상하는 푸가초프의 기세에 대경실색
하여 정규군의 총력을 기울여 봉기를 진압하였다. 푸가초프는 처형되
었다. 그런데 그에 동조하였던 가담자들을 시베리아로 유배하는 것이
큰 난제였다. 수도 많은 데다 고분고분하지도 않은 반란자들에게 족쇄
를 채워 도보로 우랄산맥 너머까지 호송하는 것은 당연히 쉬운 일이
아니었다. 무질서와 혼란이 발생할 수밖에 없었다. 원로원은 1773년
모든 족쇄 찬 죄수를 시베리아가 아닌 러시아 서부의 오렌부르크로
유배하라고 명령하였다. 그러나 1년 반 후에는 시베리아 유형이 그 전
과 다를 바 없는 규모로 재개되었다.[77] 부풀어 가는 긴 풍선의 어느 한
쪽을 누르면 다른 한쪽이 솟아오르게 마련이듯이, 러시아 정부가 강
압적으로 주민을 통제하는 정책으로 한 문제를 처리하면 그 후유증
이 반드시 다른 쪽에서 터져 나올 수밖에 없었다.

유형 제도의 폐지론은 19세기 전반에 와서는 좀 더 정밀한 근
거에 바탕을 두고 본격화하였다. 니콜라이 1세 황제 시기에는 황제 자
신의 명령으로 시베리아 유형의 문제에 대한 보고서들이 작성되었다.
1834년 국가 평의회는 그리 중하지 않은 범죄를 저지른 범죄자들까
지 정배형에 처하는 법률의 타당성에 대해 검토해 보고 유형을 다른
형벌로 대체할 수 있는 경우를 제시해 보라고 내무부와 법무부에 위
촉했다. 니콜라이 1세는 정배 제도를 완전히 폐지할 가능성을 생각해

보라고 지시했다. 이에 따라 시베리아 위원회와 국가 평의회 법률국은 "유형수와 중노동형 죄수에 대한" 광범한 논의를 진행하였다.

1830년대를 거쳐 가며 계속된 이 논의에서 내무부와 법무부는 시베리아 유형의 축소 혹은 폐지로 기울어지는 입장을 보였다. 1839년 내무 대신인 블루도프 백작은 유형수들이 농업 노동에 적합하지 않고 도주하는 일이 잦으며 이 제도는 유형수들에게서 범죄와 형벌이 상응하는 것으로 인정되지 못하고 있다고 평가하였다.[78] 그는 시베리아 유형 제도를 전면적으로 폐지할 것을 주장하면서 이미 형성되어 있던 죄수 부대를 확대하는 방안과 시베리아 대신 유럽러시아의 변방 지역으로 유형수들을 보내는 방안을 대안으로 제시하였다.[79]

법무 대신인 다쉬코프 백작은 다음과 같은 논거를 들어 유형 제도 폐지를 건의하였다. 형벌 체계의 기반으로 받아들여져야 할 조건은 다음과 같다.

1) 순수한 재판의 관점에서 보아, 범죄자가 처벌받지 않은 채 있어서는 안 된다. 처벌을 통해 피해자가 만족해야 하고, 다른 사람이 이 같은 범죄를 저지를 생각이 들지 않게 해야 한다.

2) 범죄자가 또다시 법과 질서를 파괴하는 위험으로부터 사회가 보호받아야 한다.

3) 형벌에 의해 범죄자가 더는 해롭지 않은 구성원으로서 사회에 복귀할 수 있도록 그를 교정할 수 있어야 한다.

4) 선고를 집행하는 데 요구되는 비용으로 인한 국가의 부담이

가장 적거나, 혹은 선고받은 자의 노동, 정착과 같은 형태에 의해 지출된 비용이 환수될 수 있어야 한다.

다쉬코프 백작은 유형이 이 네 가지 조건 가운데 첫째, 둘째, 셋째 조건을 전혀 충족하지 못한다고 보았다.

범죄자는 자신에게 선고된 형벌을 벗어날 탈출 방법을 숱하게 가지고 있다. 한편 범죄자가 새로운 주거지에 유배되는데 그를 확고하게 정착시킬 수단이 충분치 못하고, 범죄자가 가난을 피할 수 없으며, 새로 들어간 공동체의 주민들로부터 멸시를 받기 때문에 그는 법원이 판결한 정도보다 더 심한 형벌을 받는 셈이 된다. 사회의 치안이라는 관점에서 보자면 범죄자가 범죄를 저지른 사회로부터 격리되기는 하지만, 그는 원래의 사회와 마찬가지로 그가 안녕을 저해하지 못하도록 정부에게 보호받을 권리를 가진 새로운 사회로 이주하여 정착하는 것이다. 그런데 이곳은 감시의 수단이 부족하고, 가난과 가족 관계 단절로 인해 그를 부도덕한 생활로 내모는 새로운 자극투성이기 때문에 이 같은 이주와 정착이 오히려 더 유해하다. 범죄자의 도덕적 교정이라는 목표는 이곳에서는 더욱 달성하기 어렵다.

다쉬코프는 시베리아 유형 제도의 이점은 유형수들의 후손들 세대에서나 누릴 수 있을 것으로 보았다. 그는 이처럼 시베리아 유형

제도의 폐단을 지적하면서 그 대안으로 일종의 노동 수용소인 감금 수용소를 설립할 것을 주장하였다.[80]

그러나 이 같은 열띤 논의에도 법률국은 유형제 폐지라는 용단을 내리지 못했다. 유형수들이 시베리아 현지 주민들에게 미치는 도덕적 악영향이 크지 않으며 광활하고 풍요로운 시베리아의 개발을 위해서는 노동력이 필요하다는 것이 그 주된 이유였다.[81] 사실 시베리아 유형은 시베리아 자체가 아니라 유럽러시아를 위한 강력한 사회통제 수단이었기 때문에 이를 쉽게 포기할 수 없었다. 아직 농노제가 유지되고 있던 시기에는 농노제와 시베리아 유형 제도라는 두 주민 통제 수단이 나란히 유지될 수밖에 없었다. 19세기 전반의 러시아 국가는 새로운 형벌 체계를 전면적으로 도입할 준비가 되어 있지 않았다.

정부 관계자가 아닌 지식인과 학자들 사이에서는 시베리아 유형 제도의 문제점에 대한 비판이 계속되었다. 페트라셰프스키 그룹의 일원으로 체포되어 시베리아 유형 생활을 했던 표도르 도스토예프스키는 그가 머물렀던 시베리아 서부 옴스크의 수용소를 '죽은 집', '죽음의 집'으로 불렀다. 작가 안톤 체호프는 키예프의 법학자 탈베르그가 쓴 사할린 유형에 대한 논문[82]과 시베리아 유형을 경험했던 혁명가 글렙 우스펜스키의 저서를 읽고 사할린 유형 제도의 문제점을 인식하고 있었다. 이는 그가 1890년 여름 사할린 여행을 떠나는 데 영향을 미친 요인이기도 했던 것으로 보인다.[83] 체호프가 여행을 다녀와서 쓴 『사할린 섬』에는 유형 제도에 대한 강경한 비판론이 들어 있다. 앞에서 언급한 것처럼 야드린체프도 일련의 저서에서 유형 제도의 문제점들을 신랄하게 비판했는데, 그가 생각하는 시베리아 유형의 문제점은 당국이 이 제도를 값싼 수단으로 여겨서 유형수들을 "엄청나게 값싸게 내버리고 잊어버린다."[84]라는 것으로 집약되었다. 일단 우랄산맥을 넘으면 유형수에 대한 관리는 소홀해졌다. 19세기로 접어들면서 시베리아에는 매년 1만 명 안팎의 사람들이 유배당했지만, 이주 유형수 가운데 유배지에 실제로 거주하는 사람의 수는 5분의 1밖에 안 된다는 것이었다. 야드린체프는 유형수 중 나머지 5분의 4는 떠돈다고 보았다.[85] 그는 유형수와 가족을 호송하는 비용, 질병을 치료하는 비용, 탈출 유형수를 수색하고 체포하는 비용 등을 모두 고려하면 시베리아 유형은 실제로는 엄청나게 많은 비용이 드는 제도라고 보았다.[86] 계몽적 인텔리겐치아의 일원이었던 야드린체프가 시베리아 유형 제도에 대해 내린 가장 신랄한 탄핵의 문장은 시베리아 유형 때문에 "시베리아 전체가 거대한 감옥이 되었다."라는 것이었다.[87]

농노제는 1861년에 철폐되었지만 사실상 같은 시기에 법제화되었던 또 하나의 인신 예속 제도인 유형 제도는 함께 철폐되지 않았다. 그러나 시베리아 유형 제도의 효율성에 대한 논의는 정부 차원에서도 이어졌다. 이는 주로 비용 대비 효과라는 차원, 식민정책으로서의 효율성에 대한 검토, 교화 기능에 대한 검토 등을 중심으로 이루어졌다. 아누친과 살로몬 등은 정부 주도의 조사 활동을 이끌며 유형 제도의 실상과 문제점을 조사한 연구자들인데, 이들도 유형 제도의 난맥상과 비효율성을 가감 없이 지적하였다. 야드린체프의 책에서 보듯, 제국 정부와 거리를 두는 지식인들의 저술은 더욱 비판적인 내용으로 차 있었다. 물론 제도에 대한 비판보다 유형수들의 생활과 문화를 인류학적으로 세세히 관찰하고 기술하는 데 더 중점을 둔 막시모프 같은 저자의 저술도 있기는 했으나, 이는 예외적인 것이었다. 근대국가를 지향하는 러시아제국으로서도 범죄자에 대한 통제 기제의 빈번한 오작동을 수반하는 시베리아 유형 제도를 끝까지 고수하기는 어려운 일이었다. 결국 1900년 6월 12일 자로 일반 형사범의 시베리아 유형 제도가 철폐되었다. 그러나 정치범의 시베리아 유형은 철폐되지 않았다. 정부는 정치범 유형 문제를 논의 대상으로도 삼지 않았다. 혁명에 이르기까지 시베리아는 정치범 유형지로서의 상징성을 계속 가지게 되었다.

4장

시베리아의
정치적
유형수들

정치적 유형수는
어떤 사람이었나

시베리아 유형수 가운데 일반 형사범들의 성격은 다른 사회의 형사범과 크게 다를 바 없다고 해도 좋을 것이다. 물론 러시아 중앙정부나 지방정부가 떠돌이들을 눈앞에 보이지 않는 존재로 만들어 버리기 위해 이들을 집중적으로 시베리아로 유배 보낸 점은 두드러진 특징이기는 하다. 그러나 근대국가가 형성되던 초기에 영국이 이른바 빈민원(Poor House)을 만들어 유랑인들을 수용했던 것을 생각해 보면 시베리아는 아주 멀고 격리된 공간 속에 만들어진 또 다른 빈민원의 성격을 가진다고 할 수 있다.

이에 비해 전제정 아래 있던 모스크바국-러시아제국에서 정치범 유형수들은 비슷한 예를 달리 찾아보기 어려울 정도로 독특한 양상을 보여 주는 존재였다. 시베리아 유형을 두려워하지 않고, 혹은 이것이 두렵더라도 자신의 정치적 주장을 굽힐 수 없어 국가권력에 저항했던 사람들은 누구였을까?

시베리아에 유배된 정치범들에 대한 사회학적·통계학적 연구는 이들이 어떤 사람들이었는지, 그 윤곽을 파악하는 데 큰 도움을 준다.

19세기 전반기까지 정치범과 국사범은 주로 귀족 신분이었다. 앞에서 시베리아 유형수에 관한 일반 통계를 볼 때 일반 형사범이 정치범보다 압도적으로 많았다고 말했지만, 귀족 신분 유형수 중에서는 정치범의 수가 훨씬 더 많았다. 1838년에서 1848년까지, 그리고 1852년에서 1861년까지를 대상으로 집계한 통계자료를 보면 전체 귀족 신분 유형수 가운데 3분의 2가 정치범이고 나머지 3분의 1이 일반 형사범이었다.[1] 시베리아 정치 유형수의 역사를 연구해 온 마르골리스는 러시아 제국의 정치·사회적 발전 과정에서 하나의 전환점이 되었던 1860년대 대개혁 시기부터 1890년대에 이르기까지 정치 유형수들의 신분, 직업, 성별, 연령 등을 통계학적으로 분석하였다. 그의 연구를 보면 1861년에서 1893년 사이에 모두 403명의 정치범이 중노동형에 처해졌는데, 시기별로 살펴보면 1860년대에는 44명, 1871년에서 1881년 사이에는 185명, 1882년에서 1893년 사이에는 174명이 혁명 활동과 관련하여 이와 같은 가혹한 형벌을 받았다.[2] 이른바 대개혁의 시기였던 1860년대에는 정치적 탄압이 상대적으로 완화되었던 데 반해 차르 정부에 대한 지식인과 혁명가들의 저항이 한층 치열해진 1870년대부터는 정치범의 수가 크게 늘어났음을 알 수 있다. 정치범의 연령은 17세에서 54세까지 분포되어 있었는데, 평균연령은 1860년대에서 1870년대까지는 24세였고, 1880년대 초에서 1890년대 초까지는 27세였다.[3] 이들의 신분을 살펴보면 1860년대에는 귀족(드보랴닌) 출신의 중노동형 정치범이 꼭 절반이었다.(44명 가운데 22명) 귀족이 혁명 활동에 참여한 비율보다 혁명 활동으로 귀족이 중노동형을 받은 비율이 더 높았으니, 이들의 활동이 더 적극적이었음을 의미하는 것이 아니었겠는가 하고 후대의 연구자는 추정하고 있다.

19세기 러시아 귀족 출신 혁명가들은 그들을 귀족이게 해 주었던 차르 체제에 저항하는 것을 두려워하지도 꺼리지도 않았다. 제국의 최고위층 귀족을 포함하고 있던 데카브리스트들이 체제 변혁을 위해 비밀결사를 조직했다가 실패하여 시베리아 유형에 처해진 이래 귀족의 혁명 활동 참여는 뚜렷한 전통을 이루고 있었다. 이들은 대부분 사회적·경제적 이익을 위해서가 아니라 그들이 소중하게 여기는 이념을 위하여 혁명 활동에 나섰다. 귀족이 교육받은 계층의 대다수를 이루고 있던 19세기 전반까지는 이들이 사고할 시간과 여유를 가지고 있었던 유일한 계층이었으니, 정치 이념에 바탕을 둔 혁명 활동에서 귀족의 비중이 높았던 것은 어쩔 수 없는 일이었다. 이들이야말로 "참회하는 귀족"의 모습을 강력하고도 인상적으로 보여 준 사람들이었다.

그러나 이 같은 양상이 1860년대 대개혁 이후에는 조금씩 변화하기 시작하였다. 대학 개혁으로 평민들에게도 대학 교육을 받을 수 있는 길이 열리게 되었다. 이는 평민층이 자기 개인의 생존과 일상적 이익에 대한 집착이라는 좁은 관심의 테두리를 넘어 정치와 공공성에 대해 생각하고 논할 수 있게 되었음을 뜻한다. 평민 출신인 급진적 청년들이 대학의 강의실을 넘어서 혁명 서클에서 중요한 비중을 차지하게 되었고, 정치적 활동의 평민화가 이루어지게 되었다. 국가와 인텔리겐치아의 양분화가 진행되고 있던 19세기 후반 러시아 사회에서 지식인이 된 평민들은 혁명가의 길로 들어섰고 자연히 평민 출신 정치범의 수도 늘어나게 되었다. 이때는 정치 유형수의 연령도 현저히 낮아지게 되었다. 19세기 말 여성 지식인으로는 드물게 시베리아 유형의 실상과 성격에 대해 글을 썼던 마리야 체브리코바는 시베리아의 정치적 유형수들에 대해 "러시아의 사회적 무질서 가운데서도 가장 위급하고 병적인 현상"이라고 지적한 바 있다.[4] 그녀는 시베리아 정치 유형수들은 민중의 영웅이 아니며 고등학생이나 대학생이 밀고를 당하거나 아니면 정확한 사정도 잘 모른 채 얼떨결에 시베리아 유형을 당하게 되었는데, 정작 시베리아에서 열악한 생활을 하다 보니 국가의 적이 되었다고 주장하기도 했다.[5]

이렇듯 정치범들의 정치적 확신이나 그들이 실제로 정부에 적대적인 행위를 했는지에 대해 회의적인 시선도 있기는 했지만, 그들이 일정한 수준 이상의 교육을 받은 사람들이었고 이념(사상)-지식에 입각한 혁명 활동이라는 죄명 때문에 국가권력의 억압을 받은 사람들이라는 점은 누구도 의심치 않았다. 18세기 말까지는 국가권력에 대해 가장 강력하게 도전한 세력은 농민과 카자크였다. 이들이 일으킨 봉기는 권력자들을 두려움에 떨게 했고, 푸가초프 주도의 봉기에 대한 예카테리나 2세 여제의 대응에서 보듯 때로는 이들의 행위성이 국가의 형벌 체계를 바꾸어 놓는 역할을 하기도 했다.

그러나 19세기의 전형적인 '국사범'은 농민이 아니라 지식인들,

즉 말과 글로써 자신들의 뜻을 펴고자 하는 사람들이었다. 무릇 어떤 일에 대해 연구를 하거나 조사를 하거나 글을 쓰는 사람들도 모두 지식인이라고 불린다. 이들은 자신들과 동류인 사람들이 겪는 부당한 처우와 고통에 대해 더욱 민감하게 반응한다. 시베리아 유형 제도에 대한 조사나 연구에서 지식인들이 정치범들이 처한 상황과 그들이 겪는 고통을 중요하게 다룬 것은 전혀 이상하지 않다. 더욱이 차르 전제정의 억압 아래서 사회를 바꾸고자 노력하다 유형당한 사람들에 대해서는 일반적으로 '죄 없이 고통받는 사람들'이라는 인식이 강했다. 톨스토이는 『부활』에서 시베리아 정치 유형수들에 대해 네흘류도프 공작의 시선을 빌려 이렇게 쓰고 있다.

형사범으로 분류된 사람들조차 법으로 인해 겪고 있는 고통이 아무리 의미 없고 무서운 것이라 해도 여전히 재판의 전 과정에서 법의 적용을 받는다. 그러나 정치범에 대해서는 그 법조차 적용되지 않는다. …… 죄가 없기도 하려니와 정부에 전혀 위험하지도 않은 사람들을 수백 명씩 체포하여 몇 년씩 감옥에 가둬 두었다. 이들은 감옥에서 폐병에 걸려 죽기도 하고 미쳐 버리기도 했으며 또 자살을 하기도 했다. 이들을 가두는 유일한 이유는 풀어 줄 명분이 없다는 것이었다. 그리고 감옥 안에 가둬 두면 나중에 다른 사건을 수사할 때 무슨 단서라도 나오지 않을까 하는 이유도 있었다. ……
정치범들도 자기들 나름대로 형성된 분위기가 있어서 자유나 생명이나 그 밖에 인간에게 중요한 무엇인가를 잃어버릴 위기에 처했을 때 그들이 행하는 잔인한 행위를 악으로 생각하지 않고 오히려 용감한 행위로 간주한다. …… 정치범들이 자신들의 행동에 고차원적 의미를 부여하고 자기 자신들을 높이 평가하게 된 것은 정부가 그들을 지나치게 중대시하고 그들에게 참혹한 형벌을 줌으로써 자연스럽게 생긴 결과였다. ……

그들 중에는 이 사회에 현재 존재하고 있는 악과의 투쟁을 자신이 해야 한다고 여겨 혁명가가 된 사람도 있었고 또 이기적인 허영심으로 가담한 사람들도 있었다. 그러나 네흘류도프도 전쟁을 체험해서 알고 있듯이 혁명가들 대부분은 위험과 모험을 통해 자기 생명을 희롱하는 것을 즐기는 극히 평범한 혈기왕성한 청년 시절 특유의 감정으로 혁명에 뛰어든 사람들이었다. 그들이 보통 사람들과 다른 점은 그들 사이에서의 도덕적 요구가 보통 사회에서 요구하고 인정하는 것보다 훨씬 높다는 것이었다.[6]

조지 케넌은 처음에 시베리아 유형에 대해 다른 나라들에서도 찾아볼 수 있는 제도라는 견해를 가지고 있었다. 그러나 정치 유형수들을 직접 만나 대화하고 그들의 실제 유형 생활을 살펴본 후에는 시베리아 유형에 대해 가장 혹독한 비판서를 썼다. 시베리아 벌판에는 가장 고귀한 정신을 가졌던 사람들이 바로 그 고귀한 정신 때문에 겪었던 처절한 고통과 절망의 신음이, 때로는 정말 드물게나마 암흑 속에서 그들이 보았던 희망과 빛과 부활의 노래가 깃들어 있다.

유명한 시베리아
유형수들

종교적 반대자

1660년대 러시아 정교회가 의식 개혁을 추진했을 때 러시아 정교의 옛 의식 규범을 준수하고자 한 일파는 공식 교회의 노선에 반대하여 격렬히 저항했다. 이들은 공식 교회에서 분리되어 나와 분리파로 불리게 되었고, 옛 신앙을 고수한다 하여 구신앙파(староверы), 즉 구신도로도 불렸으며, 옛 의식을 준수한다 하여 구의식파(старообрядцы)라는 명칭으로 불리기도 했다. 이들은 국가권력의 비호를 받는 공식 교회에 저항하였기에 국가권력으로부터 가혹한 징벌을 받게 되었는데, 대개의 구신도들은 탄압에 굴하지 않았다. 이들은 극단적 방식으로 저항하여 집단 분신자살을 감행하기도 했는데 2만 명이 분신자살했다는 기록이 있다. 다른 이들은 집단적으로 이주하여 국가권력이 미치지 않는 오지에서 자신들의 공동체를 이루고 살았다. 유럽러시아에도 깊은 숲이나 토질이 척박한 지역에 이들의 공동체가 세워졌지만, 특히 시베리아에는 이러한 구신도들의 공동체가 다수 존재했다. 이들은 시베리아의 경제적 발전에서 빼놓을 수 없는 중요한 역할을 하였다.

아바쿰

구신도로서 시베리아 유형에서 모진 고초를 겪은 것으로 알려

진 인물 중에 가장 유명한 사람은 주사제(主司祭) 아바쿰(1620?~1682)
이다. 그는 시베리아에 유형당하여 형언할 수 없이 모진 고문을 겪고
철저히 감시당했다. 그는 결국 유럽러시아로 돌아와 수감되었다가 처
형되었는데 처형 전에 자신의 경험을 자서전에 상세하게 기록하였다.
그가 시베리아에 유배당한 후 파슈코프라는 관리의 감시 아래 호송되
며 이리저리 끌려다니던 시기에 겪은 고초를 기술한 대목들을 인용해
보자.

"그 후 저는 처자식과 함께 시베리아로 유배되었습니다. …… 그
후 저는 브라츠키* 요새로 끌려와 감옥에 처넣어졌습니다. 쬐끄
만 짚단 하나를 넣어 주더군요. 저는 성 필립 금식절**까지 그 얼음
장 같은 탑 속에 갇혀 있었습니다. 그때는 한겨울이었지만 하느님
께서 저를 옷 없이도 훈훈하게 해 주셨지요. 저는 개처럼 짚단 위
에 누워 있었습니다. 어떤 때는 먹을 것을 주기도 했지만 어떤 때
는 아예 주지도 않습디다. 쥐들이 들끓었고 저는 그놈들을 승창(접
이식 간이 의자)으로 내리치는 게 일이었지요. 그 멍청이 같은 놈들
이 작은 막대기 하나 주지 않았거든요. 저는 내내 배를 짚단에 대

고 누워 있어야 했습니다. 등이 썩어 가고 있었기 때문입니다. 이와 벼룩은 어찌나 많던지."[7]

"봄이 오자 우리는 뗏목을 타고 인고다강을 따라 하류로 내려갔습니다. …… 우리는 주택용 목재와 요새용 목재를 뗏목으로 만들어 보내는 일을 했습니다. 먹을 것은 떨어지고 사람들이 죽어 가기 시작했어요. 굶주림과 고된 수중 작업 때문이었지요. 수심은 얕은데 뗏목은 무겁고 감시는 무자비하고 몽둥이는 크고 곤봉은 마디투성이에다 채찍은 살을 에는 듯했지요. 불로 지지고 고문대에 눕히는 고문 또한 끔찍했어요. 워낙 굶주린 사람들이라 고문을 시작했다 하면 그 자리에서 뻗어 버리는 거였지요. …… 아, 얼마나 끔찍한 시간이었는지. 제 어린 자식도 둘이나 이 기아 속에서 죽었습니다."[8]

아바쿰은 시베리아에서만 고초를 겪었던 것은 아니고 모스크바와 그 부근에서도 엄청난 고통을 당했다. 따라서 그의 자서전은 시베리아 유형에 대한 텍스트로만 읽힐 수는 없다. 다만 17세기 후반 종교적 박해의 시기에 시베리아도 그 중요한 일익을 담당하고 있었음을 보여 주기에는 충분하다.

우크라이나 코자크 관련자들

1654년 우크라이나의 코자크 지도자 보흐단 흐멜니츠키는 모스크바국(러시아)의 차르인 알렉세이 미하일로비치에게 충성을 맹세했다. 우크라이나가 폴란드의 억압을 벗어던지고자 하는 투쟁에서 모스크바국의 지원을 받으려는 목적에서였다. 우크라이나인들은 이때 맺어진 협정(페레야슬라프협정)에서 우크라이나의 자율성을 보장받았다고 생각하며 그런 내용을 담은 것이 보흐단 흐멜니츠키 조항이라고 여겼다.[9] 그 후 러시아와 폴란드 사이에 전쟁이 일어나고 갈등이 이어지는 데다 우크라이나 안에서도 친폴란드파와 친모스크바파 사이의 복잡다단한 대결과 투쟁이 전개되었다. 우여곡절 끝에 러시아와 폴란드 사이에 맺어진 협정에 의해 1689년 이후 키예프를 포함한 드니프로(드네프르)강 이동의 우크라이나 땅은 러시아의 지배 아래 들어가게 되었다. 러시아의 군주들은 새로 획득한 동부 우크라이나의 최고 지도자인 코자크 헤트만들에게 모스크바에 대한 절대적 충성을 요구하였고, 이러한 기대를 충족시키지 못한 헤트만들을 러시아로 불러들여 투옥하거나 유형에 처하곤 하였다. 파벨(파블로) 플루보톡은 표르트 1세 황제의 노여움을 사서 상트페테르부르크의 페트로 파블로프스크 요새 감옥에 수감되었다가 병사하였으며, 그 외에도 여러 명의 우크라이나 코자크 지도자가 러시아 정부와의 마찰로 시베리아에 유배당해 살다가 삶을 마쳤다. 모노호흐리쉬니와 사모일로비치도 그러한 운명의 주인공들이다.

므노호흐리쉬니와 사모일로비치

뎀코 므노호흐리쉬니(데미얀 므노고그레쉬느이, 1631~1703)는 17세기 후반 우크라이나가 동서로 갈려 러시아와 폴란드 사이에서 갈팡질 광하고 있던 시기의 무인이다. 그는 동부 우크라이나의 헤트만이었던 도로센코가 치히린의 자기 집에 다녀오기 위해 자리를 비우면서 자기 대행으로 임명했던 지도자였다.[10]

도로센코가 부재한 시기에 므노호흐리쉬니는 '세베르스키의 헤트만'이라는 칭호를 받고 친러시아 노선을 취했다. 우크라이나인들의 역량이 결집되지 않은 상황에서 러시아와 전쟁을 하는 것은 어리석다고 생각했기 때문이다. 그는 동부 우크라이나의 우크라이나 코자크 평의회에서 정식 헤트만으로 선출된 후 러시아 군주의 권력을 인정하였다. 다만 우크라이나의 자치를 보장받기 위해 보흐단 흐멜니츠키 협약 조항을 부활시키고 모스크바 군정 사령관과 군대를 우크라이나에서 철수시키기를 원했다. 그러나 이는 이루어지지 않았다. 게다가 그는 코자크 장교단과도 화합하지 못했다. 장교들은 그를 제거하기 위해 그가 차르에게 불충한 말을 했다고 고발했으며, 이를 받아들인 모스크바 정부는 므노호흐리쉬니를 고문하고 재판에 회부해 그의 모든 재산을 압류하고 가족과 함께 시베리아로 유형 보냈다. 그는 1673년 셀렌긴스크(현재의 부랴트 공화국 카반스크 지구에 위치)에 도착하였는데, 이곳에서 가족들과 살면서 현지의 러시아 카자크 부대를 이끌었다. 그래서 1689년에 부랴트인과 몽골인들이 셀렌긴스크를 침범하자 카자크 부대를 이끌고 이들을 격퇴하기도 했다. 이 전투가 벌어졌던 산은 우비엔나야산이라 불리게 되었는데 이는 '죽임당한 이들의 산'이라는 뜻이다. 모노호흐리쉬니는 이 전투에서 위기에 처한 러시아 사절을 구출하기도 했다.[11] 그는 시베리아에서 자녀와 함께 아주 오래 살았는데, 한때 자기가 시베리아에서 "문전걸식하며 굶어 죽어 가고 있다."라며 사면을 요청하는 편지를 보내기도 했으나 끝내 뜻을 이루지 못했다.[12] 다만 셀렌긴스크전투에서 그가 보여 준 공훈 덕택에, 시베리아에서 태어난 그의 아들 세르게이는 소(小)보야린 신분을 인정받고 영지를 하사받아 안정된 생활을 누릴 수 있었다.[13]

이반 사모일로비치(1630~1690)는 1672년부터 1687년까지 동부 우크라이나의 헤트만이었던 인물이다. 그는 강력한 친러시아 정책을 폈다. 러시아와 우크라이나 관계를 다루는 규정에는 우크라이나와 관련된 외교적 문제를 다루는 회담에는 반드시 우크라이나 대표가 파견되어야 한다는 조항이 들어있었는데, 그는 이 조항을 제외함으로써 우크라이나의 정치적 자율성을 포기하다시피 했을 정도였다. 사모일로비치는 모스크바 정부의 불만을 사는 일을 조금이라도 하지 않으려고 무진 애를 썼다. 그는 아들들을 인질 삼아 모스크바로 보냈는데, 두 아들은 후에 연대장으로 임명되었다. 사모일로비치는 러시아 통치자들의 신임을 받아 자신과 일족의 영화를 보장받은 것 같았다.

그러나 그것은 이야기의 전부가 아니었다. 사모일로비치의 불행은 그가 러시아 지배 세력의 일원이 아니라 마름이었다는 데서 비롯되었다. 그는 당시 섭정이었던 소피야 공주의 총신이자 실권자였던 바실리 골리츠인 공과 함께 크림 원정에 출정했다가 패배했다. 패전의 책임을 덮어씌울 희생양을 찾고 있던 골리츠인은 사모일로비치를 헤트만직에서 해임한 후 가족과 함께 모스크바로 압송하였다. 사모일로비치는 체포되어 맏아들과 함께 시베리아로 유배되었고 전 재산이 압류되었다. 체르니히프 연대장이었던 둘째 아들은 처형되었다.[14] 사모일로비치는 므노호흐리쉬니가 유배되었던 야쿠츠크에 맏아들 야콥과 함께 유배되었다. 그의 유배 생활은 외롭고 혹독했다. 그는 사람을 만날 수도 없었고 글을 쓸 종이조차 얻지 못했다.[15] 사모일로비치와 야콥은 각각 1690년과 1695년에 고난을 이기지 못하고 삶을 마쳤다.

보이나로브스키

안드리 보이나로브스키(1689?~1749?)는 자신이 최고 지도자인 헤트만은 아니었지만 헤트만의 최측근이었다. 그것도 다름 아닌, 표트르 대제에게 도전했다가 패한 이반 마제파의 조카였다. 이반 사모일로비치를 몰아낸 우크라이나 장교들은 1687년 7월 25일 이반 마제파를 새로운 헤트만으로 선출하였다. 그는 철저한 친러시아 정책을 펴는 것으로 보였고, 특히 표트르 1세 황제가 친정을 시작한 이후 러시아 제국의 군주에게서 절대적인 신임을 얻으면서 우크라이나를 통치했다. 그러나 마제파는 결국 대북방전쟁에서 표트르 1세를 배신하고 그의 적수인 스웨덴 국왕 카를 12세와 동맹을 맺었으며, 1709년 폴타바전투에서 패하자 튀르크로 망명하였다.[16]

마제파는 1711년 튀르크에서 삶을 마쳤는데, 폴타바전투 이후 러시아인들에게 가장 저주받는 인물이 되었다. 정교회는 부활절 예배 때마다 "마제파는 파문되었다."라는 말을 되풀이하는 것을 관례로 삼아 왔다. 보이나로브스키는 이런 마제파를 끝까지 수행하였고 그의 영지를 상속하였다. 마제파의 죽음 이후에도 계속 이스탄불에서 살던 보이나로브스키는 1716년 오스트리아에서 스웨덴으로 가던 길에 표트르 대제의 첩자들에게 행방이 파악되었다. 오스트리아와 러시아의 협상 끝에 보이나로브스키는 러시아 당국에 인도되었다. 상트페테르부르크에서 재판을 받은 후 페트로 파블로프스크 요새 감옥에 수감되었던 그는 1723년 시베리아로 유배당하였다. 보이나로브스키가 유배된 곳은 당시 러시아의 기준으로도 가장 궁벽한 오지의 하나였던 야쿠츠크였다. 그는 그곳에서 줄곧 지극히 곤궁하게 살았으며 1737년 이후 행적이 끊겼다.[17] 데카브리스트의 일원이자 열혈 시인이었던 르일레예프는 억압자에 대한 저항 정신과 자유를 위한 투쟁에서 패한 투사에 대한 공감과 연민의 마음이 구구절절이 새겨진 시 「보이나로브스키」를 썼다.

> 나는 허약해지고, 나는 거칠어지고
> 시베리아의 자연처럼 내 영혼도
> 가혹하고 차가워졌네.
> 그 무엇에도 난 기쁘지 않네.
> 사랑도 우정도 남의 일일 뿐.
> ……
> 원수 피하듯, 사람들 피해 달아나네.
> 그들 모습을 참을 수 없네.
> 내 운명을 그들이 불쌍히 여기는 것이

내게는 견딜 수 없는 모욕이네.

명예와 조국의 대의 위해

천 리 먼 길 눈 속에 내던져진 사람에겐

적들의 동정보단 차라리

 쏟아지는 비난이 더 견딜 만하네.

……

차라리 죽음이 내겐 기쁨일지도 몰라.

그러나 나는 삶과 죽음을 내려다보네.

나는 살아야만 하네. 내 속에는 아직

고국에 대한 사랑이 불타고 있네.

어쩌면 민중의 벗이

불행한 동포들을 구원하고

선조들의 업적도 구원해 낼 날이 아직 올 지도 몰라.

그 옛날의 자유가 되살아날 그 날이.[18]

르일레예프 자신은 데카브리스트 봉기가 좌절된 후 다섯 명의
주모자 가운데 한 명으로 지목되어 바로 처형되었기에[19] 보이나로브
스키와는 달리 유형을 겪을 겨를이 없었다. 그러나 유형의 가시밭길을
걷던 끝에 가난 속에서 굶어 죽었는지, 아니면 르일레예프의 시에 묘
사되었듯 시베리아의 눈밭을 헤매다 얼어 죽었는지 알 수 없는 보이나
로브스키의 운명은 그 비극적 결말에서만큼은 르일레예프의 운명과
겹쳐지는 것이었다.

막심 젤레즈냑(잘리즈냑)

우크라이나 코자크 지도자는 아니지만 우크라이나 코자크들의 운명과 밀접한 관련을 가지고 행동하다 시베리아 유형을 당한 인물로는 막심 젤레즈냑(1740~1769 이후)이 있다. 서부 우크라이나가 폴란드의 지배를 받고 있던 1768년 우크라이나 코자크들과 농민들은 폴란드 지배에 저항하는 대규모 봉기를 일으켰다. 이 봉기 세력은 하이다마키라 불렸다. 우크라이나 기층민(基層民)들이 신봉하던 정교에 대한 억압, 우크라이나 농민들이 처한 사회적, 경제적 고난에 대한 저항이었다. 당시 러시아 황제의 신민이었던 자포로쟈 코자크 지도자 막심 젤레즈냑은 하이다마키를 이끌고 폴란드 지배 세력에 맞섰으며, 유명한 우만 전투에서는 폴란드인 상당수가 그와 이반 혼타가 이끄는 하이다마키 세력에 의해 죽음을 맞았다고 알려져 있다. 러시아의 군주 예카테리나 2세는 봉기 초기에는 러시아 군대를 보내 봉기 세력을 지원했으나, 폴란드 귀족 세력의 반러시아 동향을 진압한 후에는 안면을 바꾸어 하이다마키에 대한 탄압에 나섰다. 국면이 바뀐 것을 모르고 여전히 러시아 군대가 우군이라고 믿고 있던 막심 젤레즈냑은 러시아군 지휘관과 접촉했다가 체포되었다. 이반 혼타는 폴란드 왕의 신민이었기에 폴란드 국가에 의해 재판받고 극형에 처해졌으나 막심 젤레즈냑은 러시아 제국의 신민이었기에 러시아 영토 내에서 재판받았다. 그에게 내려진 선고는 가장 중한 형벌인 중노동 유배형이었다. 그는 네르친스크 광산에서 중노동을 하다 사망했다.[20]

실각한 권력자의
시베리아 유배

멘시코프 [21]

알렉산드르 다닐로비치 멘시코프(1670~1729)는 표트르 1세 황제 시절 막강한 권력을 누렸던 대귀족이다. 그의 출생에 관해서는 정설이 없는데, 젊은 시절 길거리에서 만두(펠메니) 장수를 하다가 표트르 1세 황제의 총신 레포르트의 눈에 띄어 그의 시종이 되었고 그후 황제의 마음을 사로잡아 일약 황제의 최측근 총신이 되었다는 전설 같은 이야기가 전해진다.[22] 출세의 길에 올라선 후 그는 공작, 대원수 등의 칭호를 받고 엄청난 부를 쌓았다. 러시아 역사에서 대원수(Generalissimo) 칭호를 가진 이는 그와 스탈린 두 사람뿐이었다. 그러나 표트르 1세가 사망한 후 몰락이 찾아왔다. 표트르 1세의 부인 예카테리나 1세가 즉위한 후 멘시코프는 사실상 최고의 실권자로서 권력을 행사했다. 그러나 그가 자기 딸 마리야를 황태자인 표트르 알렉세예비치(표트르 1세의 손자이자, 옥중에서 죽어 간 비운의 황태자 알렉세이 페트로비치의 아들), 즉 젊은 표트르 2세(재위 1727~1730)와 결혼시키려는 야심까지 드러내자 다른 귀족들이 더 이상 참지 못하고 협력하여 그를 실각시켰다. 멘시코프의 오만한 태도와 끝없는 간섭에 지친 표트르 2세도 그를 유배형에 처하는 데 동의했다.

멘시코프는 1727년 가족과 함께 서부 시베리아 베료조보에 유배되었다가 1729년에 사망하였다. 베료조보는 시베리아에서 가장 중요한 금광 중의 하나가 위치한 곳으로 러시아 정부는 유형수들의 노동력을 이용해 금광을 개발하였다. 이리하여 베료조보는 유명한 유배지가 되었다. 멘시코프는 유형 길에 부인을 여의기는 했지만 자녀들은 무사히 데리고 도착하였다. 워낙 거부여서 황금 마차를 여러 대 소유하는 등 온갖 사치를 누렸던 그는 유형지에도 적지 않은 돈을 가지고 와서 깨끗한 집을 지어 살았고, 베료조보 내에서는 비교적 자유롭게 지냈다. 길거리의 만두 장수에서 군주의 총신이 되었다가 다시 하루아침에 유형수의 처지로 떨어진 그는 유배 생활 중 경건하고 겸손하며 상냥한 인간으로 변모하였다고 한다. 현지에 교회를 짓고 매일 기도와 묵상을 하였으며, 세상살이의 덧없음과 순교자들의 공적에 대해 현지 주민들과 자주 대화를 나누었다고 전해진다.[23]

멘시코프의 변모된 모습은 수리코프의 그림 「베료조보의 멘시코프」의 소재가 되었다. 이 그림은 세속 권력과 부의 화신이던 한 인간이 권력의 무상을 깨닫고 겸허하고 소박한 삶을 꾸려 가는 모습을 보여 준다. 선이 굵고 이목구비가 뚜렷한 그림 속 그의 옆얼굴에는 두려움이 무엇인지 알고 체념한 듯한 표정이 서려 있다. 가족과 함께 십자가를 앞에 두고 탁자에 앉아 있는 그의 사색적 시선은 한 인간의 내적 변모를 잘 드러내 준다. 누군가가 창문을 통해 가족의 모습을 엿보고 있다. 그가 진정 자유로워졌는지는 알 수 없으나, 고난 앞에서 좀 더 인간적이 된 것이 사실이라면, 유배는 분명 그의 영혼의 교사였다고 하겠다.

돌고루코프 일가, 나탈리야 돌고루카야 공작 부인

흥미롭게도 멘시코프의 정적으로서 그의 시베리아 유배를 주도했던 알렉세이 돌고루코프(돌고루키라고도 한다.) 공작도 멘시코프의 사망 1년 후 권력을 잃고 일족과 함께 베료조보에 유배되었다.

알렉세이 돌고루코프는 멘시코프를 제거한 후 실력자가 되었다. 그의 큰아들 이반 돌고루코프(1708~1739)는 표트르 2세 황제의 가장 절친한 친구이자 총신이 되었고 뛰어난 미인이었던 딸 예카테리나는 황제와 약혼했다. 그러나 그의 권력의 원천이었던 표트르 2세는 즉위 3년 만에 천연두로 사망하였다. 표트르 2세와 예카테리나의 결혼식이 예정되어 있던 날이었다. 이러한 상황에서 돌고루코프 일가는 황제가 예카테리나를 후계자로 삼기로 했다는 거짓 유언장을 작성했다. 이 유언장은 비록 공개되지는 않았지만 작성 사실이 발각되면서 돌고루코프 일가는 반역 음모를 꾀한 세력으로 몰려 급전직하의 운명을 맞게 되었다. 표트르 2세 사후에는 한때 표트르 1세와 공동 차르 자리에 있었던 이반 5세의 딸인 안나 이바노브나(재위 1730~1740)가 재위에 올랐다. 그녀는 쿠를란드에 시집갔다가 남편을 잃고 러시아에 와서 여제가 된 후 기존의 세도가들을 대대적으로 제거해 버렸다. 그녀가 데리고 온 독일인 총신 요간 비론은 전후좌우를 살피지 않고 전횡을 일삼았다. 이 와중에서 돌고루코프 일족의 몰락이 시작되었다.

돌고루코프 가족은 1730년 4월 유배를 떠났는데, 처음에는 펜자에 있는 공작 영지에서 지내도록 명령받았으나 6월 12일의 칙령에 따라 베료조보로 유배되었다. 멘시코프는 이미 사망한 후로, 그의 가족들이 유럽러시아로 귀환하도록 허락받았던 때였다. 알렉세이 돌고루코프 공작과 그의 부인 프라스코비야는 시베리아 유형살이의 고생을 이기지 못하고 3년 만에 사망하고 말았으며 자녀들도 극심한 고난을 겪었다.[24] 비론의 박해는 너무나 악착같아서 돌고루코프 일족이 베료조보에서 사는 동안 그들에게 "이가 들어가지도 않을 정도의 빵과 먹는 동안 사람이 얼어붙을 정도로 차가운 양배추 죽"을 주게 했다. 특히 맏아들 이반은 베료조보로 유배되어 와서도 안나 여제와 비론에 대한 비판적인 발언을 계속했던 것으로 보인다. 이 때문에 그는 비길 데 없이 처절한 고난을 겪게 되었다. 이반은 혼자 암굴에 갇히는 등 엄청난 고문을 당했는데, 결국 비참하게 죽임당했다. 1737년 티션이라는 시베리아의 하급 관리가 페테르부르크 궁정에 그의 언행을 비난하는 보고를 올렸고 이 때문에 그는 1738년부터 토볼스크, 실리셀부르크 등지로 끌려다니면서 조사를 받았다. 이듬해인 1739년 이반은 노브고로드로 끌려가서 산 채로 사지를 절단당한 뒤 삼촌 두 명과 함께 참수형을 당했다.[25]

알렉세이 돌고루코프 공작과 그의 아들 이반을 비롯한 이 집안 남자들은 정의의 투사도 아니었고 윤리적으로 고결한 인물도 아니었다. 진흙탕 같은 궁중 권력투쟁에 동참하여 기세등등하게 실권을 누리다가 얼마 안 되어 처참하게 몰락한 대귀족일 뿐이었다.

그러나 이 집안 사람들 가운데 한 사람, 이반의 젊디젊은 부인 나탈리야 돌고루카야 공작 부인(1714~1771)만은 다른 성격의 인물이었다. 나탈리야는 역시 대귀족이자 대부호인 보리스 셰레메테프 백작의 딸이었다. 나탈리야는 어린 나이에 부모를 모두 잃고 외로움에 빠져 있다가 이반을 만나 열렬한 사랑에 빠졌고 만 열다섯 살에 그와 약혼하였다. 약혼을 한 지 25일 만에 그들의 후원자였던 표트르 2세 황제가 사망했고, 돌고루코프 가문의 몰락을 모두 예상하였다. 친척들이 이반 돌고루코프와의 약혼을 파기할 것을 권했지만 나탈리야는 이에 응하지 않고 결혼을 강행하였다. 약혼식은 이루 말할 수 없이 성대하게 진행되었던 데 반해 불과 넉 달 반 후의 일이었던 결혼식은 돌고루코프 공작의 영지에서 눈물과 비탄 속에서 치러졌다.[26] 나탈리야는 표트르 2세의 죽음 이후 이 모든 것을 예상하면서도 이반을 선택했다. 그녀는 결혼 직후부터 남편을 따라 유배의 세월을 떠돌게 되었으니, 베료조보로 와서 고난받는 남편 옆에 있어 주었고 자신도 그와 함께 모든 고난을 겪었다.

　나탈리야는 남편의 죽음과 시가의 처참한 몰락을 견디며 시베리아에서 10년을 지내다가 1741년 옐리자베타 여제가 즉위한 후 가족 전체가 사면받음에 따라 시베리아를 떠나게 되었다. 나탈리야는 이 해 가을부터 모스크바로 돌아와 살다가 만년에는 수녀가 되어 키예프의 플로로프스키 수도원에서 지냈다. 이반과의 사이에는 두 아들 미하일과 드미트리를 두었는데, 남편 이반이 죽은 직후 유복자로 태어난 막내아들 드미트리는 정신 질환에 걸려 끝내 사리 분간을 못한 채 지냈다. 나탈리야는 자신이 죽기 2년 전에 사망한 이 아들을 끝까지 곁에 두고 보살폈다. 나탈리야는 수도원에 들어간 후 자신을 방문한 아들

미하일과 며느리를 위해 회고록을 집필하였다.[27] 러시아 문학사 연구자 미르스키는 이 회고록이야말로 서사의 빼어난 간명함과 유례없는 진지함, 아름답고 때 묻지 않은 러시아어 구사 등의 장점이 주목된다고 호평하였다. 더 나아가 이 작품은 18세기 러시아 회고록들 가운데 시간적으로 가장 앞선 작품이라는 것 외에 인간적 흥미의 면에서도 최고로 손꼽아야 할 저작이라고까지 평가하였다.[28] 이 글에서 나탈리야 돌고루카야는 남편 및 시댁 식구들과 함께 유배를 떠나던 순간을 돌이켜 보면서 "나는 그들의 기쁨에 동참한 적이 없었으나 그들이 비탄에 빠졌을 때는 그들의 동지였다."라고 썼다.[29] 그녀는 결혼 당시에는 열여섯 살의 젊은 여성이었으나 그때 이미 성숙한 도덕성의 소유자였음이 분명하다. 그녀의 시베리아행은 부모의 사망 후 심리적으로 의지해 온 유일한 사람이자 첫사랑이었던 이반에 대한 사랑 때문에 선택한 것이지만 고난과 세속적 영화에 대한 러시아인들의 태도 가운데 한 전형을 보여 준다. 그녀는 "그가 부귀영화를 누릴 때에는 기뻐하며 그에게로 갔다가 불행해지니까 그를 물리친다면 그것이 과연 내게 무슨 위안이 될 것이며 이것이 과연 깨끗한 양심으로 할 것이라고 생각하는가."라고 물으며 "나는 온갖 고난 속에서도 남편을 따라간 일을 한 번도 후회하지 않았다."라고 썼다.[30]

이러한 삶의 선택은 자신의 이름을 위한 것도 아니고 누군가에게 교훈을 남기기 위한 것도 아니었다. 그러나 나탈리야 돌고루카야 공작 부인의 이름은 유형수 남편과 고난을 함께 하는 용기 있는 러시아 여성의 선구자로 세인들의 뇌리에 각인되었다. 보이나로브스키의 고난과 죽음에 눈물 흘렸던 콘드라티 르일레예프의 감수성은 나탈리야 돌고루카야의 고통스러운 운명에 대한 이야기를 들었을 때도 크게 출렁였다. 그는 1823년 나탈리야가 수도원에 들어갈 때의 심정을 그린 이야기시 (러시아어로는 두마라고 하고 영어로는 발라드라고 한다.)를 썼다.[31] 또 시인 이반 코즐로프는 장시 「나탈리야 보리소브나 돌고루카야 공작 부인」에서 다소 구식의 낭만주의적 시풍으로 그녀의 운명을 이렇게 읊었다.

우리 백작을 모르는 사람이 누구?

그는 귀족 중에서도 귀족.

표트르 대제의 오른팔이요,

말 그대로 러시아의 혼으로 조국과 차르를 사랑했소.

영광에 넘쳤소, 황금에 휩싸여 거닐었소.

그래서 어떻다고? 그의 따님은

이 땅 위의 기쁨을 모른 채

운명의 폭풍우 속에서 죽어 가고 있소.

들판의 잡풀이 죽어 가듯이.[32]

나탈리야 돌고루카야가 최상층 귀족이었기 때문에, 사랑하는 이를 위해 스스로 고난을 짊어지는 그녀의 자세는 더욱 두드러져 보였고 두고두고 칭송의 대상이 되었던 것이 사실이다. 그러나 사실 유배자의 가족이 스스로 유배지에 가서 사는 일은 고대 로마의 유형의 역사에서도 자주 찾아 볼 수 있다. 거슬러 올라가면 국가권력에 저항하다 죽은 오빠 폴리네이케스의 주검을 매장해 주려고 애쓰다 스스로 생매장당하는 운명을 기꺼이 짊어졌던 안티고네 이야기에서 보듯, 고대인들이야말로 이 같은 '영웅적인 미덕'의 진정한 주인공들이었다. 타키투스는 어머니가 유배된 자식을 위해, 혹은 부인이 유배된 남편을 위해 유배지로 함께 가서 사는 것을 "유례가 드문 미덕"으로 칭송한 바 있다.[33] 특히 플리니우스가 소개하고 있는 파니아는 그중에서도 가장 유명한 예이다. 파니아는 신산한 정치적 운명 때문에 두 번이나 유배형을 겪었던 남편 헬비디우스 프리스쿠스를 위해 그때마다 유배지에 함께 갔고, 한 번은 남편 때문에 스스로 유배를 당하기도 했다.[34] 이러한 예를 보면 항상 여인들이 남편이나 자식을 위해 고난을 짊어진 것처럼 보이는데, 자식이 부모와 함께 유배지에서 사는 경우도 드물지 않았다.[35]

이러한 사례는 국가가 기피인물을 유배 보내면서 이에 따르는 일상적 재생산 노동의 비용을 포함한 관리 비용은 지출하지 않거나 가능한 한 최소화하려고 했으며, 결국 가족이 그 부담을 짊어져야 했었다는 사실을 보여 준다. 가족, 그중에서도 여성 구성원들이 유배당하는 남성 구성원들의 뒷바라지를 하는 것이 바람직하다고 여겨 온 전통은 바로 이 같은 국가의 형벌 제도상의 무책임성과 관련되어 있었다고 할 것이다.

이와 별개로, 유배 생활일지라도 가족을 비롯하여 사랑하는 사람들과 함께하면 그 참담함과 곤궁함이 덜어졌던 것이 분명하다. 나탈리야 돌고루카야도 그렇게 생각했고 자신의 부귀영화보다 사랑하

는 이의 고독과 참담함을 나눔으로써 이를 덜어 주는 일이 더 중요하
다고 생각했다. 이 젊은 여성의 선택은 거룩함의 경지에까지 이른 것
으로 보이는데 사실 인간의 용기와 미덕은 젠더와 계급을 넘어서는 어
떤 것일 수 있다. 그리고 이 같은 나탈리야 돌고루카야의 태도는 후일
더욱 유명한 후배들이자 정신적 혈연들인 데카브리스트 부인들에게
서도 재현된다.

체제를 변혁하고자 한
지식인, 혁명가들

라디시체프

알렉산드르 라디시체프(1749~1802)는 '러시아 인텔리겐치아의
원조'[36]이자 '러시아의 자유의 사도 중 가장 뛰어난 인물'[37]로 칭해지
는 사람이다. 사회적 모순과 권력의 오만에 대한 비판적 시각과 사회
적 약자에 대한 애정, 사회의 병폐를 비판함으로써 닥쳐올 고난을 기
꺼이 감수하려는 예언자적 태도, 그리고 실제로 그가 겪어야 했던 고
난, 이 모든 점에서 이 칭호는 전적으로 타당하다고 생각된다. 그가 활
동했던 18세기 후반은 예카테리나 2세 여제의 지배 아래 러시아에서
농노제가 최전성기에 이르렀던 시기였다.

라디시체프는 지주 귀족 계급 출신으로 모스크바 대학에서 수
학했으며 예카테리나 여제의 시종으로 근무한 적도 있다. 뛰어난 지
적 능력을 인정받아서 국비 외국 유학생으로 선발되어 독일 라이프치

히 대학에서 수학한 그는 유럽의 정치 현실과 계몽주의 사상에 큰 감명을 받고 귀국했다. 프랑스혁명에 공감한 그는 전제정에 비판적인 시각을 가졌으며 특히 러시아 농노제는 반드시 철폐되어야 한다고 생각하였다. 1790년에 발표된 『페테르부르크에서 모스크바로의 여행』에는 그가 러시아의 두 수도 사이를 여행하면서 듣고 보았던 러시아 사회의 문제에 대한 성찰과 자기 성찰이 빼곡히 들어차 있다. 그는 일주일에 엿새 내내 지주 직영지에서 부역 노동을 해 준 다음 일요일에는 교회 갈 시간도 없이 자기 토지를 경작하는 농민을 보고 자기는 마부를 심하게 다루지 않는지 화들짝 반성하기도 했고, 벨리키 노브고로드에 들렀을 때는 민회와 자유도시의 전통이 살아 있었던 노브고로드가 군주의 전제정을 확립한 모스크바국에 패배한 것을 애석하게 여기기도 했다.[38]

스스로 계몽사상의 애호자라고 내세우고 계몽사상가들과의 교유를 자랑스러워해 왔던 예카테리나 2세 여제는 정작 이 책의 출판과 저자의 급진적 사상에는 노발대발하였다. 그녀는 "라디시체프가 푸가초프보다 더 나쁜 반란자"라고 주장했다.[39] 책은 곧 판매 금지되고 대부분 소각되었으며 저자 라디시체프는 체포되어 재판에서 사형을 선고받았다. 사형제가 사실상 철폐되었던 러시아제국에서 유일한 예외가 반역 죄인에 대한 처형이었으니, 그는 농노제 아래서 무권리 상태에 놓여 있던 농민들의 어려운 삶을 묘사하고 제도의 모순을 고발했다는 이유로 반역 죄인이 된 것이다.

예카테리나 여제는 스웨덴과의 전쟁에서 승리를 거둔 데다, 페트로 파블로프스크 요새 감옥에 수용되어 있던 라디시체프가 제출한 절절한 반성문(목숨을 살려 달라고 호소했을 뿐 아니라 자기 책의 주요 내용을 철회하기까지했다.)에 어느 정도 흡족함을 느꼈는지 사형을 면하는 대신 그를 시베리아 유형에 처했다. 관직과 귀족 신분도 박탈하였다. 그는 일림스크에 유배당했는데 일반 형사범들과 마찬가지로 발목에 쇠고랑을 차고 엄중한 호송 아래 가혹한 처우를 받으며 유배지까지 걸어가야 했다. 혹한과 굴욕에 지친 그는 도중에 병을 얻어 쓰러졌다가 모스크바에서 치료를 받은 후 다시 일림스크로 출발했다. 일림스크는 이르쿠츠크에서 북쪽으로 올라간 곳에 위치한 오지의 작은 도시로, 그는 1년 6개월에 가까운 여정(1790. 9~1792. 1) 끝에 이곳에 도착했다.[40]

라디시체프는 일림스크에서 5년 동안 지냈다. 사망한 그의 부인 대신 처제인 옐리자베타 루바노프스카야가 유형길 도중에 그의 두 아이를 데리고 찾아와 언니의 가족들을 돌보기 시작했다. 라디시체프는 당시의 지식인 남자가 모두 그러했듯이 일상생활을 스스로 꾸리고 자녀를 돌보는 것이 무엇인지 배우거나 스스로 습득한 적이 없는 남자였다. 그리고 국가의 형벌 제도가 이를 뒷받침해 주지도 않았다. 당시 그에게는 이러한 일을 해 줄 여성의 노동력이 절실했다. 이 일을 해 줄 유일한 여성은 처제 옐리자베타 루바노프스카야였다. 결국 라디시체프는 옐리자베타와 결혼하여 가사 노동과 자녀 양육을 그녀에게 맡기고 일림스크 생활을 시작했다. 옐리자베타와의 사이에서는 세 명의 자녀를 더 두었고 옐리자베타는 가족들을 위해 헌신했다. 그 대신 라디시체프는 이곳에서 지내는 동안 주민 생활을 돌보는 데 노력을 기

시베리아의 정치적 유형수들

울여 사실상 유일한 의사 역할을 했을 뿐 아니라 저술과 연구 활동에도 많은 시간을 기울였다. 그는 일림스크에 도착한 지 열흘 조금 지난 1792년 1월 15일부터 철학적 논고인『인간, 인간의 유한성과 불멸』을 집필하기 시작하였다. 그의 사후에 아들의 노력으로 출판된 이 논고에서 라디시체프는 의문의 여지없이 인간 영혼의 불멸성을 옹호하였다.[41] 그는 이 외에도 예르막의 전기를 썼고, 중국 차(茶) 무역에 대한 소론을 쓰기도 했다.

라디시체프의 시베리아 유배는 원래 10년 형이었지만, 예카테리나 2세 여제가 사망하고 파벨 황제가 즉위하여 그의 운명에도 약간의 변화가 찾아왔다. 파벨은 원래 아버지 표트르 3세를 축출한 궁정 쿠데타의 수혜자가 자신이 될 것이라고 생각했다. 그러나 어머니인 예카테리나 2세가 애인과 애인 형제들의 도움을 얻어 자기를 뒷전으로 내몰고 황제 자리에 오르자 어머니를 아주 미워하게 되었고, 자기가 제위에 오르자 어머니의 정책과 결정을 모두 취소하는 조치를 취하였다. 이는 지주에 대한 농노들의 부담을 책정하거나, 관리나 조정 신하들의 인사를 결정하는 문제에도 두루 영향을 미쳤다. 파벨 황제는 어머니가 총애한 인물들은 박해하고 어머니가 박해한 인물들에 대해서는 관대한 태도를 보였다.

이에 따라 불운한 라디시체프도 유배 형기를 다 채우지 않고 1797년에는 유럽러시아로 돌아올 수 있었다. 그는 모스크바에서 한동안 활발한 사회적·지적 활동을 전개하였다. 그리고 알렉산드르 1세 황제 즉위 직후에는 수도 상트페테르부르크로 돌아와 한동안 러시아 체제의 개혁을 위한 황제의 구상에 발맞추어 법전 편찬 위원회의 일원으로 활동하기도 하였다. 그러나 그것도 잠시, 라디시체프는 1802년 죽음을 맞았다. 독약을 마시고 스스로 세상을 등졌다는 설이 유력하다. 법 앞에서 만인의 평등을 보장하려는 그의 『자유주의적 법전 구상』은 기득권 세력에게는 지나치게 급진적인 것으로 보였고, 그가 속한 위원회의 책임자였던 자바도프스키 백작은 또 시베리아에 유배당할 수도 있다는 식의 위협적 언급을 하였다. 이러한 억압적 분위기가 라디시체프를 우울로 몰아갔다.[42] 그의 자살은 이 때문이었을까. 그가 자살을 한 것이 아니라 병사했다는 설도 강력하게 맞서고 있기는 하다.[43] 그러나 설령 그렇더라도 그가 시베리아 유형에서 건강을 크게 상했었다는 점은 누구도 부인하지 못할 것이다.

라디시체프는 인간은 원칙을 위해서라면, 그리고 조국과 인간을 위해서라면 자기의 목숨을 스스로 내놓을 수도 있다고 썼다.[44] '저항으로서의 자살의 권리'론으로까지 이어질 수 있는 생각이다. 그는 시베리아에 머무는 동안 계몽을 가져다주는 지식인으로서 자신의 천분을 저버리지 않았지만 그 심리적 상처는 크고 깊었다. 시베리아로 또다시 유형당하는 굴욕에 대한 그의 최대의 저항이 자살이었을지도 모른다.

데카브리스트들

시베리아 유형의 역사에서 아주 뚜렷한 자취를 남긴 사람들 가운데 데카브리스트들이 있다. 정치적·종교적 유형수들은 가는 곳마다 그들의 문화적·정신적 흔적을 남겼지만, 시베리아인들이 시베리아의 계몽자로서 가장 선명하게 기억하고 기리는 사람들이 바로 데카브리스트들이다. 이들은 극적인 사건들로 점철된 러시아혁명사에서 항상 선두에서 언급되어 온 사람들이고 자유정신의 구현자들로 좌우의 정치적 스펙트럼을 망라해서 역사적으로 높은 평가를 받아 온 인물들이다.

1825년 12월 14일, 일군의 러시아군 정예 장교와 지식인들이 전제정과 농노제를 폐지하고 입헌 체제와 법치를 수립할 것을 요구하는 무장봉기를 기도했다. 그러나 이 기도는 실패했다.[45] 이 봉기가 12월에 일어났기에 봉기 참여자들은 그 후 '12월의 사람', 곧 데카브리스트라고 불리게 되었다. 이 시도의 주도자들은 당시 러시아 사회 내에서 특권계급에 속하는 사람들이었다. 그럼에도 이들이 기존 체제를 전복해야 된다고 생각한 것은 당시 러시아 사회가 국제 관계에서 처해 있던 독특한 위치 때문이다. 러시아는 군사 강국이었고 이 군사력으로 프랑스혁명 이후 유럽을 휩쓸었던 나폴레옹 군대의 침입을 막아 낼 수 있었다. 그러나 이 나라는 정치적·사회적·경제적으로는 프랑스혁명의 정신에 바탕을 둔 근대국가 및 근대사회를 수립해야 한다는 과제와 자국의 전통을 수호해야 한다는 주장 사이에서 동요하고 있었다.

황제 알렉산드르 1세는 국정을 근대적으로 전면 개혁해 보겠다고 비밀 위원회를 만들었다가 자기 손으로 뒤집어 버리기도 하는 등 변덕스럽고 불분명한 태도를 취하고 있었다. 데카브리스트의 모집단(母集團)을 이룬 사람들은 적어도 전제정과 농노제만은 어떤 형태로

든 철폐해야 한다는 데 의견의 일치를 본 사람들이었다. 독서와 견문, 토론을 통해 이 같은 합의에 이를 정도의 교육 수준을 누릴 수 있는 사람들은 당시 러시아에서 특권적 신분에 속하는 사람들뿐이었다. 실제로 데카브리스트의 지도자 중에는 수많은 농노를 소유한 귀족도 다수 있었다. 이들이 어느 정도까지 자기 존재를 부정하는 대대적인 개혁을 할 수 있는 세력이었는지는 미지수이다. 이들은 칼 만하임이 말하는 이른바 "자기 계급을 넘어 떠돌아다닐 수 있는" 존재로서의 지식인에 속한다고도 할 수 있고, 러시아사 고유의 개념을 빌리자면 인텔리겐치아의 초기 형태를 보여 준다고도 할 수 있다.

이들의 무장 거사가 성공했다면 이들은 군인독재(praetorianism)의 구현자가 되었을 것이라고 보는 연구자도 있다.[46] 그런데 이는 20세기 후반 군인들의 쿠데타에 의한 집권이 빈번하게 일어났던 제3세계의 동향을 19세기 초 러시아 상황에 대입시키려는 다소 무리한 시도가 아닐까 생각된다. 데카브리스트들은 내부에 수많은 이견을 가진 집단이었고 체제의 대변혁을 위한 사회적 동의 혹은 합의를 이끌어 낼 기반이 없는 고립된 최상위층 지식인들이었다. 그리고 결국 이들은 잠재태, 가능태에 머무른 세력이었다. 이들은 혁명에 성공하여 집권하였던 것이 아니라 거사가 실패로 끝나 처형되고 특권을 박탈당하고 유배되어 지하 광산에서 중노동을 하고 정신이상에 걸려 시베리아 벌판을 헤매는 운명을 겪게 되었기에 신화가 되었다.

데카브리스트들은 거사 당일 무장봉기를 했다고 하나 이들의 행동은 애초에는 무장봉기라기보다 무장 시위에 더 가까운 것이었다.

봉기에 의한 권력 장악의 대표적 예로 손꼽히는 볼셰비키의 10월 혁명과 비교해 보아도 데카브리스트 거사의 특징은 뚜렷하다. 이들은 권력 기관을 습격하여 접수하거나 요인을 제거하는 행동으로 나아가는 대신 대오를 갖추어 광장에 정렬한 채 그들의 요구 사항을 전달하고자 했다.

데카브리스트의 요구 사항은 이반 투르게네프가 작성한 선언문에 들어 있는데, 그중 가장 중요한 내용은 전제정 철폐, 농노제 철폐, 영업의 자유 인정과 같은 것으로서, 말하자면 전형적인 부르주아적 요구 사항이었다. 최고위 귀족들이 시민사회 수립의 길을 향한 정치적·사회적·경제적 변혁 요구의 대변자 역할을 하고 있었다. 어쨌거나 이들은 이념의 사람들이어서, 이런 점에서는 조금 후에 등장할 인텔리겐치아의 선배 역할을 했다고 할 수 있다. 물론 최고위 귀족이 모두 이들과 같은 견해를 가진 것은 결코 아니어서 이들은 소수였고, 그렇기에 패배하였다.

봉기는 어수선하게 진행되었고 그날로 진압되었다. 사실 데카브리스트들의 봉기는 일반적으로 개설서에서 서술하는 것보다는 훨씬 더 유혈적인 성격이 강한 사건이었다. 마르골리스의 계산으로는 데카브리스트 봉기와 진압 과정에서의 유혈 충돌로 모두 1271명이 사망했다.[47] 장군 1명, 참모장교 1명, 고위 장교 17명, 여성과 어린이 28명을 포함한 많은 사람이 피를 흘리고 죽어 간 치열한 교전이 있었던 사건이었다. 이 사건이 우스꽝스러운 수준으로 전개되었고 삽시간에 진압된 것으로 그려지는 것은 당시 니콜라이 1세 황제 정부가 사건을 최대한 축소하고 일반인들에게 이를 은폐하려 했기 때문이다.[48] 물론 유혈 사태는 처음부터 의도된 것이라기보다 다소 우발적으로 일어난 것이 사실일 것이다. 데카브리스트들의 무장과 병력 도열은 공포감을 조성 하려는 것이라기보다 오히려 자신들의 주장을 인정받기 위한 안전장 치에 가까웠다.

전체적으로 보아 데카브리스트 봉기는 결코 엉성한 소극으로 일관한 사건이 아니었다. 주도자들과 참가자들은 체포되었고 최고 수 준의 징벌에 처해졌다. 사형선고를 받은 이는 5명이었다. 그 가운데는 급진적 공화주의자 파벨 페스텔과 시인 콘드라티 르일레예프도 포함 되어 있었다. 데카브리스트 운동이라고 말할 수 있는 움직임이 있었다 고 한다면 파벨 페스텔이야말로 이 운동의 가장 중요한 이론적·조직 적 지도자라고 불러야 할 인물이었다. 그는 시베리아 총독을 역임한 이반 페스텔의 아들이자 대령으로 퇴직한 장교였으며 『러시아 법전』 을 집필하여 러시아제국을 공화정 체제를 가진 연방 국가로 전환할 것을 꿈꾸면서 이 새로운 체제를 위한 헌법안을 구상한 인물이었다. 콘드라티 르일레예프는 앞에서 소개한 바 있듯이 마제파의 조카이자 시베리아 유형수였던 보이나로브스키에 대한 장시와 나탈리야 돌고루 카야 공작 부인에 대한 발라드를 쓴 낭만주의 문인이었다.

정부 당국자들이 페스텔을 포함한 데카브리스트 지도자들의 처형 방법으로 처음에 제시했던 것은 차열형(車裂刑)이었다.(네 대의 마 차에 사지를 각각 매달고 마차를 네 방향으로 달리게 하여 범죄자의 신체를 네 갈 래로 찢는 처형 방식으로 스텐카 라진이 차열형에 처해졌고, 푸가초프는 참수 후 다시 차열형에 처해졌다.) 그러나 새로 즉위한 니콜라이 1세 황제는 귀족 장교들을 이같이 극단적인 방식으로 처형하여 자신의 즉위 초기를 처참하게 장식하는 것을 바람직하게 여기지 않았다.[49] 황제가 차열형을 거부함에 따라 5명의 데카브리스트들은 교수형에 처해졌다. 이들의 사형은 푸가초프 반란 등 반란 사건 관련자들에 대한 사형을 제외하고는 러시아에서 70년 만에 집행된 것이었다.

데카브리스트 봉기의 나머지 가담자는 수감되어 있다가 시베리아 유형에 처해졌다. 모두 124명이 시베리아 유형 선고를 받았는데 그 가운데 96명이 중노동형을 선고받았고 28명은 무기 정배형에 처해졌다. 시베리아에 유배된 데카브리스트들 가운데 대부분인 113명이 지주 귀족 신분에 속했고 11명이 평민(1명의 농민과 10명의 하급 관리)이었다. 귀족 중에는 공작이 8명, 백작이 1명, 남작이 4명이었다. 또한 장군이 3명이고, 영관급 장교도 25명(대령 11명, 중령 및 소령 각 7명)이었다.[50] 그 외에 봉기 주도자들의 지휘를 받았던 약 1500명의 병사가 페르시아와의 전쟁이 임박해 있던 카프카스 지방으로 보내졌다.[51]

이는 정예 장교들이 집단적으로 정치 권력의 변화를 요구한 것이기에 일종의 군사 쿠데타쯤으로 여길 수도 있다. 외형적인 면만 보면 그렇게 생각할 수 있다. 그러나 이것은 프랑스혁명 이후 세계적 차원에서 잇따르게 된 근대적 변혁 과정에서 시민계급이 담당할 역할을 장교들이 대신한 것으로 보아야 한다. 19세기 전반 러시아제국에서 정치적 시민계급이 부재했기 때문에 특권계급에 속하는 정예 장교들이 시민계급의 대리인으로 등장하였고 이들이 시민혁명의 형태가 아닌 무장 시위의 형태로 정치적 변화를 요구한 것이다. 구체제의 모순을 극복하기 위해 특권의 철폐를(최소한 부분적으로라도) 요구하는 무장 봉기의 주도자들과 참가자들이 거의 대부분 권력 배분에서 일정한 몫을 누리고 있던 바로 그 특권 신분 출신 인사들이었다는 것은 세계사적으로도 유례가 많지 않은 일이다.

데카브리스트의 시베리아 이송은 5명의 주도자가 처형된 1826년 7월 13일 이후에 시작되었다. 출발 날짜에 대해서는 기록마다 차이가 있는데, 당사자인 트루베츠코이 공작은 7월 23일에서 24일로 넘어가는 밤에 이송이 시작되었다고 썼다. 1차로 출발한 유형수들 중에는 원래 거사 성공 후 최고 권력자인 독재관 역할을 하기로 예정되어 있었던 세르게이 트루베츠코이 공작을 비롯하여 예브게니 오볼렌스키 공작, 세르게이 볼콘스키 공작, 무라비요프, 야쿠보비치, 다브이도프, 보리소프 형제 등 8명의 데카브리스트가 유형수 신분으로 들어 있었고 한 사람당 한 명씩의 헌병과 네 사람당 한 명의 연락병이 붙어 있었다. 이들은 일반적 시베리아 유형수들처럼 도보로 이동하지 않고 마차를 타고 움직였다. 그래서 일반 유형수들이 1년 이상 걸려서 오는 길을 이들은 한 달 만에 올 수 있었고, 8월 27일에는 이미 이르쿠츠크에 도착했다.[52] 이들의 최종 목적지는 네르친스크의 광산이었다. 이들 이후로 유형수들이 잇따라 시베리아로 들어왔다. 최고위 신분의 유형수들은 호송에서도 비교적 점잖은 대우를 받았다. 이들은 일단 이르쿠츠크에 도착하여 모스크바 대문 옆에서 신고식을 치른 후 다시 네르친스크로 향했다. 신고식에는 이르쿠츠크 최고 관리들도 참석하였다. 그러나

신분이 낮은 데카브리스트들은 일반 형사범들 틈에 섞여 열악한 조건 아래 호송되었다.[53]

네르친스크 광산 중노동형을 선고받은 데카브리스트들은 실제로 차꼬를 차고 광산 노동에 투입되었다. 이들은 처음에는 중노동을 감당해야 했지만 시간이 지나면서는 다른 중노동 유형수들과 동일한 강도의 노동을 하지는 않았을 수도 있다. 다른 유형수들이 이들의 노동을 자발적으로 대신해 주었다고 기록한 자료도 있다.[54]

데카브리스트들은 여러 지역에 분산 수용되었는데, 상대적으로 유럽러시아에 가까운 서부 시베리아에 유배된 사람도 있었지만 일부는 야쿠츠크 지역에까지 유배되었다. 트루베츠코이 공작, 볼콘스키 공작과 같은 최상층 인사들은 네르친스크 광산에서 중노동형을 살다가 중노동을 면제받은 후에는 이르쿠츠크 인근 마을로 옮겨 살게 되었고, 그 후에는 다시 이르쿠츠크 시내에 들어와 살 수 있게 되었다. 유럽러시아에 부유한 가족을 둔 정치범들은 중노동 형기를 마친 다음에는 가족이 보내오는 재산으로 품위 있는 저택을 짓고 가족들과 함께 생활했다.

데카브리스트들은 고난과 고통, 사회적 단절 속에서 의기소침하기도 했고 극심한 경우, 좌절과 원망 끝에 정신착란을 일으키기도 했다. 그러나 그들 대부분은 의연하고 용기 있게 유배 생활을 견디어 냈다. 이들은 스스로 신화가 되기도 했고 친우였던 예술가, 문인들이 이들의 용기를 기려 작품 속에서 이들을 불멸의 존재로 만들기도 했다. 많은 데카브리스트들의 친구였던 시인 알렉산드르 푸시킨은 다음과 같은 시로써 그들을 격려하였다.

시베리아 광산의 깊은 구덩이에서도
그대들의 자부심 드높은 인내심을 유지하오.
그대들의 슬픈 과업은 몰락하지 않는다오.
열망의 고귀한 추구도 끝나지 않는다오.

희망은 음울한 땅속에서도
불행의 진실한 자매로서
강건함과 유쾌함을 일깨우니,
열망하던 그 때가 끝내 찾아오리라.

사랑과 우정은 음울한 빗장을 뚫고
드디어 이르리라, 그대들에게.
그처럼, 그대들의 중노동 동굴 속에
내 자유로운 목소리도 다다르리라.

무거운 쇠사슬은 떨어져 내리리라.
감옥은 부서지리라 ─ 그리고 자유가
문 앞에서 그대들을 기쁘게 포옹하리라.
형제들은 그대들에게 검을 선사하리라.

— 푸시킨, 「시베리아 광산의 깊은 구덩이에서도」

데카브리스트들 가운데 가장 뛰어난 시인으로 여겨졌던 알렉산드르 오도예프스키는 갇힌 몸이 되어 있는 동안 자신들의 운명과 역사적 의미를 예감하며 다음과 같은 절창으로 푸시킨의 시에 답하였다.

우리들의 슬픈 과업은 몰락하지 않는다.
작은 불꽃에서 큰 불길이 타오르리라.
그리고 미몽에서 깬 우리 민중은
신성한 깃발 아래 모이리라.
　　　　　　　　— 오도예프스키, 「불타는 음향으로 현의 노래가 울려」

이 시에서 쓰인 '작은 불꽃'이라는 말, 곧 이스크라(искра)는 세월이 흐른 후 러시아혁명 운동의 상징처럼 되었다. 마르크스주의자 정당, 곧 레닌과 트로츠키와 마르토프의 정당이었던 러시아 사회민주노동당의 기관지 이름도 다름 아닌 이스크라였다.

도스토예프스키

1840년대 후반에 작가 표도르 도스토예프스키는 『가난한 사람들』로 평단과 독자들의 찬사를 받으며 문단에 등장하여 작가로서 성공의 길을 달리고 있었다. 퇴역 공병 중위였던 그는 급진적 지식인들의 토론 서클인 부타셰비치-페트라셰프스키 그룹에도 참여하였다. 그는 생시몽, 푸리에 같은 프랑스 초기 사회주의자들의 저서를 읽고 토론을 하기도 했다. 젊은 지식인들 사이에서 흔히 찾아볼 수 있는 토론 클럽이었다. 그러나 니콜라이 1세 황제 정부 관헌에게는 이러한 불온 서적을 읽고 그 생각을 퍼뜨리는 것은 용납할 수 없는 일이었다. 도스토예프스키는 "범죄적 음모에 가담하고, 정교회와 최고 권력을 비난하는 불손한 표현들로 가득 차 있는 문인 벨린스키의 편지를 퍼뜨리고, 자기 집에 있는 인쇄기를 이용하여 다른 것들과 함께 반정부적인 저작들을 퍼뜨리려고 시도"하였다는 이유로 체포되어 재판을 받았다. 작가는 스물여덟 살의 나이로 사형선고를 받았다가 시베리아 유형으로 감형되었다. 비사리온 벨린스키는 1840년대 러시아 문단에서 막강한 영향력을 가지고 있던 진보적 평론가였다. 그는『죽은 혼』의 작가 니콜라이 고골리에게 공개서한을 보내 정교회의 몽매주의와 농노제, 전제정을 신랄하게 비판하였다. 이 때문에 관헌 당국은 이 편지를 읽거나 다른 사람에게 보여 주는 것을 불온한 행위로 여겼다.

도스토예프스키에게 사형을 선고한 법정은 군사 법정이었다. 사형선고에 따라 1849년 12월 22일 도스토예프스키는 수도 페테르부르크의 세묘노프스키 광장에 마련된 사형장으로 끌려갔다. 사형수들은 총살을 당하게 되어 있었다. 도스토예프스키가 형 미하일에게 보낸 편지에서 상세하게 기술한 바에 따르면, 3명씩 한 조가 되어 사형대에 섰고 그는 두 번째 조에 속했다. 두건 달린 흰 두루마기를 입고 두건을 얼굴에 덮어써 두 눈을 가린 채 사형대에 선 도스토예프스키는 죽음을 몇 분 앞두고 있는 듯했다.[55] 그러나 소위 황제의 은사를 알리는 전령이 집행 순간에 말을 타고 달려 오는 '연극적 장면'이 연출된 후 사형을 면했다. 1심에서 사형선고를 받은 그에 대해 최고청문위원회는 일체의 신분적 지위를 박탈하고 8년 동안의 요새 중노동형에 처하는 것으로 감형하였으며, 다시 니콜라이 1세 황제 자신이 "4년 동안의 중노동형 후 일반 사병으로 복무"시키는 것으로 최종 결정하였다.[56] 차르가 자신의 자비를 과시하기 위해 사형수의 형벌을 감면하여 유형에 처하는 것은 오래된 전통이었다. 17세기의 재판 기록에도 "사형이 선고되었으나 위대한 차르께서 자비를 베푸시어 목숨을 살려 주시고 사형 대신 유형에 처하게 하셨다."라는 기록이 빈번히 등장한다. 그래서 어느 학자는 유형은 일종의 은전이라고 쓰기도 했다.[57]

니콜라이 1세도 이러한 전통을 따랐다고 할 수 있겠지만, 문제는 이 냉혹한 황제 치하에서는 자비로운 행위가 저질 연극으로 둔갑하여 인간 영혼의 심층에 깊디깊은 상처를 남겼다는 점이다. 관헌 당국은 감형 사실을 마지막 순간까지 숨기고 있다가 사형 집행 몇 초 전에 통보했는데, 이는 인간이 극단적인 긴장과 죽음의 공포를 맛보다가 최후의 순간에 목숨을 살려 준다는 황제의 은혜를 직면했을 때 어떤 반응을 보이는지 보고 싶어 하는 가학적 관음증의 소산이었다. 황제와 그의 신하들은 감형받은 사형수가 미친 듯이 감읍하기를 바랐을 것이다. 그러나 이 가학적 연극의 결과는 그들이 뜻한 것처럼 행복한 것은 아니었다. 도스토예프스키도 이 감형 통보 연극 덕분에 사형을 면했지만, 이때의 충격으로 평생 동안 그를 괴롭히게 될 간질을 얻었다. 또한 이 같은 극단적인 쇼가 야기하는 극심한 정신적 긴장을 이기지 못한 사람들은 같은 경험을 한 후 '미친 듯이 감읍'한 것이 아니라 실제로 미쳐 버렸다. 도스토예프스키는 그의 장편소설『백치』에서 므이쉬킨 공작의 입을 빌려 죽음을 직면한 인간의 숨 막히는 두려움을 자신의 체험에 바탕에 두고 묘사하면서 사형제 폐지의 필요성을 역설하기도 했다.

　　도스토예프스키는 귀족 신분에 속했으므로 도보로 이동해야 했던 평민 유형수들과는 달리 마차를 타고 유형길에 나섰다. 그래서 페테르부르크에서 첫 유형지인 서부 시베리아 옴스크까지 오는 데 한 달이 걸렸다. 당시 유형 제도하에서의 이동 기간으로는 비교적 짧은 기간이었다. 옴스크로 가는 도중에 토볼스크에 잠시 머물렀는데, 토볼스크의 이송 감옥에서는 데카브리스트 부인들인 프라스코비야 안넨코바 부인과 나탈리야 폰비지나 부인을 만나 대화를 나누기도 했다. 나탈리야 폰비지나와 안넨코바는 도스토예프스키와 그의 동료 두로프를 위로했고 물질적으로도 도와주었다. 또한 수용소의 참모장교인 크리브초프에게서 불쾌한 일을 겪을 수도 있음을 미리 귀띔하기도 했다. 도스토예프스키는 이들에게서 받은 성경을 죽는 날까지 간직하였고 죽기 직전에도 펴 보았다고 한다. 아들 둘의 양육을 친정어머니에게 맡겨 두고 시베리아에 왔던 나탈리야 폰비지나는 결국 두 아들을 그 후 다시는 만나지 못했다. 왜냐하면 그녀가 모스크바로 돌아가기 전에 젊은 두 아들이 모두 잇따라 사망하고 말았기 때문이다. 폰비지나는 그 대신 시베리아에 유배 온 정치범들을 도와주면서 새로운 인생의 의미를 찾기 위해 애썼다.[58]

　　이처럼 데카브리스트 가족들과 페트라셰프스키 사건 관련자들은 정치적으로 고난받은 사람들로서 서로를 알아보며 서로 연결되어 있었다. 그들은 이러한 상호 연대의 힘으로 그나마 시베리아에서의 고난을 견디는 힘을 조금이나마 얻을 수 있었던 것이다.

　　도스토예프스키는 1850년 1월 옴스크에 도착한 후 이르트이쉬 강가에 있는 옴스크 제2 요새 감옥에서 4년 동안 일반 형사범들과 함께 수감되었다. 페트라셰프스키 결사의 일원이었던 시인 두로프도 이곳에 와서 함께 머물렀다. 도스토예프스키의 『죽음의 집의 기록』에는 지식인 출신 동료 유형수에 대한 다음의 묘사가 있다.

　　나는 동료 중의 한 명이 (귀족 출신이다.) 감옥에서 촛불처럼 소진해 가는 것을 두려움에 찬 시선으로 바라보았다. 그는 나와 함께 감옥에 들어올 때만 해도 아직 젊고 아름다우며 활력에 넘쳤지만 출옥을 할 때는 이미 반쯤이나 황폐해져서 백발이 성성하고 잘 서 있을 수도 없을 정도에 천식까지 걸린 사람으로 변해 있었다.[59]

　　옴스크의 도스토예프스키 문학박물관에서는 이 구절이 두로프에 대한 것이라고 설명해 두었는데,[60] 확인된 사실은 아니다. 두로프는 유형 생활에서도 자신의 사회 개혁적, 합리주의적 태도를 견지했고 출옥 이후에도 활발한 문필 생활을 계속했기 때문이다.

　　서부 시베리아의 중심 도시로 당시 서부 시베리아 총독청 소재지였던 옴스크는 원래 카자크들의 숙영지였다가 1716년 요새 도시로 건설된 곳이었고 19세기 중반에도 군사-전략 도시로서의 성격을 유지하고 있었다.[61] 도스토예프스키가 수감된 중노동 수용소는 요새 감옥이었고 수용소장은 요새 사령관이었다. 도스토예프스키는 처음에는 무거운 차꼬를 차고 요새 안에서 중노동을 했고 그다음에는 벽돌공장에서 일했다. 벽돌공장은 제2 요새에서 4킬로미터 정도 떨어진 곳에 있었다.[62]

강제 노동 수용소의 최고 명령권자였던 요새 수용소장은 도스토예프스키를 관대하게 대해, 잔인한 체벌에서 벗어날 수 있게 해 주었다.[63] 그러나 가학적이고 억압적인 실무자들의 손길을 언제나 벗어날 수 있었던 것은 아니다. 강제 노동 수용소의 모든 억압과 고통은 그에게서도 절대로 면제될 수 없었다. 자유의 박탈과 수감 자체가 인간성의 박탈이요 굴욕이었기 때문이다. 옴스크 강제 노동 수용소에서의 삶은 지옥의 고통을 통한 단련과도 같았다.

옴스크에서 4년을 지낸 후 도스토예프스키는 세미팔라틴스크에서 병사로 근무했고 유형을 떠난 지 10년 후에야 상트페테르부르크로 돌아올 수 있었다. 그는 계몽적·비판적 인텔리겐치아의 일원으로 출발했다가 독실한 정교적 세계관에 바탕을 둔 보수적 사상가로 전향하였고 그 계기는 시베리아 유형이었다. 시베리아 유배는 그의 세계관과 작품 세계를 근본적으로 바꾸어 놓았다. 그는 자신의 시베리아 유형 체험을 『죽음의 집의 기록』에서 재현하고 있으며 유형 모티브는 『죄와 벌』, 『카라마조프 형제들』을 비롯한 그의 많은 작품에 되풀이하여 등장한다.

인민주의, 마르크스주의, 무정부주의 혁명가들

러시아혁명사에 등장하는 중요한 혁명가들은 대부분 외국 망명 생활을 했는데, 게르첸이나 오가료프처럼 자발적으로 망명을 한 인물도 있고 플레하노프처럼 체포되기 전에 도주하여 망명한 사람도 있었다. 러시아는 다른 국가들과 육로로 국경이 이어져 있고 국경 수비가 항상 그리 촘촘한 것은 아니었기 때문에 몰래 국외로 빠져나가거나 국외에서 러시아로 잠입해 들어오는 일은 불가능하지 않았다. 그러나 혁명 활동에 열중하는 사람들이 늘 도주 태세를 가지고 있었던 것은 아니다. 체제 전복을 위한 선전 활동을 하거나 노동운동이나 농민의 대상의 의식화 활동에 열중하는 사이에 체포된 사람들은 시베리아로 유배되었다. 요인 암살과 같은 테러 전술을 쓰다가 유배된 사람들도 있었다. 시베리아는 실로 수많은 유명·무명 혁명가들의 피와 눈물로 얼룩진 곳이다. 그들 중에는 시베리아 유배 중 탈출하여 외국으로 망명한 사람도 있고 유형의 가시밭길을 견디다 못해 자살하거나 정신착란을 일으킨 사람도 있다. 유배 형기를 마치고 외국으로 망명한 레닌 같은 사람도 있으며, 유배 생활 중에 1917년 2월 혁명을 맞아 유배에서 풀려나 유럽러시아로 돌아온 스탈린 같은 사람도 있다.

시베리아 유형 생활 도중에 외국으로 망명한 혁명가의 이야기를 할 때 대탈주의 장대한 경로와 극적 성격으로 선두에 놓이는 인물이 미하일 바쿠닌이다. "파괴의 정열은 창조의 정열이다."라는 구호로 19세기 중반 유럽 혁명운동가들 사이에 회오리바람을 일으키고 다니며 무정부주의 운동을 이끌었던 바쿠닌은 1860년대에는 제1차 인터

내셔널의 주도권을 놓고 마르크스와 일대 결전을 펼치기도 했던 풍운 아다. 그는 러시아의 귀족 가문 출신으로 1840년대에는 게르첸이나 오가료프 등과 마찬가지로 서구파 인텔리겐치아의 일원이었으며 이에 걸맞게 유럽으로 망명했다. 1848년 그는 프랑스 2월 혁명의 한가운데에서 바리케이드를 치고 벌이는 시가전에 참여하는 등 왕성한 에너지를 불태우다가 체포되었다. 러시아로 압송되어, 페테르부르크의 실리셀부르크 요새에 수감되었다가 1857년 4월 서부 시베리아의 톰스크로 유배되었다.[64] 시베리아 유형 후 그가 다시 서유럽에 나타나기까지의 과정이 불가사의했기 때문에 이 문제에 대해 수많은 추측과 억측이 있어 왔다. 러시아 혁명 이후 그와 관련된 공문서들이 발견되어서 일부 사실들은 해명되었다. 바쿠닌의 사상과 생애에 대해 깊이 있는 연구를 했던 영국 역사가 에드워드 핼릿 카는 그의 시베리아 탈출 과정 규명에도 비상한 관심을 가져 이를 다룬 논문을 쓰기도 했다. 카의 서술을 바탕으로 바쿠닌의 시베리아에서의 행적과 탈출 과정을 살펴보면 다음과 같다.[65]

톰스크에 유배된 다음 해에 바쿠닌은 폴란드 상인의 딸과 결혼했고 그다음 해인 1859년에는 동시베리아의 통치자였던 자기 육촌 동생의 주선으로 이르쿠츠크로 이주하였다. 바쿠닌의 육촌 동생은 아무르강 유역 지방을 탐사하고 러시아 영토로 편입시켜 아무르강의 무라비요프라는 별명을 받았으며 동시베리아의 총독으로 재직하고 있던 바로 그 니콜라이 무라비요프 아무르스키 백작이었다. 동시베리아 총독청 소재지인 이르쿠츠크로 옮겨 간 바쿠닌은 새로 획득한 극동 시베리아 지역을 경제적으로 이용하기 위해 설립된 무역 회사인 아무르 회사에 취직했고 베르나다치라는 금은 상인의 회사에도 일자리를 얻었다. 이 두 직장에서 일한다는 명분을 얻은 데다 무라비요프의 비호까지 등에 업었기에 바쿠닌은 동시베리아 각지를 자유롭게 돌아다닐 수 있었다. 그는 무라비요프 외에도 동시베리아의 일부 관리들과도 상당히 깊은 교유를 나누었다. 그런데 1861년에 무라비요프 아무르스키가 동시베리아 총독직에서 물러나고 그 자리에 코르사코프가 부임하였다. 바쿠닌이 유럽러시아로 돌아갈 수 있게 해 달라는 여러 사람의 탄원은 그동안 중앙정부에 의해 번번이 거부되었다. 무라비요프 아무르스키라는 막강한 후원자를 잃게 되자 바쿠닌은 시베리아로부터 탈출하기로 결심했다. 아무르강 하구로 가서 태평양으로 도주할 계획이었다. 그는 바다와 연결되는 아무르강 하구가 해빙되는 시기를 기다려 이곳으로 가서 교역을 시작하겠다는 구실로 어떤 상인에게서 거액의 선불금을 받았다. 그리고 새로운 총독 코르사코프에게는 아내를 경제적으로 부양하기 위해 출장을 가야 하며 이르쿠츠크로 반드시 돌아오겠다는 철석같은 약속을 하여 이동 허가를 얻어 냈다. 코르사코프는 허가를 내준 후 이 같은 내용을 페테르부르크 중앙정부에 보고했다. 그는 바쿠닌의 약속을 액면 그대로 믿었던 것이다. 그런데 바쿠닌은 이르쿠츠크를 출발하면서 탈출하겠다는 계획을 다른 지인에게 편지로 털어놓기도 했다. 이는 필요한 경우 도움을 얻기 위한 것이었다. 실제로 그의 탈출에는 복수의 시베리아 관리들이 관련되어 있었는데, 이 관리들은 진보적인 사상을 가진 사람들이었다. 코르사코프는 바쿠닌이 아무르강과 지류를 항행하는 배를 아무 제약 없이 타고 다닐 수 있는 허가증을 써 주었다. 바쿠닌은 1861년 6월 이르쿠츠크를 출발한 다음 아무르강의 지류와 본류를 거쳐 4주 만에 니콜라예프스크에 도착했다. 그리고 이곳에서 정부 연락선 스트렐록호을 타고 사할린 섬이 보이는 선착장 카스트리(혹은 데 카스트리)를 향해 갔다. 이 기간 중 바쿠닌은 자신의 탈출 계획을 지인에게 공개하기도 했고 관리들이 그의 계획에 대해 귀뜸을 받기도 했으나 어떤 관리는 이를 방치했고 어떤 관리는 이를 믿으려 하지 않는 등, 그의 탈출을 저지하기 위한 적극적인 조치가 취해지지 않았다. 그를 태운 스트렐록호는 사할린과 동시베리아 사이의 아주 좁은 해협을 지나다가 일본으로 향하던 미국 여객선 비커리호를 예인하게 되었는데, 이때 바쿠닌은 묘수를 써서 비커리호로 옮겨 탔고 바쿠닌을 도와주라는 명령만 받은 상태였던 스트렐록호의 선장은 그의 환승을 저지하지 않았다. 비커리호에 옮겨 탄 바쿠닌은 일본에 도착한 후 요코하마에서 샌프란시스코로 가는 미국 국적 선박 캐링턴호에 탑승했고 9월에 요코하마를 떠난 캐링턴호는 10월 15일 샌프란시스코에 도착했다. 배 안에서는 영국인 승객을 만나 여비를 지원받기도 했다. 그는 그 후 파나마와 뉴욕을 거쳐 항해를 계속한 끝에 1861년 12월 31일 영국 리버풀항에 도착했다. 시베리아를 떠난 지 6개월 만에 세계를 일주하여 서유럽에 도착한 것이다. 이렇게 하여 바쿠닌은 형벌로서의 유형(exile)을 거부하고 자발적 망명자(émigré)가 되었다. 이후 그는 마르크스의 맞수로서 유럽을 휘젓고 다니며 무정부주의를 설파하였다.

바쿠닌의 탈출 이후 이 위험한 국사범을 놓친 것이 누구의 책임인가를 둘러싸고 중앙정부 차원에서 조사가 진행되었다. 그러나 바쿠닌이 동부 시베리아에서 자유롭게 돌아다니도록 가장 큰 도움을 주었던 인물인 동시베리아 총독 코르사코프가 조사를 주도하였기에 조사는 지지부진하게 진행되었고, 정말 책임 있는 인물을 가려내는 데 성공하지 못했다. 결국 바쿠닌이 경찰 감시를 받는 인물이라는 동시베리아 총독청 관리의 통지문을 제때 전하는 데 실패한 수습 사관 한 사람과 연해주 지방 지사 대리의 부관이었던 중위 한 사람이 책임을 져야 했고 이들은 각기 한 달의 군영 감금형과 두 달의 요새 수감형을 선고받았다. 다른 사람에게는 아무 책임도 돌아가지 않았다.[66]

바쿠닌의 경우에서 알 수 있는 것은 시베리아 유형수들의 일상에서는 중앙정부의 통제력이 미치지 못하므로 현지 결정권자와의 친소 관계가 유형수의 운명에 막대한 영향을 미쳤다는 점이다. 정치범들의 경우 특히 고위 관리들과의 친소 관계에 따라 글을 쓰거나 사무직에 종사하는 일이 드물지 않았다. 앞에서 살펴본 도스토예프스키의 경우에도, 이 뛰어난 작가에게 호감을 가졌던 데 그라베 수용소장의 배려 덕분에 중노동을 면제받을 수 있었다. 그런데 바쿠닌은 이곳저곳을 비교적 자유롭게 돌아다닐 수 있는 자유까지 누리고 있었다. 물론 개인적으로 친분이 있거나 상호 호감을 가진 현지 결정권자를 만나지 못하는 정치범의 운명은 그만큼 더 고달프고 험난했다. 또한 정치범은 수준 높은 지식인인 경우가 많았는데 그들의 지식은 시베리아의 경제개발과 문화 계몽을 위해 요긴했으므로 관리들이 그들에게 일정한 임무를 부여하는 경우도 많았다. '시베리아의 식민자'로서의 정치 유형수라는 새로운 사회적 존재가 출현한 것이다. 바쿠닌의 경우 가족은 그의 목적을 달성하기 위한 수단이었다. 그가 이르쿠츠크를 떠나 니콜라예프스크로 갈 때 부인이 일종의 귀환 보증인의 역할을 했다. 그러나 바쿠닌은 이르쿠츠크로 돌아오지 않았을 뿐 아니라 에드워드 카의 말을 빌리자면 부인에게 막대한 부채까지 남겼다.[67] 부인이 보증인에서 인질 사이의 존재였다고 하면 과장일까. 유럽을 휩쓴 혁명가의 유형 시절을 파고들어 가면 그에게 착취당한 한 여인이 있다.

혁명가 중에는 바쿠닌 같이 요란스럽게 세상을 휩쓸고 다니면서 동가식서가숙하는 유형수가 있었는가 하면 유배되지 않고 페테르부르크의 페트로 파블로프스크 감옥에 수감되어 있다가 옥사하는 사람도 있었다. 스위스에서 바쿠닌과 교유했던 세르게이 네차예프는 그러한 예였다. 여성 혁명가 베라 피그네르는 실리셀부르크 요새에서 종신 수감형을 살다가 유럽러시아 지역 감옥들을 옮겨 다닌 후 풀려났다. 그러나 체르니셰프스키, 레닌, 트로츠키, 스탈린 등 대부분의 중요한 혁명가들은 시베리아 유형 생활을 거쳤다.

알렉산드르 게르첸이 러시아 인민주의의 창시자라면 니콜라이 체르니셰프스키는 이 이념의 영향력을 극대화시킨 사회사상가라 할 수 있다. 그는 1861년 농노제 철폐 선언이 몰고 온 사회적 소용돌이 속에서 젊은 혁명적 지식인들의 정신적 지도자 역할을 하다가 투옥되어 페트로 파블로프스크 요새에 2년 동안 수감되었다. 옥중에서 그가 쓴 소설『무엇을 할 것인가』는 1860년대 러시아 젊은 지식인들의 최고 경전이 되었다. 많은 청춘 남녀가 소설 속 여주인공 베라 파블로브나와 그녀의 첫 남편 로푸호프처럼 부모의 압제로부터 젊은 여성을 해방시킨다는 명목으로 위장 결혼했으며 또한 봉제공장과 같은 공장을 차려 생산 공동체를 이루려 시도하기도 하였다. 라흐메토프처럼 직업 혁명가의 길로 나서는 젊은이들도 있었다. 그리하여 『무엇을 할 것인가』는 1860년대 지식인들의 가장 절박한 물음이자 이 물음에 대한 대답의 시도였다. 옥중의 저술가가 책을 써서 지식인들의 삶의 지도자가 되는 일이 벌어지자 차르 정부는 이 위험인물을 닿을 수 없는 곳으로 격리시키기로 했다. 체르니셰프스키는 시베리아 중에서도 오지인 바이칼 이동 지방에 유배되어 20년 이상을 지냈으며 고향으로 돌아온 직후 사망하였다. 시베리아에서도 글을 쓰고 러시아의 미래에 대한 사색을 계속했으나 유럽 쪽 지식인들과의 직접적 접촉이 끊어진 상태에서 그의 영향력은 현저히 축소될 수밖에 없었다. 혁명가로서의 체르니셰프스키의 삶은 그가 시베리아에 유폐됨과 더불어 사실상 종료되었다고 해도 과언이 아니다. 그러니 차르 정부는 적어도 체르니셰프스키 유형에 관한 한 소기의 목적을 달성했다고 할 것이다.

그러나 앞에서도 보았듯 다른 혁명가들은 유형 당국자들의 목적을 고스란히 실현시켜 주지는 않았다. 바쿠닌이 극적인 탈출로 시베리아 유형을 자신의 혁명 활동의 찬란한 영웅전설 중 하나로 만들었다고 한다면, 또 어떤 혁명가는 시베리아에서 러시아 사회의 계급적 분석을 심화하여 러시아 혁명의 사회적·경제적 기반에 대한 자신의 논리를 벼리기도 했다. 그에게는 시베리아가 '강철을 단련시키는'[68] 지적 용광로가 되어 주었으며 이 수련의 시기는 러시아 혁명사에서 중요한 저작을 탄생케 해 주었다. 이 혁명가는 블라디미르 레닌이고 그 저작은 『러시아에서의 자본주의 발달』이다.

총명하고 생각이 깊어서 자기 앞길을 비추는 등불과도 같았던 형 알렉산드르가 황제의 암살을 모의하다 발각되어 처형당한 후 레닌은 차르 체제와는 평생 타협할 수 없는 혁명가의 길에 들어섰다. 그는 카잔 대학에서 퇴학당한 후 상트페테르부르크에 와서 비합법 노동운동에 뛰어들었다. 그가 절친한 친구이자 훗날의 경쟁자인 마르토프와 함께 1895년에 결성한 페테르부르크 노동계급해방투쟁동맹은 노동자들의 조직과 연대를 위한 기구였다. 그러나 이 기구는 '불온' 노동운동의 탄압에 열을 올리던 당국의 표적이 되었고 레닌은 거의 14개월 동안(1895. 12~1897. 1) 상트페테르부르크의 페트로 파블로프스크 요새에 갇혀 있다가 행정 조치에 의해 재판도 받지 않은 채 시베리아로 유배되었다.[69]

레닌이 유형 생활을 보낸 곳은 예니세이 강변 미누신스크군의 마을 슈센스코예였다. 경찰의 엄중한 감시를 받는다는 것이 조건이었다. 그러나 유럽 망명 시절 여행 서류에 자기 직업을 문필가(literati)라고 썼을 정도로 펜과 말로써 자기 생각을 드러내는 데 특출한 능력을 가지고 있었던 이 논객은 유형 기간 중에도 저술 활동을 멈추지 않았다. 유형 기간 중 레닌은 특별한 의무를 지지 않았고, 심한 간섭을 받지도 않았다. 그는 깔끔한 농민 주택의 방을 얻어 집필을 할 수 있는 모든 조건을 갖춘 채 생활했다. 1897년부터 1898년까지는 부농인 즈이랴노프의 집에서 지냈고 그다음에는 남편과 사별한 여성 농민 프라스코비야 페트로바의 집을 빌려 생활했다.[70] 페테르부르크 시절 뜻을 같이하는 동지로 만나서 훗날 평생의 반려자가 된 젊은 여학생 나제즈다 크루프스카야는 유배지에서 책을 쓰고 있는 연인 '발로댜('블라디미르'의 애칭)'를 위해 자료를 모아 시베리아로 가져다주는 수고를 마다하지 않았다.[71] 크루프스카야는 1897년 자신도 혁명 활동으로 인해 우파에 유배되었으나 당국에 청원을 넣어 1898년 5월부터는 거주지를 레닌의 유배지로 옮겼다. 이곳에서 레닌을 더 효율적으로 돕기 위해서였다. 원칙적으로 시베리아 유형수들의 가족생활을 장려하던 내무부가 이를 허가하였다. 크루프스카야와 레닌은 1898년 7월 슈센스코예의 작은 교회에서 결혼식을 올렸다. 크루프스카야의 어머니 옐리자베타 바실리예브나도 와서 이들과 함께 살기 시작했다. 프라스코비야 페트로바의 집에서는 이렇게 해서 레닌 부부와 장모가 한 가족을 이루어 살게 된 것이다. 경찰의 간섭은 심하지 않아서, 레닌은 1898년 9월에는 치통 치료를 위해 슈센스코예를 떠나 크라스노야르스크에 다녀오기도 했다.

레닌은 집필 활동으로 돈을 벌 수도 있었으며, 살림살이가 비교적 넉넉한 편이었던 어머니에게서 경제적 도움을 얻기도 했다. 그는 시드니 웹과 베아트리스 웹 부부의 저서 『영국 노동조합주의의 이론과 실제(*Theory and Practice of English Trade Unionism*)』를 러시아어로 번역하여 출판사로부터 800루블을 받기로 했고 이를 담보로 장모에게서 400루블을 빌려 시베리아에서 생활비로 썼다. 물가가 "놀랄 만큼" 싸고 전원생활을 누릴 수 있는 슈센스코예에서 레닌은 아주 편안하게 지냈다. 크루프스카야는 소액의 대가만을 지불하고도 정갈한 방과 식사, 침구류의 세탁과 수선까지 제공받을 수 있는 생활에 아주 만족스러워 했다.[72] 장모가 합류한 후에는 집안일을 주로 장모가 맡아 했으나, 1898년 10월에는 열세 살 난 현지 소녀를 고용하여 허드렛일을 맡겼고 레닌 부부의 삶은 더 큰 여유를 가질 수 있었다. 레닌은 운동, 승마, 사냥을 즐겨 했고 검은 멧닭, 오리, 토끼, 황새 요리가 끊임없이 가족의 식탁에 올랐다. 그는 다른 정치범들을 방문하고 그들의 방문을 받았으며, 유럽러시아의 친지들과 정치적 내용이 담긴 서신을 주고받았다. 그는 친지들을 통해 비합법적인 출판물을 포함한 여러 언어로 된 간행물들을 받아 보기도 했다. 레닌은 여유 있는 생활 덕분에 페테르부르크에서 노동자들을 상대로 활동하던 시기에 비해 훨씬 건강해졌다. 1898년 레닌과 합류한 크루프스카야는 레닌의 어머니 마리야 울리야노바에게 보낸 편지에서 "그는 엄청나게 건강해졌어요. 외모는 페테르부르크 시절에 비하면 빛이 납니다."라고 썼다.[73] 이만하면 호화로운 유형 생활이라 할 만했다. 크루프스카야 자신의 표현을 빌리더라도 "전반적으로 유형은 괜찮게 지나갔다."[74]

레닌과 크루프스카야, 두 사람의 수고와 뜻이 결합된 결과, 레닌은 유형 형기를 마치기 전인 1899년 그의 저작 가운데 가장 분량이 많고 또한 이론적 중요성에서도 손꼽히는 『러시아에서의 자본주의 발달』을 탈고하여 이를 출판하기까지 할 수 있었다. 이 책은 인민주의자들의 이론적 기반을 공격하고자 집필된 것이었다. 러시아혁명운동사에서 가장 오랜 전통과 가장 큰 세력을 가지고 있던 인민주의자들은 러시아는 평등주의적인 농민 공동체와 분화되지 않은 농민층을 바탕으로 하여 자본주의 단계를 거치지 않고 바로 사회주의로 넘어가야 하며 이를 위해 토지의 전면적 재분배를 실시해야 한다고 주장하고 있었다. 마르크스주의자인 레닌은 이 당시 인민주의자들이 러시아의 사회주의 혁명의 길을 위해 가야 할 길을 오도하고 있다고 생각했다. 그는 이 책에서 러시아는 이미 자본주의적 발전의 길에 들어서서 농민 공동체는 해체되고 있으며, 농민층은 자본가 계급과 무산자 계급으로 양극 분해되는 과정을 겪고 있다고 보았다. 그는 젬스트보 통계관들이 작성한 통계자료들을 분석하여 러시아의 농업 부문과 수공업 부문에서는 소생산자들의 자본주의적 분해가 완료되었으며 러시아에는 이미 무산자 계급이 형성되어 있다고 주장하였다.[75] 이는 러시아 혁명이 농민 공동체에 바탕을 둔 농업사회주의의 길이 아니라 프롤레타리아 계급의 주도적 역할을 원칙으로 삼는 마르크스주의적 혁명의 길로 나아가야 한다는 것을 입증하기 위한 이론적 작업이었다.

이렇듯 앞으로 이룰 러시아혁명의 성격을 규정하는 데 대단히 중요한 한 문헌이 유형수 레닌의 펜 끝에서 태어났다. 그는 오히려 유형 기간 중에 강제로 가지게 된 자유와 고독의 시간 동안 독서와 집필에만 전념할 수 있었던 것이다. 정약용이 강진 유배 기간에 백과전서적 지식 체계를 완성할 수 있었듯, 그람시가 옥중에서 그의 이론을 완성할 수 있었듯, 레닌은 시베리아 유형을 통해 마르크스주의 혁명가로서의 자신의 주장을 입증할 실증적 토대를 다질 수 있었다.

레닌보다 아홉 살 젊은 트로츠키는 1896년 흑해 연안의 항구 도시 니콜라예프(오늘날 우크라이나의 미콜라이브)에서 혁명 활동에 뛰어들었다.[76] 당대의 많은 젊은 혁명가가 그러하듯 10대 후반의 레프 브론슈테인(트로츠키의 본명)도 처음에는 인민주의자로 출발했다. 그는 학업을 포기하고 1897년 초 니콜라예프에서 남부 러시아 노동동맹을 결성하는 일에 동참했으며 팸플릿을 비롯한 혁명적 문서들을 작성하고 배포하는 데 열성을 기울였다. 이 같은 활동이 당국의 눈길을 벗어날 리 없었다. 1898년 1월 트로츠키는 다른 여러 동료들과 함께 체포되었고 재판도 없이 2년 동안 니콜라예프, 헤르손, 오데사 등지의 감옥에 수감되어 있다가 모스크바로 이송되었다. 이곳에서 그는 다른 혁명가들의 소개로 레닌의 글들을 읽게 되었고 특히 이탈리아의 마르크스주의자 라브리올라의 저서를 감명 깊게 읽은 후 인민주의 사상을 떨쳐 버리게 되었다. 그는 확고하게 마르크스주의자라는 정체성을 가지게 되었다. 엄청나게 논리 정연하고 명석한 두뇌의 소유자인 그에게는 감정과 인간애에 호소하는 측면이 강한 인민주의보다 냉철한 과학적 분석에 바탕을 두고 있는 마르크스주의가 훨씬 더 효과적인 것으로 보였다. 그는 외국에서 들여온 이 혁명 이론 쪽으로 기울어지게 되었다. 그리고 자신의 똑똑함에 대해 잘 알고 있는 젊은이의 모든 정열을 기울여 마르크스주의를 학습하기 시작했다.

1900년, 드디어 트로츠키는 재판을 받았다. 4년 동안의 시베리아 유형이라는 판결이 내려졌다. 그가 이미 2년 동안이나 수감되어 있었고, 황제 암살을 기도한 형을 둔 레닌이 수도 페테르부르크에서의 혁명 활동으로 '고작' 3년형을 선고받았던 것과 비교해 보면 혁명가들에 대한 러시아 사법부의 양형이 매우 들쭉날쭉하다는 것을 알 수 있다. 트로츠키는 바이칼 호수 지역에 있는 우스트 쿠트에 유배되었다가 베르홀렌스크로 옮겼다. 그는 모스크바에서 수감되어 있는 동안 니콜라예프의 마르크스주의 서클 지도자였던 젊은 여성 혁명가 알렉산드라 소콜로프스카야를 다시 만나 사랑에 빠졌고 두 사람은 1900년 여름 결혼하였다. 트로츠키의 유형지에는 부인 소콜로프스카야가 동반했다. 두 사람은 시베리아에서 지내는 2년 동안 두 딸, 지나이다와 니나를 연년생으로 낳았고(각각 1901년생, 1902년생) 소콜로프스카야는 남편에게 매우 헌신적인 아내였으니, 트로츠키는 안정된 가족생활을 수반하는 "괜찮은" 유형 생활을 이어 갈 수도 있을 것이다. 그러나 불같은 성격의 트로츠키는 다른 사람들에게서 격리된 채 유형지에서 책을 읽고 집필하는 것으로 만족할 사람이 결코 아니었다. 그는 유형지에서 마르크스주의 혁명가들의 활동 동향을 면밀히 추적했는데, 1898년에 창당되어 그 자신도 당원으로 동참하고 있던 러시아 사회민주노동당이 스트루베 같은 경제주의자들과 혁명적인 이스크라파로 나뉘어 있음도 알게 되었다. '이스크라'는 런던에 망명해 있던 마르크스주의자들이 1900년에 창간하여 간행하던 기관지의 제목이었다. 지난 세기 초 데카브리스트 봉기가 실패로 끝난 뒤 오도예프스키가 쓴 시에 나오는 바로 그 작은 불꽃이 이스크라였다. 노동자들의 현실적 생활수준 향상에 초점을 맞추던 경제주의자들에 비해 이스크라파는 체제 전체의 혁명적 전환을 위한 정치적 투쟁을 중시했다.

트로츠키는 자연스럽게 이스크라파에 기울어졌다. 그는 시베리아에서 글을 써서 《이스크라》에 기고하기도 했지만 이스크라파에 직접 합류하고 싶어 참을 수 없었다. 시베리아에서 유형 형기를 온전히 마친 후 서유럽으로 망명했던 레닌과는 달리 트로츠키는 탈출을 결심했다. 부인은 이를 격려해 주었다. 1902년 트로츠키는 두 딸과 부인을 유형지에 그대로 둔 채 시베리아 탈출을 감행했다. 그의 혁명 활동은 시베리아 오지가 아니라 파리, 제네바 등 서유럽에서 이어질 운명이었다. 시베리아 탈출과 함께 첫 번째 부인과는 영영 헤어졌다.[77]

시베리아 유형은 여성 혁명가들도 그냥 두지 않았다. 대담한 차르 정부 요인 암살 전술로 러시아와 온 유럽을 떠들썩하게 만들었던 여성 혁명가들 가운데 시베리아 유형을 면한 대표적인 인물은 베라 자술리치였다.[78] 그녀는 페테르부르크 지사 표도르 트레포프를 총으로 쏘아 큰 부상을 입혔다가 체포되었다. 그런데 그녀는 이 사건으로 열린 재판에서 배심원들로부터 무죄 평결을 받았고, 석방된 후 곧장 서유럽으로 망명하였다. 그러나 케넌이 만난 여성 혁명가들의 사연에도 잘 드러나 있듯이 다른 수많은 여성 혁명가들의 운명은 훨씬 더 고달팠다. 마리야 스피리도노바와 브레시코 브레시코프스카야는 모두 오랜 기간 시베리아 유형을 겪은 불굴의 혁명가들이었는데, 특히 스피리도노바는 그녀에게 가해진 모진 고초로 인해 수많은 사람의 근심 어린 관심을 받았다. 소귀족 집안 출신이었던 그녀는 1905년 혁명의 와중에서 농민들의 봉기를 잔인하게 진압한 것으로 잘 알려진 루제노프스키가 보리소글렙스크군의 치안 책임자로 임명되자 그를 저격하기로 결심하고 이를 실행에 옮겼다. 루제노프스키는 그녀가 쏜 권총을 맞고 사망하였으며 체포된 스피리도노바는 모진 고문 끝에 시베리아로 유배되어 그곳에서 11년간 지낸 후 1917년 2월 혁명으로 석방되었다.[79] 예카테리나 브레시코 브레시코프스카야는 인민주의 활동으로 체포되어 중노동형을 선고받은 후 1878년 시베리아에 유배당했는데, 조지 케넌은 그녀를 만나 대담한 후 그녀의 용기와 견고함, 영웅적 자기희생 정신을 극찬하기도 했다. 그녀는 18년 동안 유형 생활을 한 후 석방되어 서유럽으로 망명했으며 1905년 혁명 시기에 러시아로 돌아와 혁명 활동을 계속하였다. 그리고 또다시 체포되어 시베리아로 유배당했으니(역시 1917년 2월 혁명으로 풀려났다.)[80] 그녀에게 붙여진 '바부시카'라는 애칭은 '러시아혁명을 위해 삶을 모두 바친 위대한 할머니'라는 존경심의 표현이었다.

1917년 혁명에 이르기까지 활동한 잘 알려진 혁명가들은 대부분 유형 후 망명하거나 유배 중에 혁명을 맞이했다. 시베리아 유형살이 중에 2월 혁명을 맞은 정치범으로는 스탈린이 있다. 그루지야(조지아) 출신의 신학생이었던 이오시프 주가시빌리는 강철 인간, 스탈린이라는 이름으로 혁명 활동을 전개했고 자신이 주장한 바로는 1902년에서 1913년 사이에 일곱 번 유배당했고 다섯 번 탈출하였다.[81] 카프카스에서 한 번의 유형 생활을 보낸 것을 제외하고는 대부분의 유형은 시베리아에서 보냈다. 가장 긴 유형 생활은 1913년 7월에 시작되었는데 이것이 그의 마지막 유형이 될 터였다. 시베리아 횡단 열차를 타고 와서 시베리아 북동부 오지의 예니세이강 유역 투루한스크에서 보낸 유형 생활 중 그는 동료인 스베르드롤프와 불화하기도 하고, 10대 소녀를 유혹했다가 버리기도 하였다.[82] 국외 망명을 한 적이 없이(사회민주노동당 당대회에 참석하느라 스톡홀름과 런던을 방문하기는 했지만 그것은 망명 생활은 아니었다.) 시베리아 유형만 이렇게 여러 번 겪었으니 그가 다른 볼셰비키에 비해 자신의 장렬한 혁명 투쟁의 기록을 더 내세우고 싶어 했음은 당연한 일일 것이다. 그러나 다른 한편으로 그의 유형 관련 기록은 러시아제국의 행정력이 체제 말기로 갈수록 참으로 엉성하고 어수룩하기 짝이 없어졌음을 말해 주기도 한다.

시베리아 유형의 정치적 의미는 바로 이처럼, 러시아혁명사에서 두드러진 이름을 얻게 될 이 정치범들과 차르 체제의 정면 대결이 가시적으로 드러나는 공간이 시베리아였다는 점에 있다고 할 것이다. 시베리아 유형은 스탈린에게 고초를 주었고, 따라서 그가 차르 체제에 대한 반감을 더욱 단단히 다져 가는 계기가 되었음이 분명하다. 하지만 스탈린은 정작 그 자신이 소련공산당의 최고 권력자로서 집권하고 나자 시베리아를 비롯한 소련의 여러 변방 지역에 수많은 강제 노동 수용소를 세우고 수많은 정치적 반대자들과 무고한 시민들을 이들 수용소로 몰아넣었다. 유형이 체제를 공고화시킬 수 없다는 것을 그는 배우지 못했다. 시베리아 유형이 그에게는 영혼의 고통을 의미하는 것이 아니라 액션 활극의 일부처럼 여겨졌던 것일까.

폴란드 정치범들

시베리아 유형제가 도입된 후 러시아 국가는 자국과의 전쟁에서 포로가 된 외국인들을 시베리아에 유배시켰기 때문에 시베리아 유배자 중에는 외국인도 적지 않았다. 시베리아 유형지의 외국인 유형수 중에서 19세기에 수적으로 가장 큰 비중을 차지하게 된 사람들은 폴란드인 정치범들이었다. 한때 중부 유럽의 강자였던 이 나라의 가장 큰 부분이 18세기 후반 폴란드 분할로 러시아제국의 지배 아래 들어오게 된 이래 차르 정부는 비위를 거스르는 폴란드인들을 시베리아로 보냈다. 1830년과 1863년에는 폴란드인들이 독립을 요구하는 봉기를 일으키고 실패하면서 특히 많은 정치범이 시베리아에 유배되었다. 이들은 시베리아에서 다양한 경험을 했는데, 러시아 지배에 대한 전반적 거부감과 시베리아 유형 제도라는 특정한 제도에 대한 반감이 더욱 컸기에 러시아인 유형수들보다도 이들의 유형 생활이 더욱 힘겨웠음은 당연하다. 그런 중에도 이들은 유형 생활에 적응하고 유형지를 이곳저곳 다니며 관찰하기도 하고 이곳 지식인들과 교유 관계를 맺기도 하면서 자신들의 삶을 살아갔다.

이러한 폴란드인 유형수들은 도스토예프스키 같은 동료 유형수 작가의 관찰 대상이 되기도 했지만 그들이 러시아인들과 시베리아를 관찰하여 분석 대상으로 삼기도 했다. 루핀 피에트로프스키, 코르넬 지엘론카, 빈센티 미구르스키, 유스티니안 루친스키, 율리안 사빈스키, 아가톤 길레르 등등 수많은 폴란드 유형수 출신 저자들은 탈출하여 시베리아를 빠져나간 후, 혹은 형기를 마치고 폴란드로 돌아간 후 시베리아 유형에 대한 회상록을 남겼는데,[83] 이들의 기록도 역시 시베리아 유형 제도 연구를 위한 중요한 자료를 제공해 준다. 특히 아가톤 길레르는 최근의 한 연구자가 "시베리아의 폴란드인 유형 역사의 헤로도토스"라고 불렀을[84] 정도로, 『유배 시절(Z wygnania)』에서 자기의 체험에 대한 회상뿐 아니라 관련 주제 전반에 대해 방대하고도 꼼꼼한 기록을 남긴 저자이다. 시베리아 유형의 역사 연구에 불가결한 참고서로 평가받는 세르게이 막시모프의 『시베리아와 중노동형(Сибирь и каторга)』은 1871년에 처음으로 세상의 빛을 보았는데, 그 가운데 폴란드 정치 유형수들에 대한 서술의 일부 내용은 그보다 조금 앞서 출판되었던 아가톤 길레르의 『유배 시절』 가운데 관련 내용을 축약해 놓은 것이라고 한다.[85]

폴란드인 정치범들의 시베리아 유형 생활에서 가장 두드러진 특징이 있었다면 "열성적인 학습"이었다고 할 수 있을 것이다. 폴란드 정치범들은 현지 주민들이나 유형 행정 담당자들에게서 비교적 인간적인 대우를 받았고 중노동은 면제받는 경우가 많았다. 그렇기 때문에 그들은 지적 활동을 위해 시간을 쓸 수 있었다. 막시모프는 폴란드 정치 유형수들을 구별 짓는 특징은 "그들이 말하는 언어가 아니라 교육이었다. 많은 수감자들과 정착 유형수들이 진지하게 교육에 접근했으며 높은 수준의 지적 발전을 이루었다."라고 썼다.[86] 폴란드인 정치 유형수들은 무엇보다 외국어를 배우는 데 열을 올렸다. 그들은 주로 프랑스어, 이탈리아어, 영어를 배웠지만 러시아어와 현지 소수민족의 언어를 배우기도 했다. 서유럽 언어를 배우는 것은 교양을 위한 것이었고 러시아어와 현지 소수민족 언어를 배우는 것은 실용적인 목적을 위한 것이었다. 지엘론카는 빌나 출신의 교수였던 동료 유형수 프란치셰크 코르부트와 그의 부인을 만나 프란치셰크에게서 러시아어를 배웠다. 그리고 이 지식을 활용하여 현지에서 상업에 종사했다.[87]

알비나 미구르스카, "무엇 때문에?"

앞에서 돌고루카야 공작 부인의 이야기를 소개했지만 그녀는 워낙 젊었고 궁정 생활에 익숙한 인물이었기 때문에 개인 윤리 차원에서는 고귀했을지 몰라도 특별한 정치의식을 가지고 있었다고 보기는 어렵다. 그런데 19세기에 폴란드 독립을 위해 봉기를 일으켰다가 체포되어 시베리아로 유배되었던 폴란드인 정치 유형수의 경우에는 러시아와 폴란드 사이의 민족적 대립의 선이 워낙 선명했기 때문에 그들과 함께하기 위해 자발적으로 시베리아행을 택한 부인들의 경우에는 그들 자신도 폴란드 민족의식, 러시아 전제정에 대한 비판 의식이 강렬했다고 보아야 할 것이다. 이러한 의식을 지니고 유형수 남편이 있는 시베리아로 갔던 폴란드 귀족 여성 가운데 알비나 미구르스카(1818~1843)는 19세기 중반에 러시아인들에게도 상당히 널리 알려졌던 인물이다. 남편 빈센티 미구르스키는 폴란드 독립을 위한 봉기에 참가하였다가 체포되어 시베리아의 우랄스크에 유배되었다. 일반 병사로 근무해야 한다는 조건이었다. 그의 약혼녀 알비나 비쉬니에프스카는 부유한 폴란드 귀족 집안 출신이었는데, 아주 젊은 나이에 미구르스키를 만나 서로 사랑하게 되었다. 미구르스키가 1836년 20년 유배형을 받고 우랄스크에 유배되어 있다는 것을 알게 된 알비나는 가족의 강력한 만류를 뿌리치고 1837년 혈혈단신으로 우랄스크에 찾아와서 미구르스키와 결혼하였다. 자녀 둘을 낳았지만 둘 다 일찍 죽어버려 미구르스키 부부의 슬픔과 쓸쓸함은 더욱 컸다. 그러던 어느 날 카자크 병사들이 알비나에게 남편의 외투와 편지를 가지고 왔다. 남편이 향수와 절망감을 못 이겨 자살했다는 것이다. 깊은 슬픔에 빠진 알비나는 관헌 당국에 고향에 돌아갈 수 있게 허락해 달라고 간청했고 허락을 받았다. 그녀는 귀로에 자기 자녀들의 유해를 담은 관도 가지고 갈 수 있게 해 달라고 청하여 이 또한 허락받았다. 그녀의 마차는 출발하였다. 그런데 남편이 죽었다는 것은 거짓말이었다. 자녀들의 유해 밑에는 남편 미구르스키가 누워 있었다. 부부는 함께 탈출하기 위한 치밀하기 짝이 없는 계획을 짜고 거짓 소문을 낸 것이다. 특히 부인 알비나는 숨 막히게 아슬아슬한 상황 속에서도 침착하고 대담하게 계획을 수행하였다. 우랄산맥을 넘어 유럽러시아로 갈 때까지 모든 일이 순조로운 줄 알았다. 그러나 아직 러시아 땅을 벗어나지 못한 상황에서 사라토프를 지나가던 중 부부가 함께 소곤거리는 것이 발각되었다. 두 사람은 또다시 러시아 관헌의 손에 넘겨졌다. 그나마 다행스럽게도 당시 황태자이던 알렉산드르 2세가 결혼식을 올리면서 사면을 베풀어 빈센티 미구르스키는 처형당하지 않고 네르친스크 공장에 유배되었다. 러시아인 병사들 사이에서만 근무해야 한다는 조건이었다. 두 사람은 함께 이르쿠츠크를 향해 갔으며, 도중에 이르쿠츠크 부근 우리크에 들러 그곳에 유형 와 있던 데카브리스트 지도자 볼콘스키 공작 부부를 방문했다. 볼콘스키 부부는 같은 공화주의자로서 공감을 표하며 이들을 환영하였고, 이들은 이곳에서 일주일을 머물렀다. 미구르스키가 네르친스크에서 유배 생활을 하던 중에 부인 알비나 미구르스카는 사망했다. 그녀의 나이 스물다섯이었다. 네르친스크에 머무르는 동안 새로 얻었던 아기는 그녀의 죽음 후 1년 만에 사망하였다. 알비나의 무덤은 아기의 무덤과 함께 네르친스크에 있는데, 커다란 비석이 그녀를 기념하고 있다. 알비나 미구르스카의 이야기는 1846년 "일찍이 없었던 일, 미증유의 일"이라는 제목으로 잡지 《조국의 기록(Отечественные записки)》에 실려 러시아 대중에게도 알려졌다. 막시모프는 네르친스크에 있는 알비나 미구르스카의 무덤을 언급하며 "폴란드인들의 예속의 역사에서 진정한 여성 영웅"이라고 안타까운, 그러나 진심 어린 찬사를 그녀에게 바쳤다.[88] 빈센티 미구르스키는 1859년 혼자서 쓸쓸히 폴란드로 돌아갔다.[89] 알비나 미구르스카와 빈센티 미구르스키에 대한 러시아 지식인들의 기억과 죄책감은 오랜 여운을 남겼다. 레프 톨스토이는 1906년에 이들의 이야기를 소설 「무엇 때문에?」에서 형상화하면서 차르 전제정의 어리석음에 대해 깊은 탄식을 토했다. 이 소설에서 톨스토이는 빈센티의 이름은 이오시프로, 알비나의 결혼 전 성 비쉬뇨프스카는 야체프스카로 살짝 바꾸어 놓기는 했으나 인물과 사건의 기본 골격은 그대로 살리면서 대의를 위해 고난을 어깨에 짊어져야 했던 부부의 슬픈 사연을 다시 한번 독자들에게 환기시키고 있다.

5장

유형수들의
삶과 문화

조지 케넌의
시베리아 유형 제도
고찰

시베리아 유형 제도가 몇 세기의 역사를 가졌고 도스토예프스키, 야드린체프 같은 뛰어난 문인, 지식인들에 의해 이에 대한 묘사와 비판이 이미 적지 않게 이루어져 왔으나, 19세기 후반에 러시아제국의 안팎에서 시베리아 유형 제도에 대한 가장 치열한 논의를 불러 일으킨 인물은 미국인 저술가 조지 케넌이었다.[1] 같은 이름을 가진 조카가 소련에 대한 봉쇄정책을 제안하여 미국의 대소 냉전정책의 이론적 초석을 놓음으로써 20세기 중반 이후의 국제정치학에서 더 유명해지긴 했지만 시베리아 사정, 특히 유형 제도에 관한한 삼촌 케넌이 전문가로서 대서양 양안의 대륙을 뒤덮는 명성을 누렸다.

조지 케넌은 1885~1886년에 삽화가인 조지 프로스트와 함께 시베리아 유형지들을 두루 답사하며 유형지를 탐방하고 유형수들과 직접 만나 대화를 나누었으며 이에 대한 보고문을 1888년 5월부터 미국 잡지 《세기(*The Century*)》에 연재하였다. 1891년에는 이 글들을 한데 모아 『시베리아와 유형 제도(Siberia and the Exile System)』라는 두 권의 단행본으로 출판하였다. 젠티스의 평에 따르면 이 책을 통해 케넌은 "미국에도 감옥이라든가 사슬에 묶인 중죄수들처럼 마찬가지로 비인간적인 현상들이 있었음에도 러시아를 야만적인 타자로 먹칠하는 데 성공"했다.[2]

케넌은 원래 유럽이나 미국의 언론들이 러시아에 대한 편견을 불러일으키기 위해 유형 문제를 거론하는 경우가 드물지 않다고 보고 이에 대해 비판적인 시각을 가지고 있었다. 예컨대 영국의 보수당 계열 언론인《팰맬(Pall Mall)》은 이러한 의도로, 이른바 시베리아 수은 광산에서 햇빛이라곤 전혀 보지도 못한 채 암흑 속에서 일해야 하는 폴란드 정치범들에 대해 보도하였다. 이러한 수은 광산에서는 서른 살 된 건장한 남자도 5년만 일하면 몸이 망가지는데 폴란드인 상층 계급 출신 여성들도 이런 수은 광산에서 일한다는 것이다. 그리고《런던 스탠더드(London Standad)》는 시베리아 겨울은 여덟 달 동안 계속되는데, 이곳은 길도 없고 외부와의 소통 수단도 없으며 탈출의 길이라곤 없어서 거의 모든 유형수가 신경 발작을 일으키며 대부분 정신이상이나 자살에 이른다는 기사를 내보냈다.

조지 케넌은 1882년에 발표한 「유배자들의 거처, 시베리아」[3]라는 논문에서 이러한 기사를 터무니없는 보도의 예로 소개하였다. 한마디로 시베리아에는 수은 광산이 없다는 것이 그의 대답이었다. 그리고 영국인들이 "소리도 들리지 않고 삶도 없고 얼어붙은 늪"만 덮여 있다고 알고 있는 시베리아에서 실제로는 여름마다 25만 파운드

(약 11만 3398킬로그램)의 담배가 생산되고 있다는 것도 소개하였다.[4] 그는 시베리아 유형에 대한 비판자이면서도 시베리아 유형 제도의 참상에 대한 터무니없는 주장과 과장된 소문으로 인한 잘못된 인식은 벗겨 내고자 하였다. 심지어 그는 막시모프나 야드린체프처럼 시베리아 유형 제도를 맹렬히 비난한 러시아 저자들의 저작도 편견에 찬 것이고 진실이 아닌 내용도 담고 있다고 비판하기도 했다.[5] 그는 19세기에 유형 제도 작동의 역사가 개별 관리들의 제약 없는 권력 남용에서 비롯되는 불의와 잔인함, 억압의 사례들로 가득 차 있는 것은 사실이지만 이러한 것은 어느 나라의 형벌 행정에서도 다 찾아볼 수 있는 일이라고 주장했다.

> 머레이 씨의 책이나 막시모프의 『시베리아와 중노동 유형』에 언급된 잔인함의 사례 중에는 오스트레일리아와 반디맨스랜드(태즈메이니아)로 죄수들을 호송한 역사는 말할 것도 없고 미국 주립 감옥의 역사에서도 유례를 찾을 수 없는 것이 없다. 영국 식민지나 미국의 관헌들이 자행한 이러한 권력 남용이 해당 국가 정부의 잔인함이나 절반쯤 야만적인 성격을 입증하는 것이 아니듯 러시아에서 일어나는 이와 유사한 권력 남용도 이 나라 정부가 잔인하고 거의 야만적임을 증명하는 것은 아니다.[6]

그리고 케넌은 시베리아 유형 제도는 더디게나마 꾸준히 개선되고 있다고 평가하였다. 그는 「유배자들의 거처, 시베리아」에서 시베

유형수들의 삶과 문화

리아 유형 제도에 대해 전반적으로 다음과 같이 평가하였다.

첫째, 유형은 과거에는 어떠했든 현재로서는 잔인하거나 유별난 징벌은 아니다. 오히려 다른 유럽 국가들이 일반적으로 범죄자들에게 부과하는 형벌보다 더 인간적이다. 범죄자들을 가족으로부터 분리시키지 않고, 범죄자가 일할 의지를 가진 경우에는 그에게서 노동의 결실을 박탈하지 않으며 개전의 기회와 장려책을 제공하기 때문이다. 둘째, 사회의 관점에서 보면 시베리아 유형은 점증하는 거대한 악이다. 이는 유형지 주민들의 사기를 저하시키는 데다, 범죄자들이 쉽게 도망쳐 자기 집으로 돌아오는 까닭에 유럽러시아 주민들의 생명과 재산을 적절하게 보호해 주지 못하기 때문이다. 시베리아 유형은 한때 그것이 범죄자 계층에 행사했던 억제적 영향을 잃기 시작했다. 셋째, 유형 제도는 범죄자에게 유리하며 국가에도 간접적으로 이롭게 작용하는 반면 시베리아 사회를 비롯한 사회 전체에는 불리하게 작용하므로 이 제도의 미래는 해악과 이점의 균형이 어떻게 형성될 것인가에 달려 있다. 해악이 이미 이점을 압도하고 있으며 앞으로 해악이 더욱 커질 것이므로 영국에서 유형수 호송 제도가 철폐되었듯, 러시아에서도 결국 유형 제도가 폐지될 것이다. 영국에서도 러시아에서도 유형을 통한 범죄자 제거 시스템이 제국의 한 부분에는 혜택을 주었지만 다른 부분은 타락시킨다는 것이 드러났다. 그리고 유형 제도는 다른 방식으로는 개전될 수 없을 일부 범죄자들을 개전시키기는 하지만 범죄자들이 유형당하는 곳의 '처녀지'에 범죄의 씨앗을 널리 뿌린다.[7]

케넌은 또한 「유배자들의 거처, 시베리아」에서 유형 제도가 유형지의 평판을 떨어뜨려 이 지역으로의 주민 이주를 가로막고 있으며, 그래서 한때는 정착과 주민 증대의 수단이었던 유형 제도가 오히려 이를 가로막는 방해물이 되고 있다고 보았다. 케넌은 시베리아 유형 제도가 특별히 비인간적 제도는 아니지만 이런 이유들 때문에 조만간 크게 수정되거나 전면적으로 폐지될 것이라고 예견했다.[8] 즉 그는 시베리아 유형 제도가 유형수들을 비인간적으로 다루는 잔인한 제도는 아니지만 시베리아 사회에 부담을 지우고 식민정책으로서 한계를 가진 제도라고 본 것이다.

1882년에 조지 케넌이 쓴 글은 위와 같은 내용을 담고 있었다. 그가 1885년 상트페테르부르크에서 러시아제국 외무차관인 블란갈리에게 시베리아 유형 제도를 현지에서 직접 살펴보겠다는 계획을 제시했을 때 목적으로 내세웠던 것도 다름 아니라 이 제도에 대한 부정적 편견과 오해가 많으므로 이를 자신의 현장 답사 보고를 통해 불식하겠다는 것이었다.[9] 1882년의 글을 볼 때 당시 그는 진심으로 이러한 생각을 하고 있었던 것으로 보인다. 블란갈리 또한 그 때문에 그의 계획을 받아들여 준 것이라고 할 수 있다. 그러나 1885~1886년의 시베리아 답사 후 그가 쓴 보고서는 시베리아 유형 제도의 비인간적 성격과 유형수들이 겪는 고통에 대한 서술로 가득 차 있다. 특히 그는 자신이 "총명하고 지적이고 박식하며 따뜻한 정감과 생생한 공감, 고결한 충동과 드높은 명예심 및 의무감을 지닌 남녀"로 불렀던 시베리아의 정치 유형수들의 고난에 대해 절절한 동정과 공감을 표하면서 이들을 박해하는 러시아 정부에 대한 반감을 숨기지 않았다.

유형수들의 삶과 문화

케넌은 여러 명의 시베리아 정치 유형수를 만났고 그들 다수가 겪었던 비극적 운명을 깊은 연민을 담아 서술했다. 케넌이 만난 정치범 가운데는 유명한 무정부주의자 표트르 크로포트킨 공작의 형인 알렉산드르 크로포트킨 공작도 있었다. 혁명가들을 열광시켰던 동생과는 달리 형은 혁명가도 급진 사상가도 아니었고 케넌의 평을 빌리자면 미국이나 서유럽에서도 "대단히 온건하다고 여겨질" 만한 정치적 견해를 가지고 있었다.[10] 자연과학자인 그는 상트페테르부르크 대학에 재학 중이던 1858년 처음으로 체포되었다. 체포의 이유는 그가 랠프 월도 에머슨의 저서 『자신을 의지하기(Self-Reliance)』[11] 영어판을 가지고 있으면서, 이 책을 어디에서 구했는지 진술하기를 거부했다는 것이었다. 이 책은 그가 자기 학과의 티혼라보프 교수에게서 빌린 것이었고 이 사실을 밝히기만 하면 불쾌한 상황에서 얼마든지 벗어날 수 있었을 테지만, 이렇게 하는 것은 그의 명예 기준에 부합하지 않는 것이었다. 크로포트킨은 에머슨을 읽는 것이 범죄라고 생각하지는 않았지만 교수의 등 뒤에 숨어 보호를 구하고자 하는 것은 비겁하고 불명예스러운 일이라고 생각했다. 그는 감옥에 가기를 택했다. 그런데 티혼라보프 교수가 이 사실을 알고 자기가 그 책의 소유자임을 총장에게 이야기했고 젊은 크로포트킨은 그길로 풀려날 수 있었다. 에머슨의 책이 19세기 중반 러시아에서 '선동적 서적(incendiary volume)'으로 여겨지고 있었다니, 이 체제가 얼마나 대책 없이 억압적이었는지, 왜 그렇게 수많은 총명한 지식인이 시베리아로 끌려갈 수밖에 없었는지 한눈에 이해할 수 있다.

또 알렉산드르 코로포트킨 공작은 외국 유학을 다녀온 후 관직에 나아가 전신부에 근무했는데, 어떤 사람이 그때까지 부친 전보 내용을 모두 보고하라는 내무 대신의 명령을 받았다. 그가 명령을 거부하고 사직하자 바로 경찰 감시 아래 놓였고, 그 후 정부에 비판적인 발언을 몇 번 했다가 "정치적으로 믿을 수 없음"이라는 죄목으로 시베리아에 유배당하였다. 동생인 표트르 크로포트킨이 유명한 혁명가로서 이름을 날리고 있었다는 점도 관헌 당국이 그를 불신하는 한 요인이 되었을 것이다.

크로포트킨 공작은 동부 시베리아의 미누신스크에 유배되어 4~5년을 지냈는데, 미누신스크에는 정치범이 그 혼자였다. 덕분에 그는 큰 압박을 받지 않고 지적 활동에 종사하며, 자신을 위해 그곳에 함께 와 준 부인과 함께 비교적 여유 있는 삶을 살 수 있었다. 그러나 1881년 알렉산드르 2세 황제가 암살당한 후 미누신스크도 정치범들로 넘치게 되었고 이들에 대한 경찰 감시가 심해졌다. 크로포트킨도 자신의 일거수일투족을 기록하여 날마다 경찰에 보고하라는 명령을 받았다. 그러나 그는 이 명령을 따르기를 거부했고 그 벌로 북극해 근처에 있는 투루한스크에 유배될 위기에 놓였다. 그러나 그는 부인의 간청에 못 이겨 결국 일일 보고서를 경찰에 제출하는 대신 미누신스크에 남기로 결정하였다. 알렉산드르 크로포트킨 공작이 케넌과 만났을 때는 유럽러시아와 좀 더 가까운 서부 시베리아의 톰스크로 이송되어 있었다. 이곳에서 크로포트킨은 10년간 '행정 유배'형을 살게 되어 있었다. 이는 형기가 만료된 유형수에게 행정 당국이 부과한 일

유형수들의 삶과 문화

종의 보호관찰 제도 같은 것이었다. 그는 "꽤 널찍한 통나무집에서 소박하지만 편안하게" 살면서 집필에 전념하고 있었다. 그러나 겉으로는 큰 문제없어 보이는 이 생활 속에서 알렉산드르 크로포트킨은 감시와 압제에서 비롯된, 거의 피해망상에 가까운 불안과 압박감에 시달리고 있었다. 케넌이 "정직한 인간, 교양 있는 학자, 진정한 애국자, 가장 멋있는 신사"로 평했던 알렉산드르 크로포트킨은 1886년 톰스크의 통나무집에서 권총으로 자살하였다.[12]

케넌이 묘사하고 있는 여성 정치범들의 유형 생활도 고난으로 가득 찬 것이었다. 케넌은 카라 광산 수용소에서 만난 여성 정치범들의 운명에 대해 기록하고 있다. 카라 광산은 바이칼 이동 지방의 수도인 치타에서 300킬로미터 떨어진 오지 중의 오지이다. 이곳의 강제 노동 수용소에 수감되어 있던 안나 파블로브나 코르바는 귀족 가문 출신으로 결혼 후 스위스 유학을 다녀오기도 했으며 민중을 위한 교육 계몽 활동에 전력을 기울이다가 인민의 의지단에 가입하여 혁명 활동을 벌였던 여성이다. 1881년 알렉산드르 2세 암살 이후의 경직적이고 반동적인 분위기는 그녀를 놓아두지 않았다. 그녀는 1882년 체포되어 일체의 시민적 권리를 박탈당하고 20년의 시베리아 강제 중노동형을 선고받았으며 중노동형 만료 후에는 평생 강제적으로 시베리아에서 살아야 하는 형벌이 부수적으로 따랐다. 카라에서의 중노동은 그녀의 건강을 크게 해쳤고 케넌과 만났을 때는 그녀가 계속 생존할 수 있을지 확신할 수 없을 정도였다.[13]

이러한 정치범들을 만난 이후 케넌은 시베리아 유형 제도에 대한 자신의 견해를 바꾸었고 이를 공개적으로 표명하였다.[14] 다른 한편, 시베리아 유형은 의심의 여지없이 비인간적이고 억압적인 형벌 제도이기는 했지만 그가 초기의 저작에서 지적했던 것처럼 어두운 토굴 속에 계속 사람을 가두어 두거나 족쇄를 찬 죄수가 밤낮없이 채찍으로 얻어맞으며 고통에 신음하게 하는 제도가 아니었음은 분명하다. 이러한 이미지는 오히려 미국 노예제나 로마 제국 노예제의 상을 시베리아에 투영함으로써 얻어진 것이었다. 반면 형벌이면서도 식민정책의 일부였던 시베리아 유형은 식민을 위해서는 사람이 살 수 있는 최소한의 조건은 제공하는 것이 당연한 전제였다. 그리고 식민을 위한 일정 수준의 사회생활도 보장해 주는 것이 상식이었다. 이리하여 시베리아 유형 속에서도 삶은 계속되었다. 오랜 유배의 삶을 살았고 결국 유배자로서 삶을 마친 에드워드 사이드는 유배자는 추방된 사람이라는 사실을 논의의 출발점으로 삼는다. 그는 거주지에서 다 같이 외부적인 존재라고 하더라도 국적 변경자(expatriate), 이민자(émigré)는 자발적으로 이주해 온 사람임에 반해 유배자는 비자발적 이주자라고 구분하면서 유배자는 뿌리 뽑힌 자, 소속되지 못한 자라고 규정하였다. 그리고 "추방된 자는 추방되어 도착한 곳에서 적응하지만, 적응하자마자 비정착적 힘이 이 안주를 다시 파열시킨다."라고 하였다.[15]

여기서 적응이라는 말과 안주의 파열이라는 말이 눈길을 끈다. 우선 적응이라는 말에 유의해 보자. 에드워드 사이드는 시베리아 유형수들처럼 강제 노동을 하거나 형벌로서의 유배 생활을 하는 인물은 아니었지만 시베리아 유형수들에게라 할지라도 일상적 생존을 위한 적응은 필요했다. 시베리아 유형수들은 시베리아 토착 사회에 수동적인 무존재(無存在)로 내던져진 것은 결코 아니었다. 유형수들도 자신의 삶을 살았고 여기에서 그들 나름대로의 삶의 방식이 형성되었다는 점에서 유형수 문화(유형수의 삶의 방식)라는 것에 대해 말할 수 있을 것이다.

그런데 그들의 '적응'은 일방적인 형태, 곧 그들이 시베리아 토착 사회의 삶의 방식을 일방적으로 수용하는 형태로 이루어진 것은 아니었다. 물론 유형수들의 삶은 시베리아의 기후, 자연조건, 형벌 행정상의 규정에 의해 조건 지어진 것이었다. 하지만 이들은 유럽러시아 출신이고 그들 나름대로의 삶의 배경을 가진 사람들이었으며 상당한 수에 달하는 집단이었다는 점에서 시베리아 토착민 사회에 무시할 수 없는 영향을 미쳤다. 또한 그들 자신이 시베리아를 변화시키는 하나의 힘으로 작용하기도 하였다. 그런가 하면 안주의 파열은 적응 노력의 실패, 유형수가 새롭게 범하는 범죄, 탈출, 떠돌이 생활 등 다양한 형태로 나타났다.

유형수 문화

시베리아 가는 길의 경제 :
유형수 호송

유형수들은 대부분 차꼬를 차고 걸어서 시베리아로 왔다. 18세기 말에 페테르부르크에서 시베리아로 유배당한 라디시체프는 2년 걸려서 유배지로 왔으며, 19세기에도 이 기간은 여전히 길었다. 장소에 따라 6개월에서 1년까지 걸렸다. 다만 시베리아 횡단 철도가 부설된 이후에는 유형수들이 철도와 기선을 통해 이동하였다.[16] 톨스토이의 소설『부활』은 일반 형사범을 상대로 한 시베리아 유형 제도가 폐지되기 1년 전인 1899년에 출판되었는데, 이 작품에서 유형수들은 기차로 유형을 떠났다. 물론 횡단 철도가 완공되지 않았으므로 시베리아 일부 구간은 도보로 혹은 마차로 이동하였다. 그러나 마차와 철도는 대부분의 유형수에게는 단지 꿈같은 이야기일 뿐이었다. 머나먼 길을 걸어가면서 유형수들은 독특한 행동 방식, 삶의 방식을 만들어 냈다. 우선 다음의 노래 가사를 들어 보자.

자비로운 우리 아부지들요

잊지 말아 주오. 우리네 수인들을,

갇힌 몸이 된 이들을, 제발 덕분.

먹여 주오, 우리 아부지들요

가련한 우리, 갇힌 몸인 우리를 먹여 주오!

불쌍히 여겨 주오, 우리 아부지들요

불쌍히 여겨 주오, 우리 어무이들요

갇힌 몸인 우릴, 제발 덕분.

우린 갇혀 있다오,

갇혀 있다오, 돌감옥 속에.

뇌옥 속에, 쇠감옥 속에

떡갈나무 문 뒤에,

맹꽁이 자물쇠 잠긴 뒤편에.

아버지와도 작별했다오, 어머니와도 작별했다오.

일가친척 모두와도 작별했다오, 우린.

— 작자 미상의 유형수들의 노래, 「자비로우신 님네」

19세기 후반, 민중에 대한 깊은 관심에서 시베리아 유형 제도
와 유형수들의 삶에 대한 연구로 나아가게 된 저술가 세르게이 바실
리예비치 막시모프는 1860년대 여러 해 동안 시베리아 곳곳을 다니면
서 자신이 계획하고 있던 3권짜리 저서 『감옥과 유형수들』[17]의 자료
들을 모으고 있었다. 이 책은 500부 인쇄되었지만 곧 판매 금지당하
였고 그 후 저자는 내용을 보완하여 『시베리아와 중노동형』이라는 3
권짜리 대작으로 다시 책을 세상에 내놓게 될 터였다.[18] 저자가 자기
저서의 운명을 예감하지 못하고 있던 4월의 어느 날, 그는 동시베리아
의 자바이칼리예 지구의 어느 외딴 마을에서 단조로운 풍경을 무심히
내다보다가 위에서 소개한, "자비로운 우리 아부지들요"라고 시작되는
노래를 들었다. 볼가강의 배 끄는 인부들인 부를라키의 노래를 연상시
키는 '아주 단순하고 아무 꾸밈없는 노래'였다.[19] 그는 이 노래가 유형
지로 이동해 가는 유형수들이 부르는 노래임을 알게 되었다. 그가 "러
시아 노래 중 이보다 더 절절하게 심금을 울리는 노래는 들어 본 적이
없다."라고 표현한 이 노래[20]는 유럽러시아를 떠나 1년 동안 7000베르
스타(7000킬로미터) 거리를 걸어온 그들이 여정의 마지막 구간에서 부

른 노래였다. 그가 밖을 내다보았을 때 이 유형수 호송단은 말을 탄 카자크가 앞장서고 병사들이 옆에서 감시하면서 끌려가던 중이었다. 호송단은 모스크바에서 매주 한 번씩 출발하는데, 유형수들은 두 발에 각각 5푼트(2킬로그램)짜리 족쇄를 달고 봄비와 여름 더위, 가을 먼지와 겨울 추위를 모두 겪으며 이 길을 걸어왔다. 그렇게 도착한 유형지에서는 "민중의 관념으로는 지옥같이 여겨지던 중노동"[21]이 이들을 기다리고 있었다. 유형수 호송단에 대한 막시모프의 묘사는 폴란드 정치범으로 1843년에 시베리아에 유형당했던 루핀 피에트로프스키가 쓴 회상록 속의 유형수 호송단의 묘사[22]와 거의 다를 바가 없다. 피에트로프스키는 유형수들의 뺨과 이마에 문신으로 BOP(도둑)라는 세 글자가 새겨져 있다는 것을 기록하면서, 여성 유형수에게는 이 문신이 새겨지지 않았다고 썼다. 여성 유형수에게는 차꼬도 채우지 않았다.[23] 막시모프의 서술을 좀 더 살펴보자.

유형수들이 노래를 부르는 것은 지나는 마을의 주민들에게 동냥을 얻기 위함이었다.[24] 이들은 출발지인 모스크바에서부터 돈을 모으는데, 이들의 행렬을 보는 사람들은 동정심에서 풍성하게 적선을 해주곤 했다. 상인, 수공업자, 마부, 구멍가게 주인 등 온갖 사람들이 이들이 지나가는 거리에 몰려나와 희사에 동참했으며 여유 없는 가난뱅이들이나 가진 것 없는 가엾은 노파도 어떻게든 돈을 마련하여 적선했다.[25] 그중에서도 특히 부유한 구신도 상인들이 유형수들에게 가장 많은 돈을 희사하곤 했다. 적선 금액은 도시마다 차이가 났는데, 블라디미르의 적선 금액이 가장 적었다. 반면 모스크바는 통 큰 희사자가 많은 도시였다. 모스크바에서는 적선하는 사람이 10루블 이하를 주는 경우도 드물 정도였고, 자신의 수호성인 이름 축일[26]을 맞은 사람은 특히 인심이 좋았다. 이곳의 구신도 상인 중에는 유형수들에게 한 사람당 30루블씩 적선한 인물도 있었다.

유형수들의 행렬이 우랄산맥을 넘기 전 반드시 거쳐 가게 되어 있던 도시인 카잔이나 산맥 너머 튜멘, 쿤구르, 예카테린부르크, 르이스코보 마을 같은 구신도들이 많이 사는 시베리아 도시, 농촌에서도 통 큰 희사가 이루어졌다. 동냥을 얻은 유형수들은 답례로 다음과 같은 감사의 노래를 부르곤 했다.

세세연년토록 그대들 하나님께 빌어 주오.
불쌍한 우리네를 잊지 않도록,
불행한 우리네 수인(囚人)들을 잊지 않도록.
　　　　　— 작자 미상의 유형수들의 노래, 「자비로우신 님네」

유형수들이 끌려가면서 적선을 구하며 부르는 노래는 '자비로우신 님네' 노래('Милосердная' песня)라고 불렸다. '자비로우신 님네' 노래는 19세기 초부터 이미 알려졌으며, 시베리아 촌락에서만 불렸는데, 처음에는 "아부지들, 불쌍히 여겨 주오, 우리네 가련한 수인들을, 갇힌 이들을, 예수님의 이름으로"라는 가사로 된 짧은 노래였으나 차츰 가사가 길어지고 후렴구까지 덧붙여졌다. 막시모프는 유럽러시아에서는 병사들이 북을 쳐서 모금을 했지만 그 효과는 크지 않았고

유형수들이 직접 "자비로우신 님네"를 부르면 돈을 훨씬 더 많이 받는다고 썼다.[27]

유형수들의 모금은 시베리아 유형 초기부터 이루어졌다. 초기에는 이런 도움을 받지 않으면 유형 비용을 댈 수 없었다. 16세기 말의 차르였던 표도르 이바노비치는 유형수들이 두 명씩 짝지어 동냥을 얻으러 다닐 수 있게 허용했다. 1711년 표트르 1세 황제는 유형수들이 직접 동냥을 얻으러 다니는 것을 허용하기보다 이들을 중노동에 동원하는 편을 택했지만, 동냥 금지령에도 아랑곳하지 않고 죄수들이 떼를 지어 동냥을 얻으러 돌아다녔기 때문에 원로원은 이를 재차 금지하는 명령을 공표하지 않을 수 없었다. 먹고살 수 없는 죄수들에게는 동냥으로 돈벌이하는 것을 허용했는데, 죄수들은 긴 쇠사슬에 묶여 동냥을 다녔고 동냥 물품은 국가 비용으로 수감 생활을 하는 사람들 사이에서만 나누게 했다. 옐리자베타 여제 재위 시기였던 1744년에는 죄수들의 동냥 다니기가 전반적으로 다시 허용되었는데, 수인들이 헐벗은 차림으로 술에 취해 돌아다니면서 무례하게 고함치며 적선을 청한다는 진정이 올라오곤 했다.[28]

유형수들과 수감자들에게 적선하고 희사하는 것을 금지하거나 통제하려는 당국의 시도가 여러 차례 있었음에도 이 관습은 결코 막을 수도 없고 약화시킬 수도 없었다. "자선을 향한 갈증은 지치지도, 멈추지도 않고 계속되었다."[29] 막시모프에 따르면 유형수들에게 적선의 형태로 도움을 주는 것은 서유럽에서는 전혀 찾아볼 수 없지만 러시아에서는 오래되고 친숙한 관행이었다. 심지어 구신도들의 저항을 상징하는 인물인 아바쿰 주사제가 시베리아에서 온갖 고난을 당할 때조차도 그를 감시하고 감독할 책임을 진 보예보다 가족에게서 온갖 식품뿐 아니라 배, 돛과 같은 갖가지 편의를 제공받았다.

막시모프는 유형수에게 자선을 베푸는 행위를 독특한 러시아적 자선의 심성과 결부시켰다. 수도원, 교회가 자선의 전통을 이어 온 것은 새삼스러운 일이 아니지만 러시아 상인계급이 유지해 온 자선의 전통은 확실히 독특한 데가 있다. 그런데 막시모프는 이 러시아식 자선의 감정 자체가 시베리아 유형 제도가 성립되던 시기에 인민 사이에서 생겨나기 시작했으며 그 후 차츰 강화되었다고까지 보았다.[30] 시베리아라는 끔찍하게 먼 지방으로 유형을 가는 사람들은 민중에게서 물적·심적 지원을 받아야 모진 시련을 견뎌 낼 수 있었고, 민중은 유형수들을 "동정해야 할 불행한 사람들"이라고 여겼다는 것이다. 이는 극도의 불리한 조건(부족함)을 다른 쪽의 풍성함(자선)으로 상쇄시키고 보완하는 것을 의미했고, 그렇게 시작된 전통이 19세기 말까지 계속되고 있다는 것이었다.[31] 수감자들에 대한 이 같은 적선의 관행은 아예 제도화되어 1819년에는 수감자지원협회가 결성되기도 했다. 이 협회는 감옥 문 앞이나 도청 경비실, 교회 벽에 달아 놓은 적선함에 돈을 모아서 수감자들의 처우를 개선하는 데 사용하게 했다.

유형수들은 이렇게 길에서 모은 돈으로 유형 생활을 시작했다. 중노동 유형수들은 200루블 정도를 모았고, 이주 유형수들은 그들보다 좀 더 부지런해서 500루블 정도를 모으기도 했다. 유형수의 개인 돈은 유형지로 출발하기 전에 몰수하여 우편으로 중간 기착지인 토볼스크 청으로 보내고 유형수는 이에 대한 영수증을 받았다. 감옥에 도착하면 관에서 지급하는 현물을 받기도 했다.

유형수들의 행렬은 스페란스키의 행정개혁 이래 19세기 말까지 동일한 형태를 취했다. 유형수 행렬의 선두에서 걷는 사람은 중노동 유형수들이었다. 이들은 여정 내내 족쇄를 찬 채 걸어야 했다. 그 뒤로는 정배 유형수들이 대열을 이루어 중간에서 걸었다. 이들은 족쇄는 차지 않고 수갑을 네 겹으로 찬 채 이동하였다. 후위를 이루는 집단은 여성 중노동 유형수였는데 이들 역시 족쇄는 없이 수갑을 찬 채 걸었다. 맨 끝에서는 환자, 유형수 가족 등이 타고 짐을 실은 마차가 따라갔다. 행렬의 양옆에서는 호송 병력이 유형수들을 감시하며 이동했는데, 병사들은 도보로 행진했고 카자크는 말을 타고 갔다. 유형수 대열이 정연하게 행진하는 것은 유럽러시아에서만 볼 수 있었고 시베리아에서는 이들의 행렬이 훨씬 더 분방해졌다. 중노동 유형수들이 착용하는 족쇄는 유럽러시아에서는 어깨에 건 가죽 멜빵으로 지탱되었다. 그런데 이것이 어깨에 큰 부담을 주었다. 그래서 우랄산맥을 넘어 동쪽으로 오면 어깨 멜빵 대신 허리 멜빵으로 족쇄를 지탱하였다.

유형수 행렬에는 소수이기는 하지만 여성도 있었기 때문에 기나긴 여행길에서 남녀 유형수들의 눈이 맞는 일도 생기곤 했다. 정분이 난 남녀는 돈을 내고 자기네들끼리 맨 뒤에서 따로 마차를 타고 이동하곤 했는데, 몇 쌍이 공동으로 마차를 빌리기도 했다. 그러나 여성이 워낙 소수였으므로 한 여성이 한 남성에게 헌신적인 경우는 없었고, 대개는 호송 병사들이 여성 유형수에게 적극적으로 구애하곤 하였다. 그래도 적극적인 남자 유형수는 사랑을 위한 모종의 음모를 꾸미기도 했는데 이는 결국 돈이 드는 일이었다. 이러한 남자 유형수는 그들이 방문하는 병원의 조수에게 뇌물을 주고 병원에서 쉬다가 여성 유형수가 많은 행렬이 오면 다시 감옥의 간수에게 뇌물을 주어 이 새로운 대열에 끼어 걷기도 하는 등, 노력을 아끼지 않았다. 이런 식으로 행렬에서 남녀 유형수들이 가까운 사이가 되었다가 결혼에 이르는 경우도 있었다.[32]

호송대와 유형수들은 유형지 가는 길에서 일종의 공생 관계를 형성했다. 물론 동등한 공생 관계는 아니었다. 호송대장들은 동냥할 권리를 유형수들에게 팔았고, 그들에게서 돈을 받고 적선해 줄 상인이 있는 거리를 골라서 지나가게 했다. 유형수들은 자기가 입고 온 외투를 상인에게 팔아서 돈을 벌기도 했다. 유형수가 외투를 싸게 팔면 상인은 이를 호송대장에게 팔았고 호송대장은 이를 일반인에게 팔았다. 호송대장은 유형수들을 상대로 주류를 판매하면서 자유 시간을 넉넉히 주기도 했는데, 유형수들은 코트를 판 돈으로 술을 마셨다. 막시모프에 따르면 마시고 춤추는 것이 그들에게 남겨진 유일한 자유 영역이었다.[33]

폴란드인 유형수 피에트로프스키의 기록에 따르면 호송단은 이틀을 꼬박 걷고 하루를 쉬는 일정으로 걸었다.[34] 행진을 멈추고 쉬는 유형수단을 위해서는 에타프 혹은 준(準)에타프라 불리는 간이 숙소가 시베리아 유형 가는 길 군데군데 마련되어 있었다. 거칠고 황량한 평원 한복판에 세워진 간이 숙소들은 대개 장방형의 낮은 목조 단층 건물이었다. 간이 숙소들이 시베리아에 세워진 것은 주로 1824년 에서 1830년 사이의 일인데, 그 후 수리되거나 새로 지어지지 않고 낡은 건물들이 그대로 이용되었고, 악천후나 화재로 소실되는 경우도 적지 않았다. 간이 숙소는 시설이라고 할 만한 게 없었다. 벽을 따라서 놓인 길쭉한 벤치가 시설의 전부이고 유형수들은 이 벤치를 침상 삼아 잠을 청하곤 했다. 그나마 이러한 숙소는 유형수를 모두 수용하기에는 지나치게 좁았다. 간이 숙소에는 방이 대여섯 개, 준간이 숙소에는 세 개 정도 있었는데, 이곳에서 묵고자 들이닥치는 유형수의 수는 500명에 이를 때도 있었다. 침상이 충분하지 않았기에 유형수들은 맨바닥에서 그냥 잠을 잘 수밖에 없었고 사람이 사람 위에 포개져 자는 경우도 다반사였다. 호송 병사들은 돈이 있을 법한 유형수에게 뇌물을 받고서 그를 숙소에 먼저 도착하게 해서 침상에 자리 잡게 해 주기도 했다.[35] 간이 숙소는 유형 가는 길에 비바람, 눈보라를 피해 쉴 수 있게 해 주는 시설이었지만 어둡고 좁으며 공기가 지나치게 혼탁했다.

이렇게 걷다 쉬다 하면서 행렬을 이루어 우랄산맥을 넘은 유형수 행렬은 튜멘으로 오게 된다.[36] 유럽러시아인들이 시베리아를 정복한 후 가장 먼저 세운 도시인 튜멘에는 아주 크고 널찍한 감옥이 있어서, 유형수 행렬은 이곳에 도착하여 오래(2주~5주) 쉬었다. 따라서 이곳에서는 많은 희사금을 얻을 수 있었다. 도스토예프스키의 『죽음의 집의 기록』에서도 이와 관련된 이야기를 찾을 수 있다. 그는 한 죄수가 다른 동료 죄수를 놀리면서 한 말을 이렇게 적고 있다. "그 녀석은 머리도 자기 것이 아니고 동냥한 것일 거야. 죄수 무리들과 함께 튜멘을 지날 때 한 푼 적선해 줍쇼 해서 받은 거라고.[37] 튜멘에서의 휴식이 끝난 다음 행렬은 다시 출발하여 토볼스크로 오는데, 토볼스크 감옥은 대단히 중요했다. 토볼스크 감옥은 역사가 있는 곳으로, 유럽러시아의 감옥에서 쌓인 모든 불순한 요소들이 이곳에 모여들었다. 막시모프에 따르면 유형수들은 이곳에서 온갖 것을 배우고 익혔으며, 이곳에서 벌써 도주하는 유형수도 있었다. 토볼스크 감옥에서는 유형수 열 명이 한 조를 이루었고, 각 조는 조장을 두었다. 그리고 유형수 전체의 죄수장이 있었다. 죄수장을 원로, 곧 스타로스타(староста)라고 했는데, 이는 농민 공동체의 선출직 공동체장을 칭하는 용어와 동일하다. 죄수장은 유형수들이 투표로 선출하였으며 호송단 장교가 절대로 교체할 수 없었다.[38] 유형수들 사이에서는 일종의 공동체적 자율성이 존재했던 것이다.

토볼스크 감옥은 유럽러시아에서 이동해 온 유형수가 모두 결집했다가 시베리아 각지로 흩어져 가는 이송 배치 장소였다. 따라서 이곳에서부터 행렬은 중노동 유형수 대열, 정배 유형수 대열, 여성 유형수 대열 등으로 나뉘었다. 호송은 유배지에 도착할 때까지 계속되며, 이 과정에서 호송단과 유형수들 사이의 공생 관계는 계속되었다. 호송단장은 유형수들이 형성하는 조합(아르쩰)의 우두머리에게 말하여 자기를 위해 구걸을 해 오게 하기도 했다. 사실 공생 관계는 호송단과 유형수들, 유형수들 내부 등 여러 차원에서 형성되었다. 도주 문제도 이러한 공생 관계의 영향을 받았다. 막시모프는 호송 도중에 누군가가 탈출하면 호송조 전체가 연대책임을 져야 했기 때문에 호송 도중에 도주하는 유형수는 많지는 않았다고 주장한다. 호송 중에 누군가가 도망치면 호송조 전체를 쇠사슬로 결박하는데, 한겨울에는 쇠사슬이 얼음보다도 더 차가워서 살을 파고들고 뇌를 얼게 할 정도였다.[39] 그래서 막시모프는 도주는 유배지에 도착한 후, 주로 자바이칼리예에서 일어난다고 보았다.

유형수 공동체

유형 생활은 비인간적이지만 유형수들은 이 속에서 자신들의 삶을 만들어 냈다. 그 삶은 모든 면에서 괴롭고 쓰라리고 굴욕적인 것임이 분명했다. 그러나 이러한 고난과 굴욕도 함께하면 견디기 수월한 것이었다. 게다가 러시아인들은 오랫동안 농민 공동체 내에서의 생활에 익숙한 사람들이었다. 심지어 떠돌이 유랑자들도 공동체적인 삶의 방식을 완전히 잊어버리지는 않았다. 야드린체프는 이렇게 썼다.

러시아에서의 삶의 역사에서나 시베리아 감옥에서의 삶의 역사에서나 분명한 것이 있다. 그것은 이곳에서의 삶이 아주 오래전부터 그냥 글자일 뿐인 공문서 규정과는 다른 방식으로 진행된다는 점이다. 감방에서의 공동체적 생활은 스스로 새로운 궤도를 열었고 그 속에 확고하게 뿌리내렸다. 규정은 규정대로 남아 있고 삶은 삶대로 흘러간다. 그래서 양자 사이에는 종종 아무 공통점도 없게 되곤 한다. …… 감옥에는 '감옥 공동체' 외에는 어떠한 규정도, 어떠한 감옥소장도 없다.[40]

막시모프는 유형지의 감옥에서 형성되는 공동체를 감옥 조합 혹은 죄수 공동체라 불렀다. 그가 보기에는 이러한 공동체는 유형수들이 감옥에서 자신들에게 부과되는 엄중한 규칙과 감시, 통제에 맞서는 수단으로서 아래로부터 형성된 강력한 보루이자 저항의 기제였다.[41] 똑같은 운명, 같은 정도의 형벌, 아주 세세한 부분에 이르기까지 놀랍도록 비슷한 생활 여건, 이와 같은 것들로 인해 유형수들은 서로 가까워질 수밖에 없었다. "서로 친하면 부담 없지, 따로따로면 쓸모없지.(드루쥬노 네 그루즈노, 아 브로지 호쩨 브로시.)"[42] 이 구절은 러시아어로 운을 맞춘 대구인데 유형수들의 감옥에서도 통하는 삶의 법칙이었다. 막시모프는 구성원이 자주 바뀌더라도 감옥 공동체 자체는 온전하고 자립적인 것으로서 지속되었다고 했다. 그가 보기에는 "감옥 공동체의 규칙들은 마치 공기 속에 떠돌기라도 하는 양, 감옥의 벽이 계속 전해 주기라도 하는 양 자연스럽게 전해졌으며 확신의 계승 전달, 옛 전통에 따른 삶은 실로 다른 어떤 공동체 못지않게 강력"하였다.[43] 이러한 러시아 감옥 공동체는 페름의 이송 감옥에서부터 아카투이 광산 혹은 코라에 이르기까지 어디서나 똑같았다. 야드린체프는 도스토예프스키의 『죽음의 집의 기록』이나 막시모프가 방문한 카라 중노동 수용소에 대한 묘사, 소콜로프스키의 『러시아 감옥 개관』, 크리보샤프킨의 예니세이 감옥 묘사나 심지어 페테르부르크의 크레스토프스키 감옥에 대한 묘사 등이 거의 같은 모습을 전해 주고 있다고 썼다.[44]

야드린체프는 감옥 공동체의 규칙들이 구성원들 사이의 동등권과 상호성에 바탕을 두고 있다고 평했다. 나아가 그는 감옥 공동체

규칙을 만든 사람은 러시아의 민중이고, 그렇기 때문에 러시아 민중이 자율적으로 행동할 때 그들의 모든 활동 영역에서 드러나는 공동체적 생활의 정신이 감옥 공동체의 바탕에도 깔려 있다고 주장했다. 그는 감옥 공동체가 수공업자 조합(아르쩰), 농민 공동체(옵쉬나, 미르), 민회(베체) 등과 같은 차원에 있는 것으로 본다.

> 이 공동체의 구성과 사회적 이익의 정신, 공동체가 개인적인 것을 흡수해 버리는 것, 공동체의 지혜로운 규정들, 권리와 책무 및 노역 의무의 동등한 분배 등, 감옥 공동체의 이 모든 점 속에 민중의 재능과 세계관이 뚜렷이 새겨져 있다.[45]

이 공동체는 막시모프가 말한 대로 좁은 공간에서 감시를 받으며 함께 생활해야 한다는 생활 여건상 불가피하게 생겨날 수밖에 없는 생활 단위일 테지만, 인민주의적 성향이 아주 강한 지식인이었던 야드린체프는 이를 러시아 민중 생활의 좀 더 보편적인 원칙과 연결시킨 것이다.

야드린체프가 감옥 공동체의 기능으로 가장 중시한 것 중의 하나는 유형수들 사이에서 형성되는 사회적 연결망이다. 유형지나 감옥의 유형수들은 자신과 지인에 대한 정보를 동료들과 공유했으며 이러한 정보는 한 감옥 공동체에서 다른 공동체로 계속 전해졌다. 시베리아의 가장 궁벽한 광산 벽지에서도 어떤 유형수가 어디에 있으며 전에는 어디에 있었는지, 그가 어디로 갔는지 알 수 있고, 유형수들은 자기

지인의 흔적을 발견할 수 있었다.[46] 유형수들은 유형지로 가는 길에 이미 일종의 통신망을 형성하였다. 유형수들은 감방 벽에 연필이나 석탄, 못, 혹은 벽돌 조각 등으로 자기의 이름과 주소를 자필로 써서 남겼다. 감방이나 중간 기착지 간이 숙소, 이송 감옥의 벽과 시베리아 도로의 이정표 기둥, 시베리아와 유럽러시아를 가르는 곳에 서 있는 기념 조형물 등은 죄수들이 남긴 이러한 주소들로 뒤덮여 있었다.

"소시민(메샤닌) 세르게이 팔투소프가 볼로그다에서 출발하여 자발적 이주를 위해 지나갔다."
"탐보프 출신 막심 카르타쇼프가 사랑 때문에 6년간의 중노동형으로 나아가다."
"떠돌이 이그나치 네포므냐쉬(Непомнящий: '기억 안 나요.'라는 뜻)가 미혜이 세묘느이치 비류코프에게 안부 전하나니."
"스테판이여, 불쌍한 미키타 베주호프를 잊지 마오."
"아브도치야 고류노바가 임도 없이 이곳에서 하룻밤 묵었노라."

앞서 간 유형수들이 남긴 이러한 자필 기록을 보고 후속 유형수들은 지인들이 머문 곳과 그들의 행선지를 알게 되곤 하였다.[47]
야드린체프와 마찬가지로 막시모프도 죄수 공동체의 규칙과 규범들이 유럽러시아나 시베리아나 놀랍도록 유사하다고 보았는데, 이 중에서 눈에 띄는 것은 동료 죄수들의 사랑을 받는 사람과 미움을 받는 사람의 종류이다. 가장 많은 사랑을 받는 사람은 떠돌이(브로댜가)들이었다. 이들은 사는 동안 온갖 간난신고를 겪은 사람, 산전수전을 겪은 사람으로 여겨졌고 특히 "수난자", "고난받은 자"로 여겨진다는 것이 특징이었다. 그들은 앞날이 없는 삶을 사는 사람들, 평생을 감옥에서 보내야 하는 사람들이었는데, 감방 사람들은 떠돌이에게 부과된 죄목의 절반은 본인이 어수룩한 탓에 범한 죄이지만 다른 절반은 판사들이 그에게 뒤집어씌운 것이며 본인은 감옥에 와서야 그 죄목이 무엇인지 알게 된다고 여겼다. 떠돌이들은 재산 소유에 대한 관념이 전혀 없었고 동전푼조차 소중히 여기지 않는 사람들, "돈이 없어서 마음이 부자인 사람들"이었다. 떠돌이들은 가끔 성을 내기는 하지만 결코 악하지는 않은 사람들이다. 반면 죄수들이 떠돌이 출신 동료 중에서 진짜 "악당"으로 여기는 인물은 생활 규범이 엄격하고 성격이 꼿꼿해서 결코 매수당하지 않으며 죄수 공동체에 헌신적이고 증거를 인멸할 줄 알고 무엇 하나 잊어버리거나 허투루 하지 않으며 무엇보다 삶과 자기 자신을 가볍게 볼 줄 아는 그런 사람들이다.[48] 수감자들은 누가 어떻게 해서 감방에 들어왔는지 물어보지 않았고, 이야기를 듣더라도 과장이 많기 때문에 모두 믿지는 않았다. 그들은 동료들의 행동에 따라 그들을 평가하였는데 그들이 중시하는 것은 용감성이었다. 죄수들은 윤리적 문제에서 냉소적이었지만 그들이 만드는 우스울 정도로 꼼꼼한 규칙들은 나름대로 정의로운 것이었다. 그들은 떠돌이 중에서도 심한 채찍질을 견뎌 낸 사람, 중범죄자로 재판받고 수감된 사람들을 특히 존경했다. 말하자면 이런 사람들이 용감한 사람으로 여겨진 것이다. 이런 사람들에게는 러시아 역사의 영웅들, 곧 수보로프,

쿠투조프, 파스케비치 등의 이름을 별명으로 붙여 주었다. 토볼스크, 이르쿠츠크, 네르친스크 등 감옥마다 회자되는 용감한 떠돌이들이 몇 명씩 있었다. 이들의 이름은 전설이 되어 죄수 조합에서 조합으로 대를 이어 전해졌으며 죄수들 사이에서 모범과 지침이 되었다.[49] 또한 이러한 용감한 떠돌이들은 교묘하고 대담한 방법으로 차꼬를 벗고 탈옥을 감행하기도 했다.

감옥 공동체는 수감자 처우에 불만이 있을 때 감옥 당국을 상대로 집단적 저항을 감행하기도 했다.[50] 그러나 그런 경우는 많지 않았다. 살인, 강도 같은 흉악 범죄를 저지른 형사범들이 들끓는 시베리아 유형지의 감옥이지만 집단 난동이나, 수감자들 사이에서의 흉악한 범죄 행위 같은 것은 드문 편이었다. 때로는 유형길에서 목적지나 중간 기착지에 빨리 도착하기 위해 호송단의 장교가 유형수들에게 차꼬를 풀고 빨리 행진하라고 하는 일도 있는데, 이런 경우에도 탈출자 없이 모든 유형수가 목적지에 도착하였다.[51] 앞에서 이미 언급한 대로, 막시모프도 유형수들이 유형지로 향하는 행진 중에는 거의 탈출을 하지 않는데, 누군가가 탈출하면 조 전체가 책임을 져야 하기 때문이라고 기록하였다.[52] 막시모프가 이 단계에서 "공동체"라는 용어를 사용하지는 않았지만, 집단의 연대책임이라는 점에서 막시모프와 야드린체프는 동일한 현상을 염두에 두고 있었다고 하겠다.

야드린체프는 감시자들은 수감자들을 동정하고 수감자들을 위해 탄원서를 내며 그들의 처우 개선을 위해 노력하는 한편, 수감자들도 감시자를 존중하여 소동을 일으키지 않는 것이 일반적이라고 보았다. 1863년 폴란드 독립을 위한 봉기에 참여했다가 체포되어 시베리아 유형을 당했던 폴란드인 정치 유형수 코르넬 지엘론카는 이송 배치 감옥이 있던 토볼스크도의 젊은 도지사 알렉산드르 데스포트 제노비치에 대해 "우아하고 올곧은 성격이며 대단히 정력적"이라고 평가하였다. 도지사는 폴란드 정치범들을 방문하기 위해 감옥을 찾아와 그들과 폴란드어로 대화를 나누었으며, 최종 유형지를 향해 이송되어 가는 그들을 위해 젬스트보의 우편 마차를 이용할 수 있게 주선해 주기도 했다.[53] 이는 감시자가 아니라 지방행정의 최고 책임자인 고위 관리가 정치 유형수들에게 호의를 베푼 경우다. 물론 도스토예프스키의 『죽음의 집의 기록』에 나오는 소령 같은 가학적 감옥 관리 장교나 하사관, 케넌의 『시베리아와 유형 제도』에 묘사된 가혹한 감옥 관리들의 경우를 볼 때 감독자들이 유형수들을 대하는 방식은 제도적으로 정해져 있는 것이었다기보다 개개인의 품성에 좌우되는 것이었다고 할 수밖에 없다. 따라서 감시자들은 수감자 공동체에 모든 것을 맡기고 자신들은 경제적 문제만을 담당했다는 야드린체프의 기술은 "좋은 감독관이 있는 감옥에서나" 가능한 것이었다.[54] 이것이 서로에게 다 유리한 것임을 양측이 다 알았다는 것이다.

실제로 유형자들을 호송하는 호송단의 감시자들, 유형지나 감옥의 감시자들, 특히 장교들이 대부분 잔인하게 굴지 않고 유형수들을 동정하며 관대하게 대했다는 것은, 러시아 관리들과 시베리아 유형 제도에 대해 호의적인 견해를 가질 일이 결코 없는 19세기 중반의 폴란드 정치범 루핀 피에트로프스키의 회상록에서도 확인할 수 있다. 그는 1830년대 초반에 폴란드 독립운동에 참여했다가 체포되어 1843년 옴스크 부근으로 유배되었는데, 그 후 탈출을 감행하여 아르한겔스크에서 북극해를 거쳐 서유럽으로 도주하는 데 성공하였다.

피에트로프스키는 시베리아 유형 시절의 체험을 회상하며 쓴 책 『시베리아 유형수 이야기』에서 감독관들이 엄격하기는 했지만 결코 쓸데없이 사악하거나 불친절하게 굴지 않았으며 변덕스러운 전제적 지배자의 태도를 보인 적이 없다고 말했다. 또한 동료 유형수들은 고마울 정도로 자기를 존중하며 친절하게 대해 주었다고도 썼다. 피에트로프스키는 귀족 출신으로 유배당하여 죄수들과 같은 처지에 놓였건만 유형수들은 이를 고소하게 여기는 식의 야비한 농담으로 그를 괴롭히는 일도 없었을 뿐 아니라 힘에 부치는 일을 하는 상황에서는 그를 기꺼이 도와주기까지 했다고 한다.[55] 이는 귀족과 하층민이라는 신분의 격차를 넘어서는 일이기도 했고 지배 민족인 러시아인들과 피지배 민족으로서 러시아에 저항하고 있던 폴란드인의 차이를 넘어서는 일이기도 했기에 그의 이 같은 발언은 시베리아 유형수들 사이에서 형성된 각별한 인간적 관계를 보여 주는 예가 아닐 수 없다.

야드린체프는 흉악범들이 거친 시베리아 유형길을 깊은 윤리적 특징을 보이면서 행진하고 감옥에서도 그렇게 살아간다고 보았고, 이것은 바로 감옥 공동체가 발휘하는 놀라운 영향력 때문이라고 보았다. 그는 감옥 공동체는 유형수들 사이에 적의와 범죄를 심은 것이 아니라 굴욕당하고 모욕받고 고통받은 모든 이에게 형제적 연합과 서로에 대한 지고한 사랑을 심어 주었다고까지 평가했다.[56] 그러나 19세기 후반 시베리아 지역주의의 가장 중요한 이론적 지도자 중 한 사람이었으며 강한 인민주의 사상을 지니고 있던 야드린체프는 전반적으로는 시베리아 유형 제도에 대해 지극히 비판적이었다. 그가 『식민지로서의 시베리아』 가운데 「시베리아 유형」 장에서 묘사한 시베리아 유형수들의 윤리적 수준은 낮다. 그 장에서는 인간애나 형제적 연대는커녕 이기적이고 저열한 본능적 욕망을 이기지 못하는 존재로서의 시베리아 유형수들(물론 일반 형사범들의 이야기이기는 하지만)에 대한 묘사가 차고도 넘친다. 그런데 동일한 저자인 야드린체프가 감옥과 유형지에서의 공동체를 다룬 책 『감옥과 유형지에서의 러시아 공동체』에서는 수감자들이 공동체 내부에서 고도의 책임감과 연대 의식을 가진 윤리적 존재들로 그려지고 있다. 개개인이 아니라 공동체의 선한 영향 때문이라는 것인데, 후대의 독자는 솔직히 어디까지가 그의 인민주의적 신념에 바탕을 둔 것이고 어디까지가 사실에 입각한 것인지 완벽하게 판단하기 어렵다. 게다가 그는 감옥 공동체를 칭할 때 농민 공동체를 뜻하는 옵쉬나라는 용어를 일관되게 사용하고 있다. 인민주의자들이 일반적으로 농민 공동체를 이상화했듯, 인민주의 성향의 야드린체프가 감옥 공동체도 이상화했을 가능성이 있다. 그러나 그가 들고 있는 예들이 상당히 구체적이고, 또한 시베리아 유형길에서 죄수들이 비교적 순종적이었다는 점은 사실이기에, 감옥 공동체가 유형수들과 수감자들에게 미치는 영향에 대한 그의 견해는 일단 존중하지 않을 수 없다.

경험이 많고 노련한 죄수들이 수감되어 있는 유형수 감옥에서는 감옥 공동체가 훨씬 더 활성화되어 있었다. 감옥 공동체가 있는 감옥에서는 죄수 민회에 의한 죄수 자치가 일반적이었다. 감옥 공동체는 죄수장과 서기를 선출하였으며 공동체에 해를 입히는 수감자에 대해 재판을 행하고 경제적인 문제를 논의하였다.[57]

죄수장은 통치 기능을 가진 권력자라고 보기는 어려웠다. 막시모프에 따르면 죄수장의 의무 가운데 가장 중요한 것은 동료 죄수들을 위해 식사를 마련해 주는 것이며, 그런 의미에서 죄수장은 관리인이라고도 할 수 있었다.[58] 죄수장은 또한 유형수들이 유배 오는 길에서 모은 희사금 전액을 비롯하여 수감자들이 납부하는 출연금으로 구성되는 공동체의 기금을 관리하는 경리이기도 했으며 공동체의 배달부이기도 했다. 그는 죄수들의 모든 행동에 대해 감옥소장 앞에 책임을 졌다. 죄수장은 수감자의 입소와 출소에 관한 기록부를 관리했으며 이를 보좌하기 위해 역시 수감자 중에서 선출된 서기를 두었다.[59] 감옥소장은 죄수장을 마치 공적 직책을 맡은 사람처럼 대우했으며 설사 그가 실책을 저지르더라도 죄수 공동체 전체의 동의 없이는 죄수장을 경질하지 못했다. 단 죄수 공동체 자체는 공동 기금의 관리와 식사의 제공이라는 두 업무에서 죄수장이 조금이라도 실책을 저지르면 여지없이 그를 경질하였다.[60] 한편 죄수들은 죄수 공동체 내부에서 일어난 일에 대해 철저한 비밀을 유지하고 자신들의 이익 수호에 투철해서 절도를 하거나 문제를 일으키는 동료라도 절대로 간수에게 밀고하거나 넘겨주지 않았다. 그 대신 죄수들은 혐의적은 동료들은 직접 징벌하였는데, 모든 동료가 해당자에게 달려들어 격렬하게 구타하거나 심지어 칼로 찌르기도 했다. 이러한 폭행을 당한 수감자는 즉사하거나 앓다가 죽거나 했다. 수감자들은 폭행 사실을 감추기 위해 그를 병원에 데려가지 않았다. 동료들의 행위를 감독자에게 밀고하는 첩자나 배신자로 여겨지는 수감자는 바로 가혹한 징벌을 당했다. 그러나 적어도 자기들 사이에서는 절도나 강도, 모욕 행위, 드잡이가 벌어지지 않도록 철저히 막는 것도 공동체의 일이었다.[61] 지나치게 엄격한 감독자가 성가시게 여겨질 때 눈속임을 비롯한 온갖 수단을 써서 그를 경질시키는 것도 죄수 공동체가 하는 일 중의 하나였다.[62]

감옥 공동체는 수감자들 사이에 노역 의무를 분배하는 일도 결정했다. 수감자들은 감옥에서 정하는 공적 노역 의무 외에, 자체적으로 수행하는 노역이 있었다. 감방·복도·마당·화장실 청소, 빵 굽기, 크바스(러시아 전통 음료) 끓이기, 요리하기, 물 긴기, 병원 업무와 서기 업무 보조 등이 자체적 노역이었으며 감옥 공동체는 이 같은 의무를 구성원들 사이에 평등하게 분배하기 위해 노력했다.[63]

그런데 수감자들은 이 같은 자체적 노역 의무는 몸으로 직접 이행하기보다 돈으로 대납하기를 원했다. 그리고 수감자마다 재능이 달라서 예컨대 빵 굽기와 요리하기에 특별한 재능이 있는 수감자들이 따로 있기 마련이었다. 따라서 감옥 공동체는 보수를 지급하고 공동체 내에서 이러한 수감자들을 고용하였다. 보초나 당직 같은 업무만 모든 공동체원이 교대로 수행하였다. 죄수장과 서기 같은 일반 직책자들은 보수도 받았다. 죄수장은 한 달에 3루블을, 서기는 1루블을 받았다.[64]

이를 위해서는 기금이 필요했다. 죄수 공동체는 기금을 위해 여러 경로로 돈을 마련했다. 우선 감옥에 들어오는 신참 죄수들은 의무적으로 일정한 액수의 출연금을 죄수 공동체에 납부해야 했다. 야드린 체프에 따르면 이 액수는 감옥마다 조금씩 달랐다. 그래서 어떤 감옥에서는 떠돌이 30코페이카, 정배 유형수 75코페이카, 농민과 소시민은 1루블 50코페이카, 그리고 상인과 귀족은 2~3루블을 납부했다.[65] 이렇게 모은 돈은 감옥 밖에서 담배, 차, 설탕, 술, 카드, 음식물 등을 사는 데 사용했고 이런 일에서 공동체 구성원들은 탁월한 주도력을 발휘했다.[66]

이런 목적을 위해 돈이 점점 더 필요해지자 재주가 좋은 죄수들은 위조화폐를 능숙하게 만들어 내기도 했다. 토볼스크의 감옥에서는 주석으로 위조 은화루블을 만드는 기술이 이어져 내려왔다. 1은화루블 위조화폐는 30코페이카에 팔렸는데, 감시병들도 이를 즐겨 구입해서 물정에 어두운 키르기즈인들, 오스탸크인들, 타타르인들과 거래를 하는 데 사용하였다. 토볼스크 감옥에서는 위조 인장, 위조 거주증 등을 만들어 내는 전통도 있었다. 위조 인장은 50코페이카에서 1은화루블 사이에, 위조 거주증은 3은화루블에 거래되었다. 그 외에도 온갖 물품 혹은 권리들이 감옥 안에서 거래되었다. 예를 들어 감방 내 자리도 거래되어, 바깥을 잘 내다볼 수 있는 자리는 2코페이카에서 1루블 사이의 가격으로 매매되었다. 이르쿠츠크 감옥에서는 감방 바깥 우샤코프강으로 물을 길러 갈 수 있는 권리도 매매의 대상이 되었다. 이 권리를 얻은 죄수들은 두 명이 짝을 이루어 물을 길어 오면서 길에서 만난 사람들에게서 희사금을 두둑이 받을 수 있었기 때문이다. 그들은 희사금 중 2~3루블을 죄수 조합의 기금으로 내놓곤 했다.[67] 이런 경우가 아니더라도 유형수들이 감옥 밖으로 노역을 나갔다가 일반 주민들에게서 희사금을 받는 일은 드물지 않았다. 그리고 모든 희사금을 감옥 공동체를 위해 내놓는 것은 아니었다. 옴스크 요새에 수감되었을 당시 노역을 나갔던 도스토예프스키는 열 살 정도 된 "천사처럼 고운" 한 소녀에게서 4분의 1코페이카 동전 한 닢을 받았고 그 동전을 오랫동안 소중히 간직했다.[68]

감방에는 헌옷이나 외투 같은 것을 깔아 만든 마이단(장마당. 원래 튀르크의 시장을 가리키는 말이었다. 러시아어, 우크라이나어에서 시장, 광장을 의미하는 말로 쓰인다.)이라 불리는 장소가 있었는데, 죄수들은 이 주변에 둘러앉아 내기 카드놀이를 했다. 내기 카드놀이는 죄수들이 가장 열광적으로 탐닉하는 행위였다. 죄수들 가운데 자금 능력이 있는 사람이 마이단 전매권을 가졌으며, 감옥 공동체는 이 마이단 전매권자를 보호하였다. 마이단은 한밤중에 감시자의 눈을 피해 펼쳐졌는데, 감시자가 다가오는 기척이 있으면 망을 보는 사람이 암호를 외쳤다. 네르친스크에서는 "조심해."라고 하고 토볼스크나 다른 곳의 감옥에서는 "물 온다."라고 했다. 그러면 죄수들은 마이단을 없애고 촛불을 껐다. 감시자가 사라지면 다시 마이단이 펼쳐졌다.[69]

공동체의 기금은 공동체 성원들의 입장에서 매우 절박한 다른 목적을 위해서도 사용되었다. 그것은 공동체 구성원인 수감자가 재판을 받을 때 재판에서 완화된 판결을 받기 위해 법정 관계자들에게 뇌물을 주고 체벌 집행인들을 회유하는 일이었다. 경찰이나 법정 관계자들을 회유하는 일이 성공하지 못하면 체벌 집행자들에게 뇌물을 주었다. 예를 들어 감옥 공동체 구성원들이 채찍형을 받는 경우 체벌 집행자에게 뇌물을 주는 것이 필요했다. 체벌 집행자는 매달 공동체 기금에서 3루블을 받았으나 집행자를 회유할 필요가 있을 때면 공동체는 그에게 한 달에 6~10루블을 제공하고 그 외에 여러 선물을 아낌없이 제공했다. 경제 사정이 좋지 못한 하급 관리인 체벌 집행자는 공동체를 압박하여 그 외에도 여러 가지 방법으로 돈이나 물품을 뜯어내곤 하였다.[70] 야드린체프에 따르면 수감자 공동체는 구성원이 공동체에 있을 때뿐 아니라 다른 유형지에 있을 때나, 심지어 자유의 몸이 되었을 때조차 그를 돌보아 주었다. 수감자 공동체는 수감자들이 누구에게서도 도움을 받지 못하는 존재이며 유형이나 감옥에서 풀려나더라도 또다시 범죄에 빠져들 여지도 있음을 알고 있었기 때문이다. 몇몇 시베리아 감옥에는 수감자가 출옥할 때 그를 위해 공동체 금고에서 일종의 전별금을 주는 관행이 있었다.[71] 어떤 수감자는 출옥할 때 수감자용 외투를 벗어 버리면 입을 옷이 전혀 없어 알몸이 되어 나오기도 했고 시베리아의 정배 유형수 가운데 어떤 사람들은 추위와 배고픔을 못 이겨 다시 감옥으로 되돌아가게 해 달라고 애걸하기도 했다. 출옥했다가 얼마 안 돼서 감옥으로 되돌아온 사람들은 감옥 공동체에게 연민 어린 따뜻한 태도로 받아들여지곤 했다. 너나없이 미래가 없는 암담한 처지의 빈털터리 수감자들은 돌아온 옛 동료에게 낡은 것이나마 상의니 장화니 외투니 하는 옷가지들을 내주었다. 그리고 빵이니 담배니 할 것 없이 가능한 모든 것을 가져다주기도 했다. 그러면 옛 수감자는 이 같은 온정에 가슴이 데워져 다시 길을 떠나곤 했다. 야드린 체프는 자못 연민에 찬 필치로 이 광경을 그려 냈다.

깊은 가을밤 눈보라와 비바람 속에서 시베리아의 감옥 주변에서는 종종 외침 소리가 들리곤 한다. "보초, 보초, 살려 주오." 이 사람은 누구인가? 이 사람은 떠돌이. 여름철의 편력을 끝낸 지금, 절반쯤 추위에 얼어붙고, 감각조차 잃어버리고 굶주린 떠돌이가 자신의 한때의 보금자리였던 옛 감옥에 피난처를 얻기 위해 찾아온 것이다. 사실 이 불행하고 쫓기는 사람이, 자신이 저지른 범죄 때문에 영원히 고향을 잃어버렸고 다른 나라로 떠날 만한 힘도 포용력 있는 가슴도 가지지 못한 이 사람이 갈 곳이 어디 있겠는가? 마찬가지로 불행한 사람들의 가족 사이가 아니라면 그 어디에서 그가 매달려 쉴 곳을 찾을 수 있겠는가? 여기 이 공동체가 그에게 다시 보금자리가 되어 주니, 그는 자기의 비애, 자기의 참회, 참으로 아픈 가슴의 상처를 가지고 이곳으로 온 것이다. 이 우의(友誼) 공동체는 그에게 어머니가 되어 주니 그는 그 가슴에서 잠시나마 마음을 진정시키며 난폭하고 일그러진 자기의 머리를 가라앉히는 것이다.[72]

체벌, 노동, 식사

유형수들은 유형 길을 떠나오기 전에 채찍질을 먼저 견뎌야 했다. 시베리아 유형 판결은 대개 '태형 ~대 후 시베리아로 ~동안 유형'이라는 형태로 부과되었기 때문이다. 귀족 출신 유형수에게는 태형이 면제되었지만 평민 출신 유형수는 정치범이라 할지라도 태형을 받아야 했다.

태형은 도구와 형식에 따라 가죽 채찍형, 태형, 주행 태형 등으로 나뉘었다. 태형을 당하는 죄수는 허리 위쪽으로는 맨몸인 상태로 채찍질을 당했는데 가죽 채찍형과 태형의 경우에는 '망아지'라 불리던 태형판 위에 엎드려 채찍질을 당했고 주행 태형의 경우에는 마주 보고 도열해 있는 병사들 사이를 웃통을 벗고 걸어가면서 채찍질을 당하였다. 가죽 채찍형은 크누트(кнут, 영어로는 knout)라 불리는 가죽 채찍으로 맞는 벌이다. 크누트는 캣 오나인 테일스(cat o'nine tails), 곧 아홉 꼬리 고양이라는 별칭으로도 불렸는데 여러 갈래(대개 아홉 갈래)로 날카롭게 간 끝이 마치 날선 칼날과도 같은 작용을 하는 가죽 채찍이다. 손잡이 쪽은 한 갈래로 묶여 있고 아래쪽만 여러 갈래로 나뉘어져 태형을 가하는 사람이 한 번만 내리쳐도 태형을 당하는 사람의 몸에 여러 대를 한꺼번에 때린 효과를 내게끔 만들어져 있었다. 태형 집행자가 크누트 손잡이를 자기 몸 쪽으로 수평으로 당기면서 내리치면 채찍 갈래들이 맞는 사람의 살갗을 파고들어 길게 찢어 놓을 수 있었다. 태형은 플료치(плёть)라고 하는 나무 채찍 다발로 맞는 벌이다.

나무로 만들어졌다고는 하지만 5~6파운드가 나가야 한다고 법적으로 규정되어 있는 무거운 채찍이었다. 이 채찍은 살갗을 찢어 놓지는 않았지만 피부를 터지게 할 수 있었고 갈비뼈를 부러뜨릴 수도 있었다. 이 나무 채찍으로도 여러 번을 맞으면 사람이 견디지 못하고 죽을 수 있었다.[73] 주행 태형(running the gauntlet)은 직역하면 '대열 사이 통과(skvoz stroi: through the ranks)'라고 할 수 있으며, 일반적으로 병사들에게 적용되는 태형이었으나 폴란드 정치범들은 자주 이 형벌을 받았다. 마주 보고 도열한 병사들 사이를 웃통을 벗은 죄수가 가슴에 갖다 붙인 총대에 두 팔을 결박당한 채 다른 병사의 인도에 따라 지나가면 도열한 병사들이 그에게 몽둥이질을 하였다. 이때 사용되는 도구는 기다란 막대 다발인데, 벌을 받은 사람은 등과 어깨에 몽둥이를 맞으며 천천히 걸어갔다. 표트르 1세는 몽둥이질의 최대 횟수를 1200대로 정하는 칙령을 내렸는데, 1200대를 한꺼번에 감당할 수 있는 사람이 없었고 200대 정도를 맞으면 거의 모두가 혼절하기 마련이었다. 죄수가 혼절하면 병원에 입원시켜 치료를 받게 한 다음 다시 나머지 벌을 가하곤 하였다.[74]

유형수들은 유형지의 감옥에서도 체벌을 당하였다. 주로 감독관이나 간수들에게 잘못 보이는 경우 이러한 어려움을 겪었다. 이때는 특별한 기준이 없고 감시자와 관리들이 자의적으로 체벌 정도를 결정했다. 대개는 일반 형사범들이 체벌을 받았지만 고약한 관리에게 걸리는 경우 귀족 출신 정치 유형수들도 체벌을 당하는 경우가 있었다. 그들은 유형을 떠나올 때는 체벌을 면제받지만, 유형지 감옥에서는 "모든 권리를 박탈당한" 상태이기 때문에 원천적으로 체벌을 면제받지는 못한 것이다. 도스토예프스키만 하더라도 『죽음의 집의 기록』에서 자주 언급하고 있는 "소령"의 비위를 거슬러 태형을 받을 위기에 처한다. 그러나 요새 사령관인 데 그라베 대령의 중재 덕분에 체벌에서 벗어날 수 있었다. 체벌을 당하는 유형수 중에는 쇠사슬로 감방 벽에 묶이거나 수레바퀴에 묶여 지내는 벌을 받는 사람도 있었다. 이러한 장면들에 대한 회화적 혹은 문자적 기록들은 그야말로 시베리아 유형수가 고대 로마의 노예 감옥인 에르가스툴라에서 사슬에 묶여 지내는 노예나 미국 남부의 면화 농장에서 채찍 아래 노동하는 흑인 노예와 같은 처지라고 하는 관념이 세인들의 머릿속에 뿌리내리게 하는 가장 중요한 원인이 되기도 했다. 야드린체프가 감옥 공동체의 역할을 기술하면서 체벌 집행인에게 뇌물을 주어 체벌을 가볍게 하도록 부탁하는 것을 그중의 하나로 꼽은 것도 이러한 사정 때문이었다.

유형수가 수행하는 노동은 그에게 부과된 형벌에 따라 다양했다. 중노동 유형수들은 광산, 토목 건설, 공장 노동 등 온갖 노동에 종사했다. 앞에서도 언급했지만 가장 고통스러운 노동은 지하 광산 노동이었다. 카라 광산에서 노동하는 유형수들은 아침에 광산에 가서 일하고 점심 식사를 그곳에서 한 후 저녁에 돌아왔다. 염색공장, 양조공장, 주물공장, 벽돌공장 등 제조업 부문의 공장에서 일하는 노동자들도 공장의 작업 일정에 따라 일했다. 도스토예프스키는 요새 안에서 허드렛일을 하다가 이르트이쉬 강변의 벽돌공장에 가서 일하면서 맑은 공기를 쐬었던 것에 대해 기록하고 있는데, 거리가 멀더라도 요새 밖 노역을 좋아하는 유형수들도 있었다.

모범수, 곧 '절제하는 자'로 평가받은 유형수는 노역에서나 대우 면에서 여러 혜택을 받았다. 이들 가운데 수공업 기술이 있어서 관급품 제작을 하는 유형수는 특별 대우를 받아서 일반적 노동을 면제받고 자기의 필요에 따라 가축을 돌보거나 숲에서 필요한 자원을 채취할 수도 있었다. 이들 중에서도 특별히 뛰어난 이들은 유형수 틈에서 벗어나 일반 수공업자들 사이에서 생활했으며, 그들과 자녀들은 일반 수공업자들에게 허용된 모든 권리를 누릴 수 있었다. 이들에게는 외양에서도 구분될 수 있는 권리를 부여했으니, 다름 아닌 수염이다. 모범수들 중 나이가 지긋한 사람은 유형수 신분임에도 수염을 기를 수 있었다. 또한 이들에게는 관리자 측에서 매달 수당을 지급했는데, 유형 후 5년이 경과한 이에게는 매달 50코페이카씩, 10년이 된 이에게는 1루블씩, 그리고 15년이 경과한 사람에게는 특별한 식사를 허용하였다. '절제하는 자'들은 이러한 돈을 받으면 절반은 감옥 공동체(죄수조합)에 납부하였고 조합은 이를 회계장부에 기재하였다.[75]

중노동형이 아니라 정배 유형에 처해진 유형수들은 대개 촌락에 할당되어 농민들의 지시에 따라 일했는데, 농촌 주민들이 그들을 호의로써 대하는가, 악의를 가지고 대하는가에 따라 그들의 노동 정도가 달라졌다. 농민들의 신뢰를 사는 유형수는 땅을 얻어 농민적 삶에 편입될 수도 있었지만 그들의 불신을 사는 경우에는 촌락에 전혀 받아들여지지 않은 채 겉돌다가 다시 유랑민의 처지로 내몰릴 수도 있었다. 레닌이나 트로츠키같이 운 좋고 도도한 정치 유형수들은 일반적인 의미의 노역을 전혀 하지 않았으며 독서와 저술 활동을 하고 서신을 교류하며 자기 시간을 가졌다. 물론 이는 유형수 감옥에서는 불가능한 일이었다.

식사는 적어도 양적인 면에서는 일반적인 인식에 비해 그렇게 열악한 것은 아니었다. 특히 노동 수용소인 경우에는 일정한 노동력을 유지해야 했기 때문에 최소한의 영양은 공급될 수 있게 했던 것으로 보인다. 1885년 10월 카라 중노동 수용소를 방문했을 때 케넌이 관찰한 바로는 중류 감옥 수감자들은 매일 3파운드의 호밀 흑빵, 4온스(약 113.4그램)의 뼈를 포함한 육류와 소량의 보리, 홍차를 식사로 제공받았고 때때로 감자나 소량의 양배추 등을 제공받기도 했다. 그러나 이러한 채소는 유형수들 자신이 가윗일을 해서 벌거나 아낀 돈으로 구입하는 것이라고 했다.[76] 이러한 식품 구성과 성격 자체는 약 20년 전에 막시모프가 카라 강제 노동 수용소를 방문하여 관찰하고 기록한 내용과 대동소이하지만 육류의 공급량은 크게 차이 난다. 막시모프는 유형수가 매일 제공받는 육류의 양이 여름에는 1푼트(0.41킬로그램), 다른 계절에는 3/4푼트였다고 썼기 때문이다.[77] 막시모프의 기록을 믿는다면 유형수들에게 제공되는 육류의 양은 그리 적은 편이었다고 하기는 어렵다. 물론 양적인 측면은 그렇다 하더라도 육류가 그리 양질이었다고 믿을 수는 없을 것이다. 카라 수용소 방문 당시 시베리아 유형 제도에 대한 부정적 견해로 가득 차 있던 케넌의 주관적 인상을 그대로 믿을 필요는 없겠지만 그는 수용자들에게 제공되는 고기가 비누용 유지(油脂)에 쓰이는 허드레 조각 같아 보였다고 쓰고 있다.[78] 그래도 어쨌거나 카라 중노동 유형수들은 황제의 개인 소유 금광에서 금을 캐는 사람들이었기에 관리자들은 이들의 노동력을 완전히 고갈시킬 정도로 열악한 식사를 제공하는 것은 바람직하지 않다고 여겼던 것으로 보인다. 도스토예프스키는 일반 농민 출신 수형자들이 "자유 상태에서는 자주 굶주림에 시달렸지만 감옥에서는 적어도 배부르게 마음껏 먹을 수 있다."라고 했다.[79] 그가 수감되어 있을 당시 러시아에서는 아직 농노제가 유지되고 있었고 여기서 말하는 일반 농민들이란 농노들이었다. 그들은 사적 지주의 착취 아래 있을 때보다 공적 감옥에 있을 때 더 좋은 식사를 했던 것이다. 그러나 일반적으로 유형수 감옥의 식사는 그리 위생적인 환경에서 제공되지 않았으며 도스토예프스키는 귀족 출신 유형수들이 불결한 음식 때문에 특히 어려움을 겪는다고 여겼다. 그는 음식에 대한 불만 때문에 수감자들이 집단 항의한 사건에 대해 기록하고 있다.[80]

수감자들은 자기 돈으로 음식이나 술을 사서 식사를 하기도 했다. 막시모프의 기록에 따르면 중노동형 수형자들도 시험 단계가 지나 모범수가 되면 엄격한 감시는 받더라도 자기 집과 토지를 가지고 곡물과 채소를 경작하며 가축을 기를 수도 있었다.[81] 이 경우에는 식사의 질은 개개인의 능력에 따라 달라졌다.

유형수들의 의사소통

유형수들은 공통의 고통을 겪는 사람으로서 그들의 독자적인 의사소통 방식을 가지고 있었다. 유형수들의 언어와 소통 방식에 일찍부터 관심을 기울인 이는 세르게이 막시모프였다. 그는 유형수만이 아니라 감옥에 수감된 수인들 사이에서 독특한 의사소통 방식과 독자적 언어 체계가 형성되어 전통을 이루어 왔음에 주목한 바 있다. 그 가운데 대표적인 것이 수형자들의 통방(通房)이다. 통방은 수인들끼리 특정한 방식으로 벽을 두드려 의사를 소통하는 방식이다. 막시모프에 따르면 특정한 방식의 손짓이나 두드림 같은 방식으로 의사를 소통하는 일은 라마 수도승들이나 심문받는 공범들 사이에서 활용되어 온 것이었고, 수공업자들이나 전신수들도 정해진 방식의 두드림 체계를 통해 의사를 전달하는 방식을 발전시켜 왔다. 그런데 거사가 실패로 끝난 후 페테르부르크의 페트로 파블로프스크 요새 알렉세예프스키 반월보(半月堡) 옥사에 수용되어 고립된 상태에 있던 데카브리스트들이 이를 응용했다고 할 수 있는 통방의 방법을 특히 효율적으로 발전시켰고 이것이 전통이 되어 정치범들에게 전해졌다.[82] 지금도 페트로 파블로프스크 요새 감옥에는 19세기의 정치범들이 서로 간의 의사소통을 위해 썼던 암호표가 벽에 전시되어 있다. 이 통방은 러시아의 수감 생활 이야기에서 되풀이하여 등장하는 요소가 되었다. 수형자들은 이를 다른 수형자들의 회상록에서 읽었을 수도 있고 막시모프의 책과 같은 문헌에서 배웠을 수도 있다.[83]

이렇듯 수감 생활에서 독특한 의사소통과 언어 체계를 가지게 된 유형수들은 유형 생활 속에서도 이러한 의사소통 체계를 발전시켜 갔다.

가족생활

시베리아 유형수들은 나폴레옹이 살았던 세인트헬레나 섬, 드레퓌스가 갇혔던 악마의 섬에서처럼 고립된 상황에서 생활하지는 않았다. 원칙적으로 유형수들에게는 가족생활이 금지되지 않았으며 정부는 오히려 유형수들의 가족생활을 적극 권장하였다. 유형수의 가족들이 시베리아로 따라가고자 하는 경우에는 정부가 이를 허용하고 이들의 호송 경비를 제공해 주었다.[84] 왜냐하면 이들은 시베리아의 넓은 땅에 거주하면서 생산 활동을 할 노동력이었고, 안정된 가족생활을 영위해야 양질의 노동력이 공급될 수 있다는 것이 정부의 입장이었기 때문이다. 무엇보다 시베리아의 인구 증가도 본인들의 의사와는 상관없이 이들이 담당하기로 상정되어 있는 과제의 하나였다. 도스토예프스키와 톨스토이의 소설 속에서는 가족은 아니지만 연인이거나 특수한 관계에 있는 인물(『죄와 벌』의 소냐, 『카라마조프 형제들』의 그루셴카, 『부활』의 네흘류도프 백작)들이 유형수를 따라 자발적으로 시베리아로 간다. 현실에서도 가족들이 시베리아로 따라가는 경우는 드물지 않았다.[85]

그 가장 극적인 예로 수많은 사람이 두고두고 이야기하는 것이 데카브리스트 부인들의 자발적 시베리아행이다. 데카브리스트 부인 가운데 가장 먼저 시베리아행을 결심한 이는 세르게이 트루베츠코이 공작의 부인인 예카테리나 트루베츠카야 공작 부인이었다. 예카테리나는 프랑스혁명 이후 러시아로 망명해 온 프랑스인 귀족인 장 라발(러시아 이름은 이반 스테파노비치 라발) 백작의 딸로 태어났다. 라발 백작은 러시아제국 외교부의 추밀고문관을 지내는 등, 고위직을 역임했고 어머니인 알렉산드라 라발 백작 부인은 우랄 지방의 광산을 소유한 기업가 집안의 딸로 러시아 전체에서도 손꼽히는 부유한 여성이었다. 예카테리나 자신도 친정의 재산 덕분에 막대한 부를 소유할 수 있었다. 예카테리나는 남편의 시베리아 유형 이후에도 자신은 재산권의 제한을 받지 않았기에 페테르부르크의 화려한 사교 생활을 그대로 누릴 수도 있었다. 그러나 스물여섯 살의 그녀는 시베리아로 가기로 결정했다. 이는 정부 측에서도 곤혹스러운 문제였다. 차르 정부는 그녀가 공작 부인의 지위와 재산을 잃을 것이라며 만류했으나 그녀는 자신의 결정을 고수하였다. 그녀는 1826년 10월 시베리아의 이르쿠츠크에 도착한 다음 친정 부모에게 보낸 편지에서 "남편의 고통을 함께 나누는 것이야말로 이 세상에서 저를 지탱해 줄 수 있는 것이라고 생각해요."라고 썼다.[86]

그다음에는 세르게이 볼콘스키 공작의 부인인 스물한 살의 마리야 볼콘스카야 공작 부인이 역시 남편과 고난을 나누기로 결심하고 시베리아로 찾아갔다. 라에프스키 장군의 딸로서 아름다운 외모로 유명했던 마리야는 처녀 시절 한때 시인 푸시킨과도 절친한 사이였다. 푸시킨이 남부 러시아에 유배를 당해 있던 시절, 라에프스키 가족이 푸시킨을 자주 자신들의 집에 초대하여 교유했고 10대 후반의 소녀 마리야 라에프스카야와 푸시킨 사이에도 자연스럽게 우정이 싹텄던 것이다. 그러나 그 후 푸시킨은 페테르부르크 사교계의 꽃이던 나탈리야 곤차로바와 결혼했고 마리야는 볼콘스키 공작과 결혼했다.

두 공작 부인은 천신만고 끝에 이르쿠츠크에 도착했지만 남편들은 이미 중노동형 현장으로 이송되어 만날 수 없었고 부인들은 처음에는 남편들의 행방조차 알 수 없었다. 몇 달에 걸친 수소문과 애걸 끝에 이들은 남편들이 유배된 네르친스크 중노동 수용소 제렌투이 광산에 도착할 수 있었다.[87] 트루베츠카야와 볼콘스카야는 남편들의 숙소 가까운 곳에 작은 집을 얻어 두 사람이 함께 생활하였다. 볼콘스카야는 젖먹이 아들을 친정 부모에게 맡겨 두고 시베리아로 왔지만,[88] 나중에는 아들을 시베리아로 데려올 수 있었다.

남편들이 유배 13년만에 광산에서의 중노동을 면제받은 후 이르쿠츠크 근처로 옮겨 온 이들은 그 후 이르쿠츠크 시내로 들어와 집을 짓고 가족들과 함께 생활하였으며 이르쿠츠크 문화 교육 활동의 중심이 되었다. 이들의 자녀는 이르쿠츠크에서 교육을 받았으며 볼콘스키 부부의 아들인 미하일은 이곳에서 김나지움만 졸업하고 대학 교육을 받지 못했음에도 그 후 러시아 본토로 가서 공직에 진출하고 상당한 지위에까지 올랐다. 볼콘스키 공작 부부는 사면받아 페테르부르크로 돌아갔고 트루베츠코이 공작도 귀환하였으나, 예카테리나 트루베츠카야 공작 부인은 남편이 사면받기 전 이르쿠츠크에서 사망하였고 그곳에 묻혔다.

남편들을 따라 시베리아로 간 데카브리스트 부인들은 흔히 부덕의 상징으로 칭송받거니와, 비교적 유복한 형편의 정치범들이 영위한 일상생활을 보여 주는 사례로도 흥미롭다. 혁명적 지식인들과 가까웠던 시인 네크라소프는 「러시아 여인들」[89]이라는 장편시에서 예카테리나 트루베츠카야 공작 부인과 마리야 볼콘스카야 공작 부인의 시베리아행을 각각 형상화하였다. 두 사람은 가족의 완강한 반대를 무릅쓰고 시베리아 행을 결심하였을 뿐 아니라, 이르쿠츠크에 도착해서는 유럽러시아로 되돌아가라는 이르쿠츠크 총독의 집요한 설득에 시달리기도 했다. 하지만 결국 이를 무릅쓰고 네르친스크 광산으로 갔다. 이 같은 여정의 묘사를 통해 네크라소프는 용감하고 올곧은 러시아 여성의 품성을 기리고 있다.

다만 오늘날, 시베리아 유형수들의 고난을 함께한 여성 가족 구성원들의 이야기를 부덕(婦德)의 표상이라는 차원에서 이야기해서는 안 될 것이다. 데카브리스트 부인들이나 알비나 미구르스카는 그들의 신념에 따라 러시아 전제정의 탄압에 굴하지 않고 시베리아 유형을 함께 감당한, '정치적 자율성을 가진 인간'으로 이해되어야 한다.

앞에서도 말했듯이, 일반 유형수들에게는 가족생활이 특히 장려되었다. 유형은 시베리아 인구를 증가시키고 경제를 발전시키기 위한 식민사업적 성격을 가진 것이었기 때문에 러시아 정부는 유형수들을 결혼시키고 이들이 가정을 꾸려갈 수 있도록 하는데 상당한 노력을 기울였다. 정부는 특히 여자 유형수들을 결혼시키는 데 신경을 썼다. 시베리아는 황량한 동부(Wild East)의 특성상 여성이 부족한 지역이었기에, 러시아 정부는 여자 유형수들을 현지의 일반 남성과 결혼시키려 하기도 했고 유형수들끼리 결혼시키려 애쓰기도 했다. 한 자료를 따르면 베르흐네우딘스크(현 울란우데)와 네르친스크에서 일부 촌락은 유형수들의 가옥(이즈바)으로 이루어졌는데 한 가옥당 두 가족이 거주하였고, 한 가족은 여성 한 명당 독신 남성 두 명으로 구성되었다.[90] 이러한 경우는 예외적인 것이라 하겠다. 일반적 의미의 가족생활을 영위한 여건이 제대로 제공되지 않는다는 점에서 유형수들은 기본적으로 고립되고 외로운 생활을 하는 사람들이었다.

교육 : 계몽적 활동

시베리아 유형수 대다수가 정치범이었던 것은 결코 아니지만, 정치범의 의미는 아주 컸다. 1861년 농노해방 이전까지 정치범들은 신분적으로 대개 최상위층에 속했다. 케넌의 연구를 보면 1827년에서 1847년 사이에 유배된 443명의 정치범 가운데 3분의 2 가까운 수가 귀족 출신이었고 3분의 1이 나머지 계급 출신이었다. 당시 귀족층이 전 사회 인구 가운데 1.5퍼센트에 불과했던 것을 생각하면 정치범 가운데서 귀족 신분이 차지하는 비중이 특별한 것이었음을 알 수 있다. 이들은 당시 러시아에서 가장 교육 수준이 높고 적극적인 사회 활동의 의지와 에너지를 가진 사람들이기도 했다. 이러한 정치범들은 시베리아에 유배된 후에 그들의 교육적·문화적 능력으로 시베리아 사회를 계몽하고 바꾸어 놓는 데 상당한 역할을 하였다. 정부는 이들을 러시아 사회와 격리하기 위해 시베리아로 보냈으나, 이들의 공적 활동은 오히려 시베리아에서 꽃을 피우게 된 경우가 적지 않다.

라디시체프는 유배지에서 유일하게 수준 높은 교육을 받은 인물로서 주민들을 위해 헌신적으로 의료 활동을 하고 학술 활동도 했다. 천성적으로 학문을 좋아한 인물답게 시베리아에서도 그의 연구열은 식지 않았다. 그의 시베리아 연구는 『시베리아 지리 노트』로 결실을 보았다.

유형수가 시베리아에 미친 감화와 계몽적 영향이라는 면에서는 역시 데카브리스트들을 빼놓을 수 없다. 시베리아에 유배된 데카브리스트들은 도착 당시부터 시베리아 현지인들에게 큰 감명을 주었다. '당대 최고 명문가 출신의 고위 인사들이 인민들을 위해 차르의 명령에 항거하였다.'라는 사실이 시베리아 주민들에게 감동적으로 다가왔기 때문에 주민들은 이들을 존경하고 공손히 대우했다. 물론 담당 관리 중에는 이들을 사무적으로 대하는 사람도 있었지만, 깍듯이 대우하는 사람들이 적지 않았다. 관련 당국은 데카브리스트들을 이리저리 분산하여 유배시켰지만, 같은 지역이나 작업장, 광산에 배치되는 경우에는 자기들끼리 모여 사는 것을 허용했다. 후대에 유형당한 정치범 중에는 미하일 바쿠닌의 경우에서 보듯 유배지를 탈출하여 망명하는 경우도 없지 않았다. 그러나 데카브리스트들은 탈출 시도는 하지 않고 자신들의 운명을 묵묵히 받아들이는 쪽이었다.

이들은 정의를 위해 싸우다 고난받는 사람들이라는 상징성 때문에 존재 자체만으로도 시베리아인들에게 큰 정치적·교육적 의미를 지녔지만, 다른 면에서도 이들이 끼친 계몽적 영향은 컸다. 트루베츠코이 공작이나 볼콘스키 공작처럼 가족이 시베리아로 건너온 경우 이들의 가족생활은 그 자체로 시베리아인들에게 교육의 현장이 되었다.

특히 이들이 중노동형에서 풀려나 이르쿠츠크 시내에 아담한 집을 짓고 살게 되면서부터 수도의 가족들이 보내 주는 물자를 바탕으로 이들이 꾸민 주택과 가구, 구독하는 간행물, 이들이 베푸는 저녁의 음악회나 연극 모임, 자녀를 교육하는 방식은 시베리아인들에게 세련된 근대 문명의 모델 역할을 해 주었다. 시베리아 현지 유력자들은 데카브리스트들과의 교류를 기꺼워했다. 볼콘스키 공작 가족을 보면 공작 부인은 이르쿠츠크 이주 후 음악과 연극의 공연을 주관하고 관람하는 등 세련된 도시적 생활 방식을 계속했지만, 공작은 농민의 옷차림으로 농사를 짓고 농업을 개량하는 일에 몰두하기도 했다. 트루베츠카야 공작 부인은 교육·문화 활동으로 주민들에게 특히 큰 호감을 주었고, 트루베츠코이 공작은 상대적으로 조용히 문필 활동에 주력했다.

서부 시베리아에 유배된 데카브리스트 가운데 슈테인겔 남작은 그 자신이 원래 시베리아 출신인데, 토볼스크에 유배되어 있는 동안 현지 상인인 미하일 야드린체프와 긴밀하게 교유했다. 역시 데카브리스트였던 안넨코프 형제, 스비스투노프 형제도 마찬가지였다. 슈테인겔 남작은 그 후 모종의 밀고로 인해 타라로 이송되었으나 미하일 야드린체프와 계속해서 편지를 주고받았다. 집주인의 아들인 소년 니콜라이는 부친의 사망 후 부친과 슈테인겔이 주고받은 편지를 보존하였다.[91] 훗날 시베리아 지역주의 지도자가 되는 니콜라이 미하일로비치 야드린체프는 이렇듯 소년 시절 데카브리스트의 문화적 아우라 속에서 성장한 인물이었다. 비록 그가 직접 슈테인겔에게서 정치 수업을 받은 것은 아니었을지라도 집안에 전해진 데카브리스트들과의 교유의 기억은 야드린체프가 숨 쉬는 공기 속에 배어 있었고, 이는 그가 공공성과 민중의 복지를 중시하는 지식인으로 성장하는 과정에서도 중요한 역할을 했을 것이라고 생각해 볼 수 있다.

'식민 활동가'로서의 정치 유형수

　　시베리아로 유배된 정치범들은 문필 활동도 전개했지만, 그들이 직접 교육·문화·계몽 활동을 펼치기도 했다. 경우에 따라서는 시베리아 현지의 관리들이 그들에게 공적 업무를 위촉해 옴에 따라 이들이 현지의 정부 위원회에서 활동을 하기도 했다.

　　데카브리스트 외에 다른 많은 정치범 유형수도 시베리아 현지에서 학술적, 공공적 활동에 종사했다. 일부 인물은 러시아 제국지리협회 시베리아 지부의 활동에 깊이 관여하여 개척되지 않은 오지의 탐사 활동에 참여하였다. 예를 들어 시베리아 출신 역사가 아파나시 샤포프(그는 이르쿠츠크도에서 출생하여 청소년기를 보냈다.)는 카잔 대학교에서 강의하다가 해직당한 후 수도인 상트페테르부르크에서 활동했다. 그러나 급진적 발언과 활동에 관한 혐의로 인해 거꾸로 시베리아로 유배당했는데 생계를 위해 제국지리협회 동시베리아 지부의 인류학적 현지 탐사 활동에 동참하였다. 그는 1866년 예니세이강을 따라 투루한스크 지역을 여행하면서 이 지역의 토착민들에 대한 종족학적·통계학적 연구를 수행했다.[92] 1874년에도 부랴트스크 초원지대와 베르홀렌스크 지역을 여행하면서 부랴트인들의 공동체 생활에 대한 조사 활동을 했고 그 결과를 여러 편의 논문에서 발표하기도 했다. 1876년 11월, 샤포프의 동료들이 펴낸 『제국지리협회 시베리아 지부 활동 20년 개관』에서는 고인이 된 샤포프를 기려 이렇게 평가하고 있다. "그의 저작에 이르서야 비로소 …… 시베리아의 종족학은 학문적 길로 들어서게 되었다."[93]

심지어 폴란드 정치범들도 이러한 활동을 하였다.[94] 1863년의 폴란드 독립 봉기에 참여했다가 체포되어 시베리아로 유배되어 온 많은 폴란드 지식인이 제국지리협회 동시베리아 지부의 시베리아 학술 탐사 활동에 동참하였다. 그 가운데 알렉산데르 체카노프스키의 경우를 살펴보자. 의학 공부를 하다가 지질학자가 되고자 하는 꿈을 가지게 되었던 그는 시베리아로 유배된 후 제국지리협회 동시베리아 지부의 위촉을 받아 이르쿠츠크도 남부 지방의 지질 연구를 수행했다. 그의 연구는 1875년 파리에서 열린 국제지리학대회에서 1등을 차지해 금메달을 받았을 정도로 학술적 가치가 뛰어났다. 그는 역시 같은 기구의 위촉으로 1873~1875년 예니세이강과 레나강 사이 미답 지역에 대한 상세한 지질학적·지리학적 연구를 수행하였다. 이 탐사는 도중에 대원 한 사람이 사망하고 한 사람은 심각한 정신적 붕괴를 겪었을 정도로 어려운 과정의 연속이었지만 그는 탐사를 성공적으로 완수했다. 그리고 니즈나야 퉁구스카강과 올레넥강 유역 지역에 대한 상세하고도 정확한 지형학적·동식물학적 지식을 제공하였다. 이 탐사의 성공은 이 지역에 접근하고자 노력하고 있던 러시아 정부에게는 대단히 반가운 일이었다. 제국지리협회와 제국학술원은 체카노프스키의 학문적 성과를 인정하여 그에 대한 사면을 건의하였고 그 결과 그는 1875년 유배에서 벗어났다. 그리고 1876년에는 상트페테르부르크의 금속학 박물관에서 학술 연구직을 얻을 수 있었다. 그러나 수도에 도착한 지 몇 달 안 되어, 유배 생활에서 얻은 우울과 심리적 상처를 이기지 못한 그는 자살하고 말았다.

체카노프스키 외에 얀 체르스키, 브와디스와프 디보프스키와 같은 폴란드 출신 시베리아 유형수들도 역시 제국지리협회와 제국학술원의 위촉으로 각기 지질학과 동물학 분야에서 시베리아에 대한 뛰어난 연구를 수행하였다. 이들 역시 학문적 공로를 인정받아 사면받았고 학술원의 지원을 받아 학술 탐사 활동을 계속하였다. 디보프스키는 사면받은 후에도 한동안 시베리아에 남아 활동했는데, 시베리아의 동북쪽 끝인 캄차카 반도에 들어가 의사로 활동하면서 이 지역에 대한 동물학적 연구를 수행하기도 했다.

표트르 대제가 파견한 베링 탐사대를 비롯한 수많은 탐사대의 사례에서 보듯이 시베리아의 오지와 미답 지역에 대한 탐사 활동은 러시아제국 정부가 엄청난 비용을 들여 오래전부터 조직해 온 일이었다. 시베리아에 유배된 뛰어난 지식인, 학자들은 정치범이라는 신분 때문에 아주 저렴한 대가만을 지급받으면서 이러한 탐사 활동에 참여하였다. 이들은 무엇보다 학술 활동이 자신의 존재 이유가 되었기 때문에 그렇게 했다. 그리고 유배 중에도 탐사 활동을 통해 어느 정도의 보수를 받을 수 있다는 것(결코 충분한 생활 수단을 제공해 준 것은 아니었지만)도 일정한 장점으로 작용했을 수도 있다. 이 같은 활동은 결과적으로는 러시아제국 정부의 시베리아 지배를 위한 기초 지식을 제공하는 의미를 가지게 되었다. 이 같은 학술 활동에 참여한 정치범들이 시베리아 식민화에 앞장선다는 의식을 가지고 있었던 것은 결코 아니지만, 제국지리협회의 활동에 참여하고 특히 토착민들의 실태를 조사하는 일에 조력함으로써 그들은 시베리아의 식민 활동가라는 뜻하지 않은 역할을 한 셈이다.

유배지에서의 자유?

시베리아에 대한 이미지가 극단적으로 대비된다고 했지만 유형에 대한 이미지도 그러했다. 톨스토이의 『부활』에서 자기 성찰 능력 없던 세습 귀족 네흘류도프 백작은 살인죄를 저질렀다고 기소된 성매매 여성 카추샤를 따라 시베리아에 가서 영혼의 소생을 체험하게 된다. 또한 도스토예프스키 소설 속, 타자에 대한 오만한 우월감과 충동적 욕망 추구 속에서 살던 남자들인 『죄와 벌』의 라스콜리니코프와 『카라마조프 형제들』의 드미트리 카라마조프는 모두 그들의 영혼을 정화할 장소로서 시베리아를 받아들인다. 라스콜리니코프와 달리 드미트리 카라마조프는 자기 아버지를 죽이지 않았다. 그러나 그는 자기 내면에는 살의가 있었음을 인정하고 시베리아 유형을 감수한다. 그리고 라스콜리니코프와 드미트리 카라마조프는 사랑하는 사람들과 시베리아 생활을 함께하게 된다.

그 반면 같은 도스토예프스키의 작품이지만 자신의 시베리아 유형 체험을 기록한 『죽음의 집의 기록』에서는 시베리아 유형을 비인간적이고 인간의 선의를 얼어붙게 만드는 제도로 그린다. 『죄와 벌』이나 『카라마조프 형제들』보다 먼저 씌어진 이 작품을 보면, 시베리아 중노동 유형 수용소에서 수용된 인간들은 서로를 미워하고 불신하며 의미 없는 노동 속에서 나날을 죽인다. 시베리아 중노동 유형 수용소는 인간이 비인간화하는 곳이요, 한마디로 죽음의 집이다. 시베리아 유형은 단순히 인간의 신체에만 작용하는 제도가 아니라 정신과 영혼에 깊은 상처를 남기는 제도로 그려진다.

이 책의 인상적인 내용 가운데 하나는 폴란드 정치범들에 대해 도스토예프스키가 드러낸 반감이다. 물론 도스토예프스키도 폴란드 정치범 가운데 몇몇에 대해서는 선량하고 교양 있는 사람들이라는 것을 인정했다. 높은 교양을 가진 지식인들이 곤궁한 상황에서 서로를 알아보는 것은 지극히 자연스러운 일이었다. 그렇기는 하지만 기본적으로 러시아 민족주의자였던 도스토예프스키는 폴란드를 러시아로부터 독립시켜야 한다고 주장하며 봉기를 일으킨 폴란드 독립운동가들에 대해 반감을 가지고 있었다. 그러면서도 그는 이를 그들의 인간적 오만함과 편협함 등의 탓으로 돌리는 태도를 취하였다. 그는 "그들(폴란드 정치범들)이 보여 주는 반목의 중요한 요인은 편견을 가지고 주위 사람들을 대하며 죄수들의 야만성만을 보고 어떠한 장점이나 인간다운 면을 발견하려 하지 않는다는 데 있었다."라고 썼다.[95] 특히 『죽음의 집의 기록』에서 M-츠키라고 표기되어 있는 미레츠키가 일반 형사범들에 대해 품은 반감과 경멸적 태도는 도스토예프스키 자신에게도 꽤 깊은 상처를 주는 일이었던 모양이다. 미레츠키는 일반 형사범들에 대해 "나는 저 비적 떼를 미워한다.(Je haïs ces brigands.)"라고 여러 차례 말했다고 한다. 특히 열악한 음식에 항의하여 수감자들이 연대하여 감옥 당국에 맞서 집단적인 항의를 했을 때도 미레츠키는 "나는 저 비적 떼를 미워한다."라고 말하면서 수감자들의 저항이 성공하지 못할 것이라고 단정했다고 한다.[96]

도스토예프스키가 미레츠키를 비롯한 폴란드 정치범들에 대해 느끼는 불편함이 지식을 가진 사람이 거칠고 무식한 민중에 대해 가지는 엘리트주의적 태도에 대한 반감인지, 러시아 민족주의자가 폴란드 독립운동가에 대해 가지는 반감인지는 사실 판단하기 어렵다. 도스토예프스키의 서술은 수감자들이 자기가 싫어하는 사람들과 어쩔 수 없이 같은 공간에서 생활하는 것 자체가 인간의 영혼을 오염시키는 일이라는 느낌을 주지만, 이는 단지 시베리아 유형뿐 아니라 수감 생활 일반에 해당한다고 할 수 있을 것이다. 정치범이었던 도스토예프스키가 중노동 수형자들처럼 심한 노동을 한 것은 비교적 짧은 기간이었지만, 그의 경험의 범위 내에도 인간의 영혼과 정신에 굴욕을 가하는 또 다른 징벌 방식이 있었다. 『죽음의 집의 기록』 속에는 강제 노동의 성격에 대한 유명한 성찰이 들어 있다.

노동 자체는 사실 강제 노동이라고 할 정도로 그렇게 괴로운 일은 아니라고 생각되었는데, 아주 오랜 기간이 흐르고 나서야 나는 이 강제 노동의 어려움이 고달픔과 끝없음 때문이 아니라 몽둥이 밑에서 의무적으로, 강제적으로 해야 한다는 점에 있다는 것을 깨닫게 되었다…….

만일 사람을 완전히 짓밟아 버리거나 없애 버리고 싶어서 가장 참혹한 형벌로 그를 벌하고 싶다면, 그래서 극악한 살인자도 이 벌 때문에 전율하고 미리부터 그를 위협하는 벌이 있다면 그것은 아주 전적으로 쓸모없고 무의미한 성격을 노동에 덧붙이는 것만으로도 충분하리라는 생각이 여러 번 들었다. 만일 지금의 강제 노동이 유형수들에게 재미없고 지루한 것이라면, 그것은 강제 노동으로 적합한 일이다. 죄수들은 벽돌을 만들고 땅을 파며 회반죽을 칠하고 집을 짓는데, 이 일에는 생각과 목적이 따르게 마련이다. 유형수들은 가끔 이러한 일에 열중해서 빈틈없고 재빠르며 훌륭하게 일을 마치고 싶어 한다. 그러나 만일 죄수들에게 강제로, 예를 들어 나무통 하나에서 다른 통으로 물을 옮겨 담고, 다른 통에서 첫 번째 통으로 다시 옮기라고 지시한다든가, 모래를 빻거나 흙더미를 한군데에서 다른 곳으로 옮겨 쌓게 하고 다시 반대로 하라고 시킨다면 아마도 죄수들은 며칠 뒤에 목을 매달거나 혹은 그런 모욕과 수치와 고통에서 벗어나 죽어 버리기 위하여 다시 수천 가지의 범죄를 저지를지도 모른다. 그러한 형벌은 고문과 보복으로 변해 버리고 어떠한 합리적 목적도 성취할 수 없는 것이므로 무의미한 것처럼 보인다. 그러나 그러한 무의미함과 모욕과 수치야말로 모든 강제 노동에서 없어서는 안 될 부분이므로 강제 노동은 자유

로운 어떤 일보다 바로 강제라는 것 때문에 비교할 수 없을 만큼 훨씬 더 고통스럽다.[97]

자유와 강제의 의미를 이보다 더 선명하게 말하기도 어려울 것이다. 또한 자유와 강제를 넘어서서, 인간이 자신의 능력을 밖으로 쏟아내서 세상에 변형을 가하는 과정으로서의 노동의 성격에 대해서도 이 구절들은 깊숙한 통찰을 제공한다. 강제 노동 중에서도 가장 굴욕적이고 고통스러운 것은 결과 없는 노동인 것이다. 작가는 이러한 진실을 온몸으로 겪었고 온 영혼으로 통찰했다.

인간이 기본적으로 자유를 사랑하는 존재라는 점에 대해서는 도스토예프스키와 비슷한 시기에 시베리아 유형을 체험한 다른 사람도 증언하였다. 폴란드인 정치범이었던 루핀 피에트로프스키는 자기가 유형지에서 만났던 일반 형사범들은 자기 운명에 대해 불평하지 않았고 때로는 그들의 과거 생활 조건보다 오히려 유형 생활의 여건을 더 좋아하는 듯이 보이기도 한다고 말했다. 특히 농노 출신이나 병사 출신들은 어려운 노동을 할 때에도 피에트로프스키 같은 사람들에게 "우리가 후회할 게 뭐 있어요? 우리는 예전에도 이 정도로 힘들게 일했어요. 게다가 두드려 맞는 일은 더 자주 있었고요."라고 말했다. 그런데 바로 이런 사람들이 때로는 크누트로 두드려 맞거나 가장 혹독한 징벌을 받을 줄을 번연히 알면서도 금지 규정을 깨는 일을 마다하지 않았으니, 인간에게서 자유에 대한 사랑, 자기 용기에 대한 사랑은 이렇게도 강하다는 것을 알 수 있다고 썼다.[98]

그런데 일련의 참혹한 경험을 하면서 도스토예프스키는 시베리아에서 영적·정신적 전환을 경험했다. 제도가 비인간적인 것과는 별개로 이 제도의 자장 안으로 끌려들어 온 불행한 사람들은 그곳에서 새로운 차원의 경험, 곧 영적 전환을 겪기도 한다. 『죽음의 집의 기록』 가운데서도 유명한 목욕탕 장면은 지옥의 광경을 묘사한 것이라고 이야기한다. 자욱한 수증기 속에 벌거벗은 인간의 몸이 득실거리는 모습은 지옥에서 불의 심판을 당하고 있는 죄 많은 인간들의 아수라장을 연상시키는 것으로 받아들여질 수도 있다.

그러나 살을 물로 씻는 것이 곧 육체의 정화이듯, 복닥거리고 득실거리며 아득바득 부대끼는 인간들의 삶의 흐름은 누군가의 영혼을 씻겨 주는 물결이 되어 주었다. 시베리아는 지옥이라기보다 일종의 연옥과 같은 역할을 하였다. 그것은 도스토예프스키에게서 민중의 발견을 가능하게 하였다. 자아로 가득 차 있던 한 지식인의 영혼이 사회적 삶의 밑바닥 중에서도 가장 밑바닥인 진흙탕 하수구 속에서 짓밟히고 구르는 남루하고 비천한, 죄 많은 인간들 속에서 찬란한 영혼의 빛을 발견하는 순간들이 있었다. 그리하여 그는 무간지옥 속에서 고귀한 인간애를 찾아내는 것이었다.

무엇보다 나는 고통받는 사람들 중에서도 가장 교육받지 못하고 가장 압박받은 계층일지라도 정신적으로 가장 섬세하게 발달한 인물을 만날 수 있다는 것을 증명하려는 것이다. 감옥에서는 때때로 몇 년 동안 알고 지내던 사람을 사람이 아니라 짐승이라고 판단하고는 그를 경멸하는 경우가 종종 있다. 그러나 갑자기 뜻하지 않은 충동으로 우연스럽게 그의 영혼이 겉으로 드러나는 순간이 되어, 당신에게 마치 두 눈이 열리는 것 같고 도저히 자신이 처음에 목격하고 들은 것을 믿지 못할 정도로, 당신은 그의 영혼 속에서 자신과 다른 사람의 고통에 대한 분명한 이해와 어떤 풍요로운 감성과 정신을 보게 될 수도 있다.[99]

"벌거벗은 생명"(아감벤)은 여기서 고귀한 인격체로 전환된다. 아무것도 가지지 못한 가장 낮은 인간 속에서 발휘되는 그 같은 고귀함이 한순간 빛나고 다시 어둠 속에 묻혀 버리고 마는 것일지라도, 이 찬란한 순간들은 삶에 절망하고 인간에 환멸 느끼는 책상물림에게 삶의 등대가 되어 주는 것이었다. 진흙탕 속에서도 진주가 발견될 수 있다는 그 확신만큼은 영원한 것일 수 있었다. 원효에게 저잣거리가 수련장이었다면 도스토예프스키에게는 감방이 그의 영혼을 씻겨 주는 곳이었다. 신영복에게 감옥이 그러했던 것과 마찬가지로.

도스토예프스키의 시베리아 유형 체험과 이를 통한 정신적 전환은 단선적인 과정이 아니라 사실 매우 복잡하고 어떤 면에서는 모순적이기까지 한 것이다. 감옥에서 빛나는 영혼들을 만난 후 세상으로 나온 사람은 세상을 다른 시선으로 볼 수 있다는 점에서 감옥은 연옥이요, 물과 불을 통한 정화일 수 있고 영혼의 재생을 가능케 해 주는 공간이다. 그러나 감옥은 그 자체로는 결코 선이 아니다. 도스토예프스키는 출옥의 순간을 "새로운 삶, 죽음으로부터의 부활"로 여겼다.[100] 감옥에서 지내는 사람들이 선한 영혼의 소유자일 수는 있지만 영원히 감옥에서 지내야 한다면 이는 인간 영혼의 파멸을 가져올 수 있는 참담한 형벌이다. 감옥에서 인간이 겪는 것은 오만함에서 벗어나기, 낮아지기, 겸손해지기, 자신을 들여다보기이다. 그리고 모든 사람은 평등하다는 뼈저린 인식이다. 도스토예프스키가 생각하기에 이것은 전환을 위한 예비 과정일 뿐, 인간은 이를 통해 마땅히 종교적 심성으로 나아가야 했다. 한편 도스토예프스키는 감옥 체험을 거치는 동안 사회에서 인간의 악을 제거하고자 하는 사회 개혁가들의 노력을 불신하게 되었다. 그는 유토피아적 사회주의에 심취했던 젊은 시절에서 거리를 두고 사회사상의 면에서는 극우적이기까지 한 보수적 사상으로 돌아서게 되었다. 영혼의 정화와 합리적 사회 개혁은 과연 절대로 양립 불가능한 것일까. 겸손하고 부드러운 영혼과 정의감은 상호 배제적인 것일까. 유형수 감옥 시절 이후의 도스토예프스키의 사상에서 이 문제는 수수께끼로 남아 있다. 물론 그 같은 극단적 체험을 하지 못한 사람들이 수수께끼를 운위하는 것 자체가 조심스럽기는 하지만, 모든 사람이 극단적인 체험을 하는 것은 아니지 않은가.

도스토예프스키는 거칠거나 오만하거나 길들여지지 않은 인간들이 시베리아 유형 생활에서 고통스러워하며, 견디기 어려운 굴욕 속에서 부드러워지고 온유해지는 모습을 그렸다. 영혼의 정화라는 이미지는 문학적이고, 현지로부터 떨어져 있는 사람들의 머릿속에서 그려진 상일 수 있다. 그러나 에드워드 사이드가 말한 대로 유형과 유배에 포함된 "소속되지 않음으로써 성숙해지는 과정"을 생각한다면 유형을 거치면서 인간적 성숙을 이루는 사람들도 있는 것이 분명하다. 그 뿐 아니라, 시베리아 유형을 결코 받아들일 수 없기에 탈출하여 새로운 세상으로 나아가는 사람의 경험도 있다.

시베리아 유형수들의 탈출

조르조 아감벤이 히틀러의 "국가와 민족 보호에 관한 긴급조치"(1933. 2. 28)를 예로 들어 설명한 바 있듯이, 인간의 몸에 대한 절대적 통제권을 가진 근대국가는 명백한 범죄를 저지른 범죄자뿐 아니라 사회의 안녕과 질서를 해칠 우려가 있거나 문란한 생활 방식으로 미풍양속에 어긋난 자를 처벌한다는 무규정적 규정만으로 인간의 자유를 제한하고 그의 삶의 뿌리를 송두리째 뽑기도 한다.[101] 사회 구성원에 대한 생살여탈권을 마음대로 행사하는 이 같은 근대국가의 원리를 일컬어 아감벤은 "생명 정치"로 불렀다.[102] 혁명 전 러시아 국가는 생활 방식이 바람직하지 않다거나 지배계급의 마음에 들지 않는다는 이유만으로도 사회 구성원의 신체를 마치 물건처럼 한 곳에서 뿌리 뽑아 쇠사슬에 묶어 다른 공간으로 끌고 가 그곳에 심는(식민) 생명 정치의 원리를 거리낌 없이 실행했다. 유배는 나약한 인간을 눈앞에서 제거하고 그들을 자기 권력 확대의 수단으로 삼는다는 점에서 권력에게는 이중의 효과를 가지고 있었다. 수십 만의 '벌거벗은 생명'들은 '호모 사케르'가 되어 그들의 신체를 훼손당하고 신체적 자유와 인간적 시민적 권리를 박탈당하였지만, 이에 맞서 시민적 권리로써 저항할 수 없었다. 그들이 지배 권력의 생명 정치에 맞서 감행할 수 있는 유일한 저항은 식민 활동을 게을리하는 것, 그리고 식민 장소에서 탈출하는 것이었다.

시베리아 유형은 비인간적이고 비효율적인 것이었지만 허술하게 관리되었기에 탈출의 비율도 상당히 높았다. 19세기 전반에는 한 해 평균 팔천 명 이상이 시베리아로 유배되었고[103] 19세기 중후반에 이 수는 좀 더 늘어났는데, 케넌의 연구로는 매해 1000명 이상의 유형수가 유형지에서 탈출하였다.

시베리아 유형수의 탈출과 관련해서는 앞에서 소개한 미하일 바쿠닌의 대탈출과 같은 어마어마한 이야기들도 있다. 그는 유배지를 탈출하여 육로로 북태평양 연안까지 가서 이곳에서 일본으로 간 후 일본에서 미국으로 갔다가 미국에서 서유럽으로 건너가 제네바에 도착하였다. 망명자들의 천국이었던 이곳에서 그는 무정부주의 운동의 지도자로서 국제노동자연합(제1차 인터내셔널)의 지도 노선을 둘러싸고 마르크스와 자웅을 겨루는 경쟁을 펼치기도 했다. 정연하고 치밀한 이론으로 국제 노동운동을 체계적으로 조직하고 이 바탕 위에서 프롤레타리아 계급의 정치적 투쟁을 이끌고자 했던 마르크스와 달리 바쿠닌은 억압받는 민중의 무장봉기에 바탕을 둔 직접 혁명 노선을 지향했다. 이는 마르크스의 '과학적' 이론에 비해 다소 어수선한 느낌을 주는 것이 분명했다. 두 사람은 넓은 얼굴에 쏘는 듯한 눈매, 사자 갈기 같은 머리카락과 풍성한 수염, 장대한 기골을 자랑하며 절대 물러서지 않는 장수로서의 엄청난 기운을 내뿜는다는 점에서 참으로 맞수

답다는 느낌을 주는 인물들이었다. 그러나 마르크스는 평소 그 숱 많은 수염과 머리카락을 모두 깔끔하게 매만져 흐트러짐이 없고 단정한 정장 차림을 자랑했다. 그는 적어도 외모에서는 지배계급의 법률가와 다를 바 없이 빈틈없고 다소 권위주의적인 가부장의 느낌을 주었던 사람이다. 바쿠닌은 그와는 전혀 다르다. 바쿠닌의 사진 속에는 헝클어진 머리카락과 풍찬노숙으로 부풀어 오른 듯한 얼굴빛으로, 다분히 충동성 강한 선동가의 풍모를 보이는 사람이 있다. 시베리아 탈출 이후의 그의 외모를 보면 17세기 중반 카자크-농민 반란의 지도자로서 처형당했던 스텐카 라진의 얼굴과 비슷한 느낌을 받기도 한다. 그의 눈빛은 법률가와 이론가의 것이 아니라 산속이나 광야를 떠도는 반군 지도자의 것, 그것도 전근대 시대 농민 봉기 지도자의 것에 가깝다.

그렇다. 바쿠닌의 외모에서는 감옥이나 강제 정착지를 간신히 탈출하여 시베리아의 낯선 산과 들을 헤매고 다니는, 내딛는 걸음걸음마다 생존을 위해 온 힘을 다해야 하는 탈주 유형수의 고단한 운명의 기운이 묻어난다. 그러한 고단함을 감수하며 일체의 간섭과 통제를 거부하고 자신의 자연발생적 기운, '스티히야(стихия)'에만 의존하여 살아가고자 하는 삶의 무정부주의자의 모습이 유럽에서 국제 무정부주의의 지도자로서 맹활약하던 시절에도 고스란히 드러났던 것이다. 바쿠닌의 시베리아 유형과 지구를 동서로 온전히 한 바퀴 도는 길을 따라 이루어진 대탈출은 그의 외모에 깊은 흔적을 남기면서도 끝내는 자유의 발걸음으로 전환되었다. 하지만 모든 시베리아 유형수의 탈출이 이처럼 극적으로, 국제적 주목을 받으면서 성공적으로 이루어

유형수들의 삶과 문화

진 것은 물론 아니다.

야드린체프는 19세기 후반에 시베리아 전체에 10만 명 정도의 탈출 유형수들이 있을 것이라고 추정하였다.[104] 유형수들은 사할린 섬 같이 고립된 곳에서도 탈출을 감행했다. 1869년에서 1871년 사이에 사할린의 두에 초소에서 60명의 중노동 유형수가 탈출하였는데 그 가운데 27명이 만을 건너다 체포되었고 8명이 체포 중 사살되었으며 25명이 잡히지 않고 종적을 감추었다.[105]

야드린체프는 중노동 유형수들과 정배 유형수들의 탈출 이유를 따로 살폈는데 탈출의 동기와 이유는 비교적 명확했다. 중노동 유형수들의 경우 감시 소홀, 수용소 구조의 허술함, 전망 부재 등이 탈출의 원인이었고 정배 유형수들의 경우 노동 부적합, 열악한 물질적 조건, 정착 지역에 대한 애착 결여, 전망 결여 등등이 원인이었다.[106]

시베리아 숲속에서의 떠돌이 생활이 유형수에게는 자유의 상징이었다. 그래서 그들은 탈출을 "뻐꾸기 장군에게 간다."라고 하거나 "뻐꾸기 노래 들으러 간다."라고 표현하였다. 이들은 "뱀(즈메이카)"으로 불리는 나선형 기구를 직접 만들거나 구입해서 차꼬를 푸는 데 이용했다.[107] 유배와 탈출을 거듭하는 유형수도 있었다. 케넌은 카라 중노동 수용소에서 만난 간수가 들려준, 탈출을 밥 먹듯이 했던 어느 늙은 유형수의 이야기를 기록하고 있다. 이 늙은 유형수는 억제할 길 없는 방랑벽을 가진 사람으로 '유목민적 삶'의 즐거움을 누리기 위해 탈출하여 숲에서 생활하다가, 잡혀 오면 발에 차꼬가 채워져 엄격한 징벌을 받곤 했다. 그가 시베리아를 벗어날 희망은 없었다. 그는 나이가

들어 더는 탈출을 시도할 기력이 없는 상태에 이르자 간수에게 오히려 자기를 감금해 달라고 요청했다. 여름이 되어 뻐꾸기의 노래를 들으면 탈출하고 싶은 견딜 수 없는 충동에 사로잡히는데 이젠 나이가 들어 숲에서 혼자 사는 생활을 견딜 수 없기 때문에 차라리 감금당해 탈출할 수 없는 편이 더 낫다는 것이었다.[108]

그런가 하면 야드린체프는 경험 있는 유형수들은 대부분 자기네가 시베리아 중노동형을 벗어나리라는 확신을 가지고 있었다고 썼다. 그는 그러한 유형수의 예로 가르느이라는 인물을 들고 있다. 1875년 1월 23일, 모스크바에서 가까운 곳에 위치한 야로슬라블 지구 법정[109]에서는 시베리아에서 도주했다가 잡힌 중노동 유형수 가르느이의 재판이 열렸다. 그는 잠자코 자신의 죄상에 대한 공소장이 낭독되는 것을 듣고 있었지만 12년 1개월의 중노동형과 일흔한 대의 채찍질이 선고되자 형벌이 지나치다고 격렬하게 항의했다.

"일흔한 대나 때리면 말〔馬〕이라도 견뎌 내지 못할 겁니다. 게다가 나한테 자투리는 왜 붙여서 선고하는 겁니까. 채찍질 일흔 대면 안 될 일이라도 있어요? 차라리 똑 떨어지게 일흔다섯 대라 하든지, 12년 혹은 13년 중노동형이라도 내릴 것이지. …… 어이구, 재판 꼬락서니야! 재판관 나리들은 엄하지만 배심원 나리들은 주무셨구만." 가르느이는 배심원장이 누구인지 물으면서 언젠가 그와 안면을 트게 될 거라고 약속하는가 하면, 자기에게서 몰수해 간 물품과 돈을 돌려 달라고 요구하기도 했다. 재판장이 그의 물품과 돈은 재판 비용으로 충당되었다고 말하자 가르느이는 이렇게 소리 질렀다. "어이구, 재판 꼴이라니! 도둑한테서 돈을 훔쳐 가다니! …… 어이구, 하긴 상관없어. 내 돈푼은 여기 보관시켜 놓지, 뭐. 적어도 이자는 붙겠지. 내 틀림없이 돌아와서 본전에다 이자까지 쳐서 받아 갈 테니까."

야드린체프는 본전과 이자까지 찾아가겠다는 가르느이의 발언에서, 곧 유형에서 탈출하여 유럽 중심지로 돌아오겠다는 그의 의지를 읽어 냈던 것이다.[110]

케넌은 카라 강제 노동 수용소에서 정치범 8명이 탈출했다가 다시 잡혀 온 사건을 기록하고 있다. 이들은 실물대 인형에 자기네 옷을 입혀 침대에 눕혀 놓아 점호 때 들키지 않게 한 후 큰 상자 안에 숨어 있다가 한밤중에 상자에서 나와 지붕을 타고 도주하였다. 처음에 두 명이 이렇게 해서 탈출한 후 잇따라 세 번에 걸쳐 두 명씩 똑같은 방식으로 탈출하였다. 그런데도 간수들은 이를 파악하지 못하고 있다가 네 번째 탈출 시도 때 한 명이 웅덩이에 빠져 물소리를 내는 바람에 비상이 걸렸고 탈출자가 있다는 것을 알아차렸다. 결국 시베리아 전체에 걸친 삼엄한 수색 끝에 8명이 모두 체포되었는데, 그중 한 사람은 블라디보스토크까지 가서 운이 좋으면 태평양을 건널 수도 있었을 상황에서 체포되었다. 이들이 되잡혀 와서 삼엄한 경비 아래 놓인 것은 물론이고 카라 수용소의 정치범 모두가 혹독한 감시 아래 놓였다. 이에 항의하는 의미로 단식투쟁을 벌이던 여성 정치범들은 지하

감방에 수감되기도 했다.

정치범들의 이 같은 수난에 격분한 사람 중에 스물네 살의 여성 정치범 쿠티톤스카야가 있었다. 그녀는 오데사 출신으로 혁명 활동을 했다는 죄목으로 체포되어 유배되었다. 처음에는 카라 강제 노동 수용소에서 중노동을 하다가 중노동 형기를 마치고 아카샤라는 이주 유배촌으로 옮겨 와 있었다. 그녀는 카라에 있을 때 일부 감독관이 정치범들에게 가혹 행위를 하는 것을 목격하고 격분하여 이를 응징하기 위해 자바이칼리예 지사이던 일리야셰비치 장군을 권총으로 저격했는데 부상만 입혔을 뿐 살해하지는 못했다. 그녀는 카라에서 나와 아카샤 정배 촌락에 도착한 후 돈을 모아 권총을 샀으며 농민에게서 말을 빌려 아카샤를 벗어난 후 지사 관저가 있는 치타까지 달려왔다. 치타에서는 검문에 걸렸으나 지사를 인터뷰할 생각이라고 경관을 설득했고 이 경관과 함께 지사의 집을 찾아갔다. 경관에게서 사정을 들은 지사는 "여자가 뭘 하겠어."라고 하며 그녀의 행동에 경계를 기울이지 않았다. 이리하여 응접실에서 지사와 직접 만난 그녀는 권총을 쥔 오른손을 손수건으로 덮고 있다가 방심한 지사를 저격했다. 그러나 목적을 이루지는 못했다. 이에 대한 대가는 혹독했다. 쿠티톤스카야는 임신한 몸으로 다시 체포되어 독방에 수감되었다. 추위를 이길 수 있는 의복을 지급받지 못한 채 습기 가득한 감방에서 지내던 그녀는 건강을 크게 해쳤다. 케넌은 자기와 만난 지 얼마 안 되어 그녀가 결국 죽음을 맞았다고 기록했다.[111]

여성 유형수들도 탈출을 시도했다. 1882년에는 여성 정치범들인 카발스카야와 보고몰레츠가 카라 강제 노동 수용소로 유배되어 가던 중 이르쿠츠크를 지나는 길에 감시가 다소 소홀해지자 탈출을 시도하였다. 그러나 이들은 곧 다시 잡혀 남자 경관에 의해 몸수색을 받는 등 혹독한 보복을 당했고 이에 항의하던 다른 정치범이 비극적 운명을 맞기도 했다.[112] 적어도 케넌이 수집한 사례들을 보면 탈출이 발각되었을 때 이에 대한 처벌도, 이에 항의하는 동료 유형수들에 대한 처벌도 그토록 혹독하고 잔인했다. 그러나 정치범들의 끈질긴 저항은 처우의 부분적 개선을 가져오기도 했다.

탈출한 유형수들의 행로는 사람마다 달랐다. 정치범의 경우 블라디보스토크에서 바다를 건너 아메리카 대륙으로 가기도 했다. 케넌은 그가 톰스크에서 만났던 펠릭스 볼호프스키라는 정치범이 오랜 비극적 세월 끝에 시베리아를 탈출하여 캐나다 밴쿠버에 정착했다는 이야기를 들려준다. 볼호프스키는 1878년에 혁명 활동을 했다는 이유로 종신 시베리아 유형을 선고받고 톰스크로 유배 온 인물이었다.[113] 그는 아홉 살 난 딸을 이르쿠츠크에 두고 혼자 아메리카 대륙으로 탈출했는데 1년 후에는 딸도 탈출시켜 데려올 수 있었다. 그의 딸은 조력자들의 도움으로 사내아이로 변장한 채 시베리아 벌판을 지나왔다.[114] 볼호프스키는 태평양을 건넌 후에는 바쿠닌처럼 아예 서유럽으로 가서 러시아 국경에 바짝 붙어서 살기도 했다. 일반 형사범의 경우 국외로 탈출하기는 어려웠을 것이다. 왜냐하면 바쿠닌이나 볼호프스키처럼 탈출하기 위해서는 러시아 정치범에 대한 동정심과 연대 의식에서 여권이 없더라도 배를 태워 주는 호의적인 외국 선박 관리자가 필요했는데, 일반 형사범을 위해서 돈을 대 주거나 밀항을 도와줄 외국 사람은 찾기 어려웠을 것이기 때문이다. 블라디보스토크에서 태평양을 건너 일본으로 간 다음 미국이나 유럽으로 오는 탈출자들은 일본에서 특히 조심할 필요가 있었다. 케넌의 말을 빌리자면 일본 정부는 시베리아를 탈출한 유형수들을 붙잡아 러시아 당국에 넘기곤 했기 때문이다.[115]

트로츠키의 말을 빌리면 19세기에서 20세기로 넘어가던 시기에 시베리아에는 탈출 유행병이 널리 퍼졌다. 너무나 지원자가 많아서 혁명가들은 탈출 순서를 정하는 시스템까지 고안해야 했다.[116] 탈출은 돈이 많이 들고 번잡한 과정이었다. 탈출에 성공하려면 농민들에게 우선 돈을 주어 도움을 받거나 입막음을 해야 했다. 그런 다음 여건에 따라 배나 수레, 썰매를 타는 긴 여행을 하며 이러한 교통수단을 모는 사람들에게도 삯을 지불해야 했다. 경찰이나 관리들에게도 뇌물을 지불하고 가짜 신분증을 얻어야 시베리아를 거쳐 가면서 긴 여행을 할 수 있었다. 트로츠키는 건초 마차에 숨어 탈출을 시작한 후 유럽러시아로 와서 혁명 활동을 재개했다가 서유럽으로 망명했다. 본명이 브론슈테인인 그는 시베리아를 탈출하면서 가짜 신분증에 처음으로 자기 이름을 트로츠키라고 적어 넣었다.[117] 이 시기에는 바쿠닌 시기보다 시베리아 정치 유형수들의 탈출이 훨씬 더 체계화되어 있었음을 알 수 있다.

형사범들의 시베리아 유형은 1900년에 끝났지만 그 이전에는 정치범보다는 일반 형사범들이 더 자주 탈출을 감행했다. 일반 형사범들은 일단 탈출한 다음 유럽러시아로 몰래 돌아갔다가 잡혀서 원래의 유형지로 되돌아오기도 했지만,[118] 다른 이들은 산야를 떠도는 유랑자들이 되었다. 펠드슈테인은 도주와 이름 바꾸기야말로 유형수들의 전형적인 범죄라고 했다. 19세기 말의 법에 따르면 유형수가 도주를 했다가 잡히면 100대의 채찍질을 당하고 3년 동안 수레바퀴에 결박하며 15년에서 20년 동안 시험 단계 유형수 무리에 넣는 벌을 받았다. 유형수가 이름을 바꾸었다가 발각되면 100대의 태형과 의무 노동기간 5년 연장이라는 벌을 받았다.[119]

탈출은 아주 빈번했고 탈출했다 다시 잡혀 오는 일도 또한 잦았다. 막시모프에 따르면 1847년부터 탈출을 시도했다가 다시 잡혀와서 벌을 받은 유형수는 남성이 2841명이었고 여성이 22명이었다. 또한 1847년부터 1859년 1월 1일까지 만 11년 동안 네르친스크 지역에서 잡히지 않고 탈출한 사람은 모두 3612명이었는데 유형수 전체의 수를 기준으로 할 때 탈출한 사람은 24퍼센트였다. 토볼스크에서는 1833년에서 1845년 사이에 탈출하여 우랄산맥 서쪽 유럽러시아지역에서 잡혀서 다시 압송되어 온 유형수는 모두 1만 2652명이었고 그 가운데 345명이 여성이었다. 중노동 유형수 한 범주만을 보더라도 1838년에서 1847년 사이에 유럽러시아에서 잡혀서 다시 토볼스크로 압송되어 온 사람은 남성 2446명, 여성 27명이었다.[120]

정치범이 아닌 일반 형사범 탈옥수들에 대한 시베리아 주민들의 태도는 한마디로 정의할 수 없다. 야드린체프는 여러 보고서를 근거로 하여, 시베리아 현지인들이 유형수들에 대해 전반적으로 부정적인 태도를 가지고 있었다고 보았다. 특히 현지 농민들은 유형수들의 생활을 뒷받침하고 수용소 시설 유지와 정착 유형수들을 위한 토지 제공, 이들의 세금 체납에 따르는 비용 부담을 온전히 짊어져야 했기 때문에, 특히 정배 유형수들과는 갈등 관계에 있었다고 한다.[121] 야드린체프는 시베리아 현지의 러시아인 농민들과 아시아계 토착민들(야드린체프 당시에 러시아인들이 이족이라 부르던 이들)이 도주 유형수들 무리를 숲에서 마치 짐승 죽이듯 사살하곤 했다고 전하였다.[122]

그러나 한편으로는 유형수들의 운명을 동정하고 탈출한 유형수들에게 온정을 베푸는 현지 주민들도 적지 않았던 것으로 보인다. 주민들의 반응과 상관없이 유형수들은 엄청난 비율로 탈출하였다.

이 책의 머리말에서 소개한 「영광스러운 바다 신성한 바이칼이여」라는 노래는 제목만 보았을 때는 바이칼 호수의 아름다움과 깨끗함을 찬양하는 노래로 오해하기 쉽다. 그러나 사실은 탈출한 유형수의 극적인 경험을 담은 노래이다. 이 노래의 주인공은 저 유명한 네르친스크 은광에서 일하다가 탈출하여 실카강을 헤엄쳐서 바이칼 쪽으로 왔고, 이제 고기잡이배를 타고 바이칼 호수를 건너려 한다. 그는 오랜 세월 동안 쇠사슬에 묶인 채 중노동형에 복무하였다. 노동조건이며 거주 조건이 열악하기 짝이 없었을 것이다. 그런 그가 동료의 도움을 얻어 천신만고 끝에 탈출하였을 때 시베리아 농촌의 주민들은 그에게 먹을 것을 주기도 하고 담배 친구가 되어 주기도 하였다. 이 시에서 유형수는 억압받는 존재로서 주민들의 동정을 샀다. 이 노래의 주인공은 바이칼 호수를 건너 이르쿠츠크 쪽으로 가고 있다. 그는 어딘

가에서 무사히 자유인으로 정착할 수 있을 것인가? 정착하지 않으면 그는 비적 혹은 부랑자로 떠돌게 될 것이고, 그렇지도 않은 경우 다시 체포되어 원래의 유형지로 압송되어 올 것이다. 그러나 이 노래는 어쨌든 장엄한 희망의 분위기를 보여 주고 있다.

> 밤에도 한낮에도 나는 걷고 또 걸었네.
> 도시 주변에선 주의 깊게 사방을 살폈네.
> 농사꾼 아주머닌 빵을 먹여 주었지,
> 젊은이는 매운 담배도 건네주었지.
>
> 영광스러운 바다 신성한 바이칼이여.
> 영광스러운 나의 돛은 해진 윗저고릴세.
> 어와, 서풍이여 파도를 일으켜다오,
> 멀리서 우렛소리 들려오누나.

소수의 유형수는 그처럼 실제로 자유를 얻기도 했음이 분명하다. 탈출을 해서 천신만고 끝에 그리운 가족과 만날 수도 있었을 것이다. 「자바이칼리예의 거친 초원 따라」라는 민요는 이 같은 상황을 그려 낸다.

> 자바이칼리예의 거친 초원 따라
> 금광이 있는 곳 그 초원 따라

운명의 저주받은 떠돌이는

어깨에 봇짐 메고 발 끄을며 걸었네.

야밤중에 감옥에서 탈출해 나왔네.

진리 위해 싸우다 감옥에서 고생했네.

이제 더 이상은 걸어갈 힘이 없네.

저 앞쪽에는 바이칼이 펼쳐져 있네.

떠돌이는 바이칼 호수로 다가가네.

고기잡이배를 얻어 탈 수 있었네.

구슬픈 노래를 부르기 시작하네,

고향에 대한 무슨 노래인가 보네.

떠돌이는 바이칼을 무사히 건넜네.

고향 마을 이르러 어머니께로 갔네.

"아이고, 어무이예, 잘 지내셨는가예.

아부지도 평안하신가예, 동생은 또 잘 있고예?"

"네 아버지는 오래 전에 세상 떠나셨다.

흙무덤 아래 누워 계신다.

그리고 네 동생은 어찌되었냐고.

오래전부터 시베리아 유형살이.

쇠고랑 끌고 다닌 지 오래 되었다."

(이리 온나, 내 아들아, 어여 이리 온나.

이리 온나 우리 고향 오두막에 어여 들어온나.

아내가 남편 그리워하는 이 집으로,

오글오글 아이들이 울고 있는 이 집으로.)

　여기서 괄호 안에 든 구절들은 불리기도 하고 불리지 않기도 한다. 원본은 어느 것일까. 정확하게 알 길은 없지만 아마도 괄호 안 구절들이 원래는 없었던 것이 아닐까. 그런데 유형수가 천신만고 끝에 시베리아에서 탈출하여 고향에 돌아와 보니 늙으신 어머니를 빼고는 집안이 풍비박산 난 처지가 된 것을 안타까이 여긴 어느 누군가가 그래도 아내와 자식들은 무사히 살아서 지아비와 아비를 기다리고 있다는 구절을 추가해 넣은 것이 아닐까. 그가 탈출해서 집으로 돌아왔다는 사실이 관헌에 적발되는 순간, 이 유형수와 가족들이 다시 어떤 곤경에 빠지게 될지는 미리 생각할 필요도 없다는 듯이, 우선은 그에게 따뜻한 고향 집을 선사하고 싶다는 심정. 이것이야말로 민중 속에서 나온 어느 가인이 탈출한 유형수를 위해 바칠 수 있는 유일한 희망가가 아니었을까.

맺음말

유형 식민지를
넘어서

시베리아 유형 제도가 효과적인 제도인지는 제도가 시행되던 당대인들도 확신하지 못했다. 오히려 회의적인 시각이 적지 않았다. 이 제도의 철폐 논의는 18세기부터 있었고 19세기에 들어와서는 차르 정부가 이 문제를 진지하게 논의하기도 하였다. 그러나 유형이 징벌 제도와 식민 수단으로 유효한 것이 아니라는 시각이 점차 우세해지고 유형 행정이 난맥상을 드러내고 있음이 명백해졌던 19세기 중반 이후로도 시베리아 유형 제도는 한동안 계속되었다. 시베리아 유형은 어떤 구체적 문제를 해결하기 위한 효율적 제도의 문제가 아니라, 거슬리는 자는 누구나 제거해 버릴 수 있는 차르 권력의 상징이었다. 최근의 한 연구자는 이를 공개 처형 제도에 비유하였다.

그러나 시베리아는 유형지로서의 운명을 벗어나기 위해 애썼다. 19세기 후반에는 시베리아인들에 의한 문화 계몽운동이자 자치권 운동인 시베리아 지역주의가 일어나 시베리아인들의 각성을 촉구했다. 1861년 농노제 철폐 이후에는 유럽러시아 지역 농민들의 시베리아 집단 이주가 정부에 의해 체계적으로 추진되기도 하였다. 러시아가 동아시아로 제국주의적 팽창정책을 취하면서 19세기 말에는 시베리아가 그 통로 구실을 하였다. 러시아는 시베리아의 동쪽 끝에서 비교적 양호한 조건(결빙일이 59일에 불과함)의 항구인 블라디보스토크를 건설함으로써 북태평양으로의 진출을 위한 기지를 확보할 수 있었다. 그뿐 아니라 시베리아는 중국과 접경함으로써 만주 지역으로의 침투를 위한 육상 가교 역할을 해 주었다. 러시아제국은 시베리아의 지리적 위치에 주목하고, 이를 제국주의적 팽창정책의 발판으로 활용하고자 하였다.

제국주의 시기에 러시아 정부가 시베리아의 수비를 강화하고 더 나아가 동아시아 지역에 대한 자국의 영향력을 확대하기 위한 수단으로서 구상한 것이 시베리아 횡단 철도의 부설이었다. 유럽러시아 지역과 블라디보스토크를 연결하는 총 연장 9000베르스타(1베르스타는 약 1.067킬로미터) 이상인 이 철도는 당시 세계 최장이었고 부설에 엄청난 돈과 노동력이 투입되었다. 러시아는 프랑스로부터 거액의 차관을 들여왔다. 차르 정부가 시베리아 철도 부설 계획을 확정하여 일반에게 공표한 것은 1891년 3월 17일의 일이었으며 5월부터 우수리강 유역 구간의 노선 부설 공사가 시작되었다.

시베리아 횡단 철도 부설의 역사를 살필 때 가장 먼저 떠오르는 인물은 세르게이 율리예비치 비테 백작이다. 그는 시베리아 횡단 철도 공사가 착공된 직후에 새로운 교통 대신으로 임명되어 이 사업을 정력적으로 추진하였다. 그리고 1년 후인 1892년 그가 재무 대신이 된 다음부터는 시베리아 횡단 철도의 건설 및 그 일부로서 구상된 만주 철도의 건설은 그가 야심 차게 추진하던 산업화 계획 및 동아시아에서의 패권 확립 구상과 맞물려, 러시아의 국운이 걸린 사업으로서

의미를 가지게 되었다.[1]

비테가 시베리아 횡단 철도의 부설을 적극적으로 추진한 데는 몇 가지 이유가 있었다.[2] 우선 차르 정부는 1891년 대흉년 사태를 겪은 후 토지 부족에 허덕이는 유럽러시아 지역 농민들에게 토지를 공급할 수단으로서 농민들의 집단적인 시베리아 이주를 고려하게 되었는데, 비테는 시베리아 횡단 철도가 이주 농민을 대량으로 수송하고 이들과 유럽 지역 행정 당국을 연결해 줄 통로 구실을 하리라고 기대하였다. 실제로 1890년대에는 시베리아 횡단 철도를 따라 농민층의 대대적인 시베리아 이주가 이루어졌고 이는 시베리아의 본격적인 경제 개발의 바탕을 이루게 되었다. 시베리아를 러시아에 통합하는 데에는 시베리아 횡단 철도와 같은 연결망이 불가피하였다.[3]

더 나아가 비테는 이 철도에 세계적 의미를 부여하였다. 그는 유럽과 태평양 그리고 동아시아를 연결하는 철도의 부설은 러시아뿐 아니라 전 세계 통상의 새로운 길, 새로운 지평을 열어 주고 기존의 국제경제 관계에 근본적인 변화를 초래하리라 생각하였다. 그는 이 철도의 부설로 유럽과 동아시아의 물품 교류를 촉진할 수 있으리라 믿었다. 또 중국과 러시아가 상품의 생산자 및 수요자로서 영국 혹은 영국 식민지들의 경쟁을 물리치고 자국의 상품을 신속하게 대량으로 유럽에 판매할 수 있을 것이며, 이 같은 공통의 이해관계가 양국의 관계를 긴밀하게 만들어 줄 것이라 예상하였다. 시베리아 횡단 철도는 러시아 중심부와 시베리아를 연결시키는 대동맥 역할을 하였고 시베리아는 유형지의 역할을 넘어서서 농민들을 위한 새로운 토지 공급원이자 러

시아의 동아시아로의 세력 팽창의 도약판이 되어 주었다.[4]

시베리아가 횡단 철도를 통해 러시아 중심부와 긴밀하게 연결되어 가고 일반 농민들의 이주가 확대되면서 시베리아가 유형지로서만 여겨질 수 없다는 인식이 확산되어 갔다. 앞에서도 언급했듯, 러시아 정부 특히 감옥 행정 당국자들 사이에서도 이미 19세기 전반부터 시베리아 유형 제도는 철폐되어야 한다는 논의가 본격적으로 진행되었다. 이러한 논의 현황을 반영하여 감옥 행정청의 기관지인 《감옥 소식》은 시베리아 유형 제도가 쓸모없는 제도가 되었다고 공식적으로 선언하였다. 그러나 차르 정부에 반대하는 혁명가들은 끊임없이 시베리아로 밀려들었다. 볼셰비키 혁명 후 시베리아는 내전의 현장이 되었다. 이때는 누구나 시베리아 유형 제도는 완전히 철폐된 것이라 생각했다. 그러나 시베리아 유형은 다른 모습으로 계속되었다. 이 책에서는 다루지 못했지만, 스탈린 정권이 감행한 농업 집단화 과정에서 비협조적인 농민들을 시베리아로 강제 이주시킨 것에서 출발하여 소련판 유형의 역사가 이어졌다. 직장에서 밉보인 노동자, 정권에 비판적인 지식인들이 시베리아로 보내졌다. 강제수용소에서 이들은 또다시 소련판 카토르가(강제 중노동)에 동원되었다. 소련판 시베리아 유형은 흐루쇼프 시기에 가서야 철폐되었다.

그렇다면 유형 제도는 시베리아를 위해서는 무엇이었는가? 그것은 거대한 오점이기만 했는가?

시베리아는 러시아를 위해 오랫동안 유럽 국가의 식민지와 거의 같은 의미를 가졌다. 전근대적 사법제도를 가진 전근대적 국가 러시아가 도입한 것이 시베리아 유형이었다. 19세기 후반 근대국가로의 전환을 시도했으나 온전한 전환에 실패한 러시아제국 정부는 시베리아 유형을 엉거주춤한 자세로 붙들고 있다가 끝내 완전히 놓아 버리지 못한 채 종말을 맞이하였다. 시베리아는 러시아제국의 사회적 모순을 해결하기 위한 출구였다. 천연자원의 공급원이라는 경제적 식민지로 출발한 시베리아는 유형 식민지로서 러시아제국을 위해 없어서는 안 될 일부가 되었다. 본토는 유형자들을 시베리아에 쏟아부었고 사람 드문 시베리아의 공간은 유형수들을 통해 어느 정도는 채워질 수 있었다. 유형수들은 시베리아를 먹여 살리고 이로써 러시아도 먹여 살리는 기능까지 담당하였다. 그러나 유형 식민지는 결코 전근대 국가, 혹은 근대국가로의 전환에 실패한 덜떨어진 국가만의 전유물은 아니었다. 오히려 그 반대였다. 근대국가로의 전환을 가장 먼저 이루었다고 자타가 인정하는 서유럽의 두 국가들, 곧 시민혁명을 온전히 이룬 후의 영국과 프랑스는 일말의 거리낌도 없이 유형 식민지들을 운영하였을 뿐 아니라 이를 국가의 정체성을 보장하는 불가결한 제도로 여기고 있었다. 근대국가는 오히려 합법성의 이름으로 가장 체계적인 폭력을 행사하였고 자체의 모순을 가장 약한 구성원들에게 떠넘기고 더나아가 외부에 전가하는 데 가장 능한 기구이기도 했다. 영국은 오스트레일리아 식민지를 유형 식민지로, 프랑스는 프랑스령 기아나를 그러한 용도로 역시 오랫동안 이용하였다. 부르주아사회 영국의 경우 재산 관련 범죄가 가장 혹독하게 응징당했는데, 경미한 절도범들이 수도 없이 유형 식민지로 내몰렸다. 자체의 모순을 외부로 떠넘긴다 함은 바로 이러한 현상을 말한다. 식민지와 식민 모국의 관계에서는 규모라는 면에서 배보다 배꼽이 더 큰 경우를 드물지 않게 보는데 영국과 미국 식민지, 영국과 오스트레일리아 식민지 등이 그러한 관계였다. 미국과 오스트레일리아는 훗날 모두 독립하였지만, 시베리아는 횡단 철도를 통해 러시아 본토에 오히려 더 강하게 연결되었다.

그런데 이 거대한 유형 식민지는 사회적 모순의 출구라는 기능을 아낌없이 발휘해 주었으되 체제를 유지해 주지는 못하였다. 제정러시아 정부는 시베리아 유형 속에서 정신과 육체의 칼날을 벼린 유형수들의 활동이 큰 몫을 담당한 러시아혁명으로 무너졌다. 실로 러시아제국은 자신을 죽일 것 같아 보이는 아들을 시베리아에 내다 버리고, 그리하여 시베리아가 길러 낸 아들에 의해 실제로 죽음을 당한 아비와도 같았다. 그것이 끝이 아니었다. 러시아혁명 후 소련 체제가 수립된 이후 스탈린 정권이 사회주의적 근대사회의 건설이라는 엄청난 시도를 시작했을 때 소련 사회는 혁명 당시보다도 더 큰 격동에 휘말렸고 이 속에서 권력자들이 만들어 놓은 설계도 안에 들어오지 못하는 사람들은 또다시 수많은 강제수용소로 내쳐졌다. 다만 소련식 시베리아 강제수용소 제도는 소련 정부 자체에 의해 철폐되었다.

어느 사회, 어느 시대에도 유형 식민지는 모순의 종결자로서의 애초의 기능을 수행하지는 못했다. 한 사회의 모순을 종결해 줄 수 있는 별도의 공간은 이 지구상에 없다. 그 사회의 모순을 떠안은 또 하나의 공간은 그 자체가 새로운 모순을 낳아 원래의 사회에 곱으로 돌려준다. 식민지가 그러하듯이 유형 식민지도 그러하다. 한 사회가 자기의 모순을 넘어서기 위해서는 이 모순을 안고 자기 안에서 정직하게 대결해야 한다. 러시아 사회는 자기의 모순을 시베리아에 전가하기 위해 이 너른 지역을 유형의 공간으로 만들었으나 안이한, 혹은 성급한 그 해법의 도움을 얻지 못하고, 번번이 원래의 모순의 내부 중심에서 무너지곤 하였다.

그렇기는 하지만 시베리아 자체는 유형 제도를 통해 오히려 새로운 영혼을 얻게 되었다. 시베리아는 새로운 토지 공급원이요, 새로운 이익 획득을 위한 세력 팽창의 전진기지이며 "농노제가 없는 자유로운 땅"으로서, 상상력의 해방과 정신적 휴식을 위한 "저 너머의 공간"이기도 했다. 유형 제도는 이러한 시베리아에 뛰어난 지성, 고난받는 시대의 순교자, 헌신적인 행동인들을 제공함으로써 '본의 아니게' 이 땅에 새로운 문화의 가능성을 안겨 준 것이다.

기억의 공간으로서의
시베리아 유형지

　　시베리아 유형은 어떻게 기억되고 있을까. 시각적으로 시베리아 유형에 대한 기억을 가장 강렬하게 전달해 주는 자료는 회화 작품과 사진들이다. 뛰어난 예술성과 상징성을 겸비한 걸작으로는 일리야 레핀의 「예기하지 않았다」를 첫손에 꼽을 수 있을 것이다. 시베리아 유형에서 갓 돌아온 남자 유형수가 집 안으로 들어선 순간, 이를 전혀 예기하지 못했던 가족들이 놀라 자리에서 일어서거나 숨죽인 채 그를 바라보는 장면을 그린 이 작품은 유형으로도 꺾이지 않은 도저한 혁명가의 정신을 보여 준다. 여자 유형수를 주인공으로 하여 동일한 구도로 그려진 작품도 있다. 모스크바 트레차코프 미술관과 상트페테르부르크 러시아 미술관에 있는 「예기하지 않았다」(같은 제목, 같은 구도의 작품이다.) 앞에는 항상 사람들이 모여들어 있다. 대부분의 관람객들은 이 그림을 이제는 지나가 버린 역사 속의 상황을 그린 작품으로만 이해한다. 레핀의 작품 중에는 「호송」이라는 작품도 있는데, 마차를 타고 시베리아로 가는 유형수와 그를 호송하는 감시자의 모습을 담은 그림이다. 이들이 끝없이 펼쳐진 평원을 따라 갔던 길은 레비탄이 그린 「블라디미르카」라는 제목의 그림으로도 재현되어 있다. 이 「블라디미르카」는 모스크바에서 블라디미르를 거쳐 동쪽을 향해 유형 가던 길이기도 했다.

당시 유형수들의 실제 삶을 담은 그림과 사진들은 유형 제도의 비인간성을 보여 주는 데 기여한다. 그 반면 시베리아 유형과 관련하여 보존되는 공간, 건물들은 시베리아 유형을 비인간적인 제도로 그려 내기보다 이 유형을 견딘 뛰어난 개인들의 삶의 흔적을 보여 주는 역할을 하는 것으로 보인다. 옴스크의 도스토예프스키 문학박물관, 이르쿠츠크의 데카브리스트 박물관, 미누신스크의 슈셴스코예 박물관 구역이 모두 그러하다.

옴스크는 옴강과 이르트이쉬강이 만나는 곳에 자리하고 있다. 1716년에 건설되어 2016년에 건설 300주년을 맞은 이 도시는 현재 인구 120만에 가까운 대도시고 자작나무와 소나무가 도시 전체를 둘러싸고 무성한 숲을 이루고 있지만, 19세기 전반만 해도 이곳은 "나무 한 그루 없는" 황량한 유배지였다. 적어도 1850년 초 옴스크 요새 안에 세워진 중노동 유형 수용소에 유배되어 온 표도르 도스토예프스키의 눈에 비친 옴스크는 그러한 곳이었다.

도스토예프스키가 수감된 옴스크 중노동 유형 수용소는 몇 걸음만 나가면 이르트이쉬강에 닿을 수 있는 곳에 위치해 있었다. 당시의 옴스크 요새 사령관 데 그라베 소장은 도스토예프스키를 관대하게 대해 주었다. 그는 작가가 중노동에 동원되지 않도록 배려해 주기도 했다. 도스토예프스키는 『죽음의 집의 기록』에서 데 그라베의 이름을 직접 적지는 않았지만 "선량하고 생각이 깊은 사령관"이라고 썼으며[1] 형에게 보내는 편지에서는 "데 그라베는 됨됨이가 아주 반듯한 사람"이라고 평가기도 했다. 데 그라베는 가족과 함께 살았는데, 그의 집은 지금 도스토예프스키 문학박물관이 되어 있다. 이곳을 도스토예프스키 문학박물관으로 만들고자 하는 논의가 활성화된 계기는 1968년 작가의 손자인 안드레이 도스토예프스키가 옴스크 문학박물관을 만들기 위해 준비하고 있던 문인들의 주선으로 옴스크를 방문한 일이었다.[2] 이때 안드레이는 옴스크의 여러 문인과 만났고, 이 만남에 바탕을 두고 '죽음의 집'의 현장을 박물관으로 만들어 기억을 가시화·형상화하자는 합의가 이루어졌다. 유형수들이 수감되어 있었던 감옥은 대단히 열악한 목조건물이어서 보존되지 않았기에 수용소와 관련된 건물 가운데 가장 견고하고 보존 상태가 좋은 데 그라베의 자택이 박물관 건물로 지정된 것이다.

현재의 주소로 도스토예프스키 거리 1번지에 자리 잡은 이 박물관은 장방형으로 된 단층의 평범한 주택 같은 외관이고 그리 넓지도 않지만 이곳에는 도스토예프스키가 살아 내야 했던 형벌과 고통의 나날에 대한 기억이 오롯이 모여 있다. 도로에서 건물로 접근할 때 먼저 눈에 보이는 것은 건물 뒷면인데, 뒷면 왼쪽 모서리에는 만죠스라는 조각가가 1971년에 제작한, 감옥 창문을 배경으로 서 있는 모습의 도스토예프스키 전신 부조가 부착되어 있다. 박물관 안에는 도스토예프스키가 상트페테르부르크의 세묘노프스키 광장에서 처형대에 섰을 때 입었던 두건 달린 흰 도포를 본떠 만든 옷, 그가 옴스크로 올 때 탔던 마차를 축소한 모조품, 옴스크 감옥에서 수감자들이 손발에 차고 허리에 묶었던 쇠고랑 모조품 등이 진열되어 있고 관련 인물들의 사진, 초상화, 그들이 주고받은 편지, 원고 복사본, 건물 사진 지도 등이 유리판 안에 전시되어 있다. 하루에도 수많은 관람객이 도스토 예프스키 박물관을 찾고 있고, 강연회도 열린다.

박물관에서 큰길로 나가 조금 걸어가면 타르스카야 거리 들머리에 있는 도스토예프스키 기념상이 서 있다. 이는 2001년에 조각가 골로반체프가 제작한 것으로, 고대인들의 토가처럼 상의와 하의가 붙은 길다란 옷을 입은 도스토예프스키가 어두운 표정으로 고개를 약간 숙이고 세상의 고통을 응시하며 서 있다. 동상 뒤쪽으로는 직선거리로 250미터쯤 될까, 작가가 유형 생활을 하며 중노동을 나가는 길에 매일 지나갔다고 하는 타르스키에 대문이 저 멀리 보인다. 이 대문은 옴스크 요새의 구대문 중 하나인데, 1959년에 파괴되었다가 1991년에 복원되었다.[3]

도스토예프스키에게는 상처의 공간이었을 옴스크는 도시의 역사에서 이 대작가와의 연관성을 전면에 내세우고 있다. 작가 이병주는 『산하』에서 "햇빛에 바래면 역사가 되고 달빛에 물들면 신화가 된다."라고 말했다. 도스토예프스키의 유형 장소는 역사이면서 신화가 되었다. 한때 구러시아제국의 억압적 체제를 상징하는 건축물로 여겨졌던 것들이 이제는 옴스크의 이름을 빛내는 건축물로 부각되고 있다. 유형이라는 엄청난 고난, 인간이 십자가를 지고 골고다 언덕을 걸어가는 것과도 같았던 극심한 고통도 세월이 지나가면 빛바랜 기억 속에서 신화가 되고, 흥미로운 서사의 하나가 되는 것일까. 고통의 기억이 최소한 몇 분의 일이라도 보는 이들의 마음속에, 영혼 속에 전달될 수 있을까. 이를 복원하고 보존하는 사람들은 그렇게 희망하는 것이 겠다.

　옴스크가 도스토예프스키를 내세우듯, '시베리아의 파리' 이르 쿠츠크도 유형의 역사에서 그들의 자부심의 원천을 찾는다. 그리하 여 이르쿠츠크가 가장 소중하게 여기고 전면에 내세우고자 하는 역 사 기억은 이 도시가 데카브리스트 및 그 부인들과 관련되어 있다는 사실이다. 그리고 사실 이르쿠츠크가 19세기에 동부 시베리아의 총독 청 소재지이기는 했었지만 이 도시가 이름을 얻고 문화적으로도 크게 발전할 수 있었던 것은 데카브리스트 중에서도 가장 유명한 인물들이 이곳에서 오랫동안 지내면서 지역사회의 일원으로 활동했었던 덕분이 었다. 이르쿠츠크시에 데카브리스트 박물관이 있는 것은 그 때문이다.

　데카브리스트 박물관은 볼콘스키 자택과 트루베츠코이 기념 관으로 이루어져 있는데 이 두 기념관은 모두 데카브리스트 사건 거 리라는 큰 거리에 가까운 골목에 각기 위치해 있다. 그중 일반인들에 게 더 잘 알려진 것은 볼콘스키 자택이다.

　데카브리스트였던 세르게이 볼콘스키 공작이 중노동형을 마 친 후 우리크에서 이르쿠츠크로 이주하여 가족들과 함께 살았던 이 층 목조 가옥은 볼콘스키 소로 10번지에 위치하고 있다. 현지의 건축 가였던 바실리예프가 설계한 이 집은 현재는 데카브리스트 박물관이 되어 있고, 이르쿠츠크의 가장 대표적인 관광 명소의 하나가 되어 있 다. 가라앉은 청색을 주조로 하고 창문마다 흰색으로 띠를 두른 건물 외관은 제정러시아 시대의 건물 색깔로는 비교적 흔한 편이지만 데카브리스트의 역사를 기억하는 사람들에게 이 색은 엄숙하고 진지한 느낌을 자아낸다. 아래층 입구 방에는 데카브리스트들이 살았던 시대의 신문이 펼쳐져 있는 탁자가 놓여 있고 2층의 여러 방에는 세르게이 볼콘스키 공작, 마리야 볼콘스카야 공작 부인 및 지인들의 크고 작은 초상화들이 걸려 있다. 작은 푸시킨 조각상도 있고, 피아노와 바이올린, 오르간 같은 여러 악기들이 놓여 있으며 18~19세기에 러시아 제국에서 유행했던 중국풍 병풍도 놓여 있다. 이 집에는 온실까지 갖춰져 있어서 이르쿠츠크 체류 시절 농업에 열중했던 볼콘스키 공작이 집 안에서도 식물을 가꾸는 모습을 상상할 수 있게 한다. 한마디로 볼콘스키 공작 가족의 유물들을 알뜰살뜰 거두어 보존하고 전시해 둔 기념관이다.

이 기념관은 볼콘스키 공작이 제정러시아의 체제를 변화시키려다 시베리아 중노동형을 겪은 고난의 혁명가였을 뿐 아니라 그 가족이 이르쿠츠크 사회에서 교육과 문화 활동에 헌신했고, 이로써 이 도시에 계몽의 횃불 역할도 했었다는 것을 보여 주려 한다.

트루베츠코이 기념관은 볼콘스키 소로에서 아주 가까운 제르진스키가 64번지에 위치해 있다. 이 건물은 데카브리스트들이 무장봉기를 시도했을 당시 거사가 성공하면 독재관이 되기로 예정되어 있었던 세르게이 트루베츠코이 공작과 관련된 곳으로 여겨진다. 트루베츠코이 공작은 거사 당일인 1825년 12월 14일 원로원 광장에 나가지도 않았지만 어쨌든 '반란 수괴'였던지라 체포되어 역시 시베리아 중노동형에 처해졌고 형 만료 후 가족과 이르쿠츠크 시내에서 살았다. 이들이 실제로 살던 집은 화재로 소실되었다. 그러나 공작 가족이 소유한 또 다른 집이 있었다는 것이 이르쿠츠크 주민들의 전언이었고, 이에 따라 그 건물이 20세기에 들어와서 트루베츠코이의 집으로 명명되었으니 그것이 현재의 트루베츠코이 기념관 건물이다.

볼콘스키 공작의 집에서 그리 멀지 않은 곳에 있는 즈나멘스키 수녀원에는 여러 데카브리스트들의 무덤이 있다. 일반적 의미의 역사적 기념물은 아니지만 이르쿠츠크의 데카브리스트 역사와 관련된 중요한 유적임에 틀림없다. 수녀원의 데카브리스트 무덤 중에서도 특히 눈에 띄는 것은 예카테리나 트루베츠카야 공작 부인의 무덤이다. 트루베츠코이 공작은 사면을 받은 후 유럽러시아로 돌아갔으나 공작 부인은 사면을 받기 전 이르쿠츠크에서 사망했고, 즈나멘스키 수녀원에 묻혔다. 일찍 사망한 그녀의 자녀들도 이 수녀원에 묻혀 있다. 트루베츠카야 공작 부인은 시베리아 유형에 처해진 데카브리스트의 부인 중에서도 시베리아로 오기로 결정하고 이를 실행에 옮긴 첫 번째 인물이었고 볼콘스카야 공작 부인이 곧이어 그녀와 행동을 같이하게 되었다. 볼콘스카야 공작 부인과 마찬가지로 이르쿠츠크에서 문화 계몽 활동에 헌신했던 트루베츠카야 공작 부인은 문자 그대로 이 도시에 뼈를 묻은 것이다. 도시 사람들이 그녀에 대한 기억을 더욱 소중히 간직할 수밖에 없는 이유도 여기에 있다.

트루베츠카야 공작 부인과 볼콘스카야 공작 부인을 비롯한 데카브리스트 부인들은 황실과 정부, 가족과 친지들의 전방위적 만류에도 불구하고 고난의 길을 걷는 남편을 따라 눈보라 치는 시베리아로 스스로 찾아왔고, 시베리아 사람들의 교육 계몽과 문화생활을 위해 많은 활동을 했다. 그런 면에서 이르쿠츠크시가 시베리아로 온 데카브리스트 부인들 모두를 기리는 기념상을 세운 것은 너무나 당연하다. 이 기념상은 이르쿠츠크시 건설 350주년을 맞아 이 도시가 2011년에 새로 건설한 네 기념물 가운데 하나이며 볼콘스키 기념관에서 볼콘스키 소로를 따라 계속 가다 보면 나오는, 큰 거리(10월 혁명 거리)와 맞닿는 작은 공지에 서 있다. 데카브리스트 부인상은 시베리아의 다른 몇몇 도시와 모스크바에도 세워져 있지만, 최근에 만들어진 이르쿠츠크의 기념상이 가장 훌륭해 보인다. 이곳 기념상은 데카브리스트 부인들을 단순히 남편을 기다리고 사랑하는 여인들로만 그린 것이 아니라, 문화를 전파하고 민중을 계몽시킨 독자적 인격체로서의 이들의 역할을 가장 중시하여 만들었기 때문이다. 볼콘스카야 공작 부인의 모습을 따서 세워진 키 큰 입상의 여인은 단정하고 진지한 표정을 한 채 손에 책을 들고 있고 그녀의 앞에는 세 줄기 촛불이 밝게 타오르는 커다란 촛대가 놓여 있다. 이는 어둡고 옹졸한 세상을 향하여 빛을 밝히고자 했던 여성의 모습을 상징한다.

레닌은 유형 생활을 "괜찮게" 보낸 편이라고 했는데, 그가 유배되었던 슈센스코예 마을 사람들 또한 바로 그렇기 때문에 레닌의 유배과 관련된 흔적과 기억을 보존하고 사람들에게 보여 주는 데 거리낌이 없다고 생각했을지도 모르겠다. 그 흔적과 기억들은 이 마을에서 "레닌의 시베리아 유형 기념 박물관 구역"이라는 이름으로 보존되고 관리되고 있다. 박물관 구역은 마을로 이루어져 소액의 입장료를 내면 1시간 30분 동안 구역 곳곳을 다니면서 관람할 수 있다. 입장해서 처음 방문하게 되는 곳은 레닌이 "사회민주주의자들의 범죄적 소모임 형성" 건으로 시베리아 유형 선고를 받고 이곳에 처음 도착했을 때 방 한 칸을 얻어 살았던 부농 즈이랴노프의 집이다. 10~12데샤티나의 농토, 6~7마리의 말, 4~5마리의 암소, 30마리 정도의 염소를 소유해서 유복한 편이었던 즈이랴노프의 집은 목조 농가 건물이며 거주 구역과 창고 구역으로 나뉘어 있었다. 레닌은 방세를 내고 이 집에서 1897년 5월부터 1898년 7월까지 살았는데, 그가 살던 방은 소련 정권이 세워진 후 1939년에 복원되었다. 창문이 여럿 나 있고 방 한쪽 면으로 나무 침대가 놓여 있으며 방 한가운데에는 식탁과 책상을 겸하는 탁자가 놓여 있다. 4개의 나무 의자와 함께 소파도 놓여 있는 이 방은 한마디로 소박하지만 깔끔하다. 혼탁하고 번잡한 생활에 지친 어느 도시 사람이라면 일부러라도 와서 책을 읽고 묵상하며 몇 달 살다 가도 될 만한 방이다. 이 집을 나오면 당시 시베리아의 중농이 생활했던 집을 관람할 수 있다. 그런 다음 마을 길을 한참 지나 레닌이 살았던 두 번째 집에 이른다. 여성 농민 프라스코비야 페트로바의 집이다. 페트로바는 상업과 농업을 겸하던 남편 세묜 페트로프와 사별한 후 다른 사람들에게 방을 빌려주고 방세를 받아서 생활했다. 레닌은 크루프스카야와 결혼한 후 이 집의 절반을 빌려서 썼다. 부부가 쓴 방은 상당히 널찍해서 두 개의 침대가 기역 자로 놓여 있고 다른 쪽에는 책상이 놓여 있으며 그 사이에 책꽂이들이 놓여 있다. 가구의 일부는 레닌 부부가 실제로 사용한 것이나 대부분은 새로 장만하여 비치한 것이다. 벽에는 레닌이 사냥을 즐겨했던 것을 보여 주기 위해 엽총이 한 자루 걸려 있기도 하다. 장모 옐리자베타 바실리예브나가 썼던 좀 더 작은 방, 부엌, 헛간, 욕실 등도 복원되어 있다. 이 집의 다른 특징은 마당에 마하레브 벚꽃(체료무하), 산딸기, 목서초, 꽃무, 협죽도 등등의 식물이 심겨 있어서 철따라 흐드러지게 피고 향기를 흩뿌린다는 것이다. 박물관 관리자들은 지금도 이러한 식물들을 심고 가꾸고 있다. 이 박물관 구역에는 당시의 관청 사무소, 재판소와 함께 1860~1870년대에 지어진 슈셴스코예면 감옥 건물도 보존되어 있다. 통나무로 된 단층의 장방형 감옥에는 감방과 감시자의 방, 목욕실, 부엌이 구비되어 있는데, 감방에는 두 개의 창이 옹색하게 나 있다. 길다란 침상 겸 벤치가 놓여 있는 감방은 우울한 분위기를 풍긴다. 감시자의 방에는 책상이 놓여 있는데, 유형수들의 일탈을 막기 위해 빈틈없는 감시의 눈길을 거둘 수 없었던 감시자의 처지도 그리 부러울 만한 것은 아니었을 듯하다. 그래도 레닌 부부가 살았던 페트로바의 집은 비좁고 갑갑한 감방에 비하면 궁전이라 할 만하다.

　　슈셴스코예면의 유형 박물관 구역의 특징 중 하나는 19세기 말, 20세기 초 시베리아의 부농, 중농, 빈농의 가옥을 각기 복원하여 전시하고 있다는 점이다. 레닌이 당시 러시아 농민층의 계급적 분화 양상을 마르크스주의 역사관에 입각하여 규명하기 위해 엄청난 공력을 들인 저자였다는 것을 상기하여, 특히 그가 이곳에서 『러시아에서의 자본주의 발달』을 썼다는 것을 관람자들이 특별히 기억하게 하기 위해 이 같은 장치를 애써 마련한 것으로 보인다. 마치 『러시아에서의 자본주의 발달』이 몸을 얻어 슈셴스코예 마을에 자리 잡은 것 같다. 이리하여 레닌의 유형 시절에 대한 기억은 슈셴스코예에 정성스럽게, 다소 과장해서 말하자면 "영광스럽게" 재현되어 있다. 하지만 이 구역 만으로 시베리아 정치 유형수의 유형 생활을 판단할 수는 없다. 우연 히도 레닌은 유형수 중에서도 유복한 여건에서 생활할 수 있었던 사람 이고, 시베리아 유형의 다양한 모습을 보여 주는 하나의 예일 뿐이다.

시베리아 횡단 철도도 곳곳에서 시베리아 유형의 기억을 보듬 고 있다. 횡단 열차는 철로를 따라 시베리아 동부의 평원을 달리다가 체르니셰프스크라는 크지 않은 도시에서 잠시 멈춘다. 체르니셰프스 키가 유형수로서 지내다가 삶을 마감하였음을 기념하기 위해 그의 이 름을 따서 명명된 이 도시의 역 안에는 이 이름의 주인공의 동상이 서 있다.

시베리아 유형수들이 시베리아라는 공간과 서로 영향을 주고 받으며 시베리아의 삶을 바꾸어 놓았음을 기억하려는 의지들이 이러 한 공간에 담겨 있다.

부록   2

시베리아
정치범 유형지 지도

네르친스크: 트루베츠코이 공작, 볼콘스키 공작 유형지
베료조보: 알렉산드르 멘시코프 유형지
슈센스코예: 레닌 부부의 유형지
옴스크: 도스토예프스키 유형지
우스트 쿠트: 트로츠키 부부의 유형지
이르쿠츠크: 미하일 바쿠닌 유형지
일림스크: 라디시체프 유형지
톰스크: 미하일 바쿠닌 유형지
투루한스크: 스탈린 유형지

화보

바실리 수리코프(Vasilii Ivanovich Surikov),
「베료조보의 멘시코프」, 모스크바 트레차코프 미술관 소장
알렉산드르 멘시코프 공이 시베리아의 오지 베료조보에 유배 가서 생활하던 시절의 모습을
후대 화가가 상상하여 화폭에 담았다. 세속 권력과 부의 화신이던 한 인간이 권력의
무상을 깨닫고 겸허하고 소박한 삶을 꾸려 가는 모습을 보여 준다. 선이 굵고 이목구비가
뚜렷한 멘시코프의 옆얼굴에는 두려움이 무엇인지 알고 체념한 듯한 표정이 서려 있다.
가족과 함께 십자가를 앞에 두고 탁자에 앉아 있는 그의 사색적 시선은 내적 변모를 잘 보여 준다.

게오르크 빌헬름 팀(Georg Wilhelm Tim, 일명 바실리 팀), 「데카브리스트의 반란」,
상트페테르부르크 에르미타주 미술관 소장

데카브리스트 봉기 당시의 상황을 그린 역사화. 1825년 12월 14일 상트페테르부르크 겨울 궁전 옆 원로원 광장에서 귀족 장교와 지지자들이 전제정 철폐, 농노제 폐지를 요구하며 무장봉기를 일으켰다. 이 봉기는 정부군에 의해 진압되었고 주모자 다섯 명은 처형되었다. 나머지 가담자들은 시베리아로, 카프카스산맥으로 유배되었다.

당대 화가의 그림, 1826년 8월 27일, 시베리아 유형 길의 데카브리스트들이 모스크바 대문을 통해 이르쿠츠크로 들어오는 모습[1]

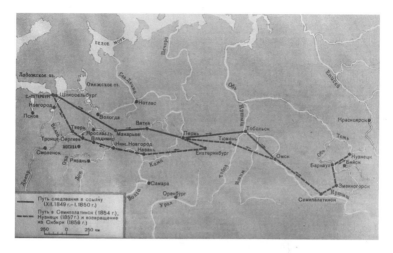

도스토예프스키의 유형길. 옴스크 도스토예프스키 문학박물관 소장 ⓒ 강태호

예카테리나 트루베츠카야 공작 부인과 마리야 볼콘스카야 공작 부인이
1827년에 함께 살았던 블라고다트스키 광산촌의 오두막.
사진을 찍은 사람의 신원이 알려지지 않은 20세기 초의 사진이다.[2]

「노역에 나온 중노동수들」, 니콜라이 카라진(Nikolai Karazin)의 화집
「도스토예프스키의 저작에 붙인 열다섯 개의 수채화」에 수록(1915)
이 그림은 「죽음의 집의 기록」에서 도스토예프스키가 어린 소녀에게서 동전을
받았던 것을 묘사한 장면을 참조하여 그린 것이다. 유형수들은 노역에 나가
현지 주민들에게서 희사금을 받기도 했다.

사형수들의 흰옷, 옴스크 도스토예프스키 문학박물관 소장 ⓒ 강태호
1849년 12월 상트페테르부르크의 세묘노프스키 광장에서 벌어진
도스토예프스키 모의 처형식 당시 사형수들이 입었던 두건 달린 흰옷.
(후대에 만든 복제품)

알비나 미구르스카의 초상화

원본은 폴란드 글리비체의 미구르스키 가문 가족 문서고에 있다.

알비나 미구르스카와 태어난 지 1년 만에 죽은 아들 콘라드의 무덤
네르친스크에 있다. 이 그림은 성명 미상의 화가가 그린 것으로 원본은 폴
란드 글리비체의 미구르스키 가문 가족 문서고에 있다.

일리야 레핀, 「예기하지 않았다」, 모스크바 트레차코프 미술관 소장
시베리아 유형에서 갓 돌아온 남자 유형수가 집 안으로 들어선 순간,
이를 전혀 예기하지 못했던 가족들이 놀라 자리에서 일어서거나 숨죽인 채
그를 바라보는 장면을 그리고 있다. 차림새나 거실 장식으로 보아
귀족 집안인 것으로 보이며 정치범으로 짐작되는 돌아온 유형수는 형형한
눈빛을 통해 굴하지 않는 기상을 보여 준다.

이삭 레비탄, 「블라디미르카」, 모스크바 트레차코프 미술관 소장
시베리아 유형수들은 '블라디미르 대로'라는 뜻의 이 길을 거쳐
유럽러시아에서 시베리아로 갔다.

주석　　서론

1 고은, 김형수, 「고은·김형수 대담; 지난날 아시아는 외세에 의해, 이젠 내부 모순에 의해 수치스럽네」, 《경향신문》(2012. 10. 6).

2 2012년 10월 5일 서울에서 나눈 대화.

3 그의 소설 『강(Речка)』의 주인공이 그렇게 말한다. Edith W. Clowes, "Imagined Geography and Vocabularies of Identity in Post-Yeltsin Siberia", *Space, Memory, and Identity: The Local Experiences of Russia and Korea*(공간, 기억, 그리고 정체성: 러시아와 한국 지방의 경험), 『한국외대 제 3차 HK국제학술대회 발표문집』(2012. 10), 257쪽.

4 Galya Diment, Yuri Slezkine, eds., *Between Heaven and Hell: The Myth of Siberia in Russian Culture*(New York: St. Martin's Press, 1993).

5 George Kennan, "Siberia. The Exile's Abode", *Journal of the American Geographical Society of New York*, Vol. 14(1882).

6 George Kennan, *Siberia and the Exile System* vol. 1–2(New York: St. Martin's Press, 1891).

7 군사적 기능은 비교적 후기에 동아시아 지역으로의 제국주의적 팽창 과정에서(주로 일본과의 전쟁을 위해) 등장했고 잉여 인구 배출지로서의 기능은 주로 농노해방 이후에 등장했다.

8 С. Ф. Коваль, "Страничка из жизни декабристов Михаила и Николая Бестужевых на последнии в Селенгинске", *Сибирь и декабристы*(Иркутск: Иркутский музей декабристов, 2009), p. 30.

9 Victor L. Mote, *Siberia. Worlds Apart*(Boulder: Westview Press, 1998), pp. 13~29.

10 러시아의 행정구역에 관한 용어에서 Область를 도(道)로, Округ를 구(區)로, Край를 주(州)로 번역하였다. 이것은 편의상의 이유 때문이다. 일반적으로 Приамурский Край가 한국에서는 오래전부터 일반적으로 연해주로 번역되어 오고 있는데, 이를 살리기 위해서는 Область를 도(道)로 번역하는 것이 무리가 가장 적어 보였다.

1장

1 1장의 내용은 정여천 편, 『러시아 극동 지역의 경제개발 전망과 한국
의 선택』(KIEP 대외정책연구원·외교통상부, 2008)에 실린 필자의 글 「러
시아 역사에서 시베리아와 극동의 위치」 가운데 97~108쪽의 내용
에 바탕을 두었다.

2 시베리아의 지리와 토착민 분포에 관해서는 다음을 참조하시오.
James Forsyth, *A History of the Peoples of Siberia. Russia's North
Asian Colony 1581~1990*(Cambridge: Cambridge University Press,
1992), pp. 1~27.

3 Пётр Андреевич Словцов,*Историческое обозрение С
ибири. книга первая*(С-Петербург: Типография И. Н. Ско-
рохов, 1886), p. xv.

4 카자크는 유라시아의 초원지대에서 출현한 자율적 전사 집단으로,
복수형은 카자키이다. 15세기부터 특히 존재가 두드러지기 시작했
으며, 국가권력과는 긴장 관계에 있을 때도 있었고 협력 관계를 가
질 때도 있었다.

5 *Новгородская первая летопись старшего и младшег
о изводов. Полное собрание русских летописей. Том
третий*(Москва-Ленинград: 《Издательство Академии Наук
СССР》, 1950), p. 38.

6 *Ibid.*, p. 40.

7 К. Г.Леви, Н. В.Задонина "Предуведомление от сос-
тавителей", Семен Ремизов,*Краткая Сибирская лето-
пись*(Кунгурская)(Иркутск, 2003), p. 8.

8 *Ibid.*, p. xiv~xvi.

9 Александр Андреев,*Строгановы*(Москва: Белый Волк
— Крафт, 2000), pp. 38~53.

10 *Ibid.*, p. 63.

11 러시아의 연대기에서 쿠춤은 그리스도교를 믿지 않는 인물이라는
것을 기준으로 평가되었다. 연대기는 그와 그의 신하들을 지칭할 때
"신을 믿지 않는", "이교도들" 등의 어휘를 사용했다.

12 *Строгановская Сибирская Летопись* 중 1582년 항. A. Aн-дреев, *Строгановы*에 수록, pp. 411~412.

13 Terence Armstrong ed., *Yermak's Campaign in Siberia. A Selection of Documents* Translated from the Russian by Tatiana Minorsky and David Wileman(London: The Hakluyt Society, 1975), pp. 12~18.

14 C. H. Aзбежев, *Тысяча лет русской истории в переда-ниях, легендах, песнях*(Москва: Русская Книга, 1999), pp. 195~197.

15 19세기 초의 역사가 자발리쉰이 대표적 예이다. B. Mирзоев, *Ис-ториография Сибири 1-я половина века*(Кемерово: Кеме-ровское книжное издательство, 1963), p. 222.

16 Raymond Fisher, *Russian Fur Trade, 1550~1700*(Berkeley: Los Angeles: University of California Press, 1943)은 러시아인들의 모피 교역과 시베리아 정복 및 통치의 관계를 규명한 표준적 연구서이다.

17 Eric R. Wolf, *Europe and the People Without History*(Berkeley: Los Angeles; London: University of California Press), pp. 159~160.

18 Fisher, *Op. cit.*, pp. 109~119, 122.

19 Forsyth, *Op. cit.*, p. 41.

20 러시아제국 정부의 지원을 받은 비투스 베링의 시베리아 북동부 및 북아메리카 대륙 탐사에 관해서는 다음을 참조하시오. *Russian Penetration of the North Pacific Ocean. A Documentary Record 1700~1797*, Edited and translated by B. Dmytryshyn; E. A. P. Crownhart-Vaughan; T. Vaughan(Oregon: Historical Society Press, 1988), pp. 66~69, 79~86, 90~125, 129~158, 168~189.

21 Forsyth, *Op. cit.*, p. 41.

22 Fisher, *Op. cit.*, pp. 49~61.

23 *Ibid.*, p. 155.

24 M. K. Любавский, *Обзор истории русской колонизации с древнейших времен и до XX века*(Москва: Издатель-ство Московского университета, 1996), p. 468.

25 V. S. Miasnikov, *The Ch'ing Empire and the Russian State in the 17th Century*, trans. by Vic Schneierson(Moscow: Progress Publishers,

1985)는 17세기 청과 러시아 사이의 군사적·외교적 관계를 상세히 고찰하고 있다.

26 예로페이 하바로프의 이름을 딴 도시는 하바로프스크뿐 아니다. 비록 하바로프스크 같은 대도시는 아니지만, 시베리아 횡단 열차가 정차하는 아무르주의 작은 도시 예로페이 파블로비치도 그의 이름과 부칭을 따서 명명되었다.

27 George V. Lantzeff, R. A. Pierce, *Eastward to Empire. Exploration and Conquest on the Russian Open Frontier, to 1750*(Montreal; London: McGill-Queen's University Press, 1973), pp. 159~165.

28 계승범, 「17세기 중반 나선정벌의 추이와 그 동아시아적 의미」, 《사학연구》 110호(2013), 205~245쪽.

29 Mote, *Op. cit.*, p. 44.

30 유럽러시아인들이 우랄산맥을 넘어 시베리아를 정복하기 시작하면서 시베리아 지역에 관한 문제는 러시아 동부 국경과 관련된 사안을 다루는 관청인 카잔국의 한 하위 부서 시베리아과(課)에서 다루다가 1637년에 크레믈에 시베리아 행정청이 설치되면서 이 관청의 관할 아래 놓였다. Benson Bobrick, *East of the Sun. The Epic Conquest and Tragic History of Siberia*(New York; London: Poseidon Press, 1992), pp. 104, 110.

31 Andrei A. Znamenski, *Shamanism and Christianity. Native Encounters with Russian Orthodox Missions in Siberia and Alaska, 1820~1917*(Westport; Conneticut; London: Greenwood Press, 1999), p. 56.

32 Виктор А. Зибарев, *Юстиция у малых народов севера* (17~19 вв)(Томск: Издательство Томского Университета, 1990), pp. 35~38.

33 보예보다에 대한 전반적 평가와 관련해서는 다음을 참조하시오. Д. А. Ананьев, "Система воеводского управления в освещении историков-сибиреведов", *Сибирь в XVII-XX веках. Проблемы политической и социальной истории* (Новосибирск: Новосибирский государственный университет, 2002), pp. 3~18.

34 Andrei Golovnev, Gail Osherenko, *Siberian Survival. The Nenets and Their Story*(Ithaca; London: Cornell University Press, 1999), p. 45.

35 Николай Михайлович Ядринцев,*Сочинения том 1 Сибирь как колония*(Тюмен: Издательство Ю. Мандрики, 2000), p. 364.

36 "이족(инородцы)"이란 러시아 지배층이 시베리아 토착민을 칭하는 용어였다.

37 Golovnev, Osherenko, *Op. cit.*, p. 45.

38 스페란스키 개혁의 내용과 의미에 대해서는 다음을 참조하시오. Ядринцев, *Op. cit.*, pp. 322~367.

39 Marc Raeff, *Siberia and the Reforms of 1822*(Seattle: University of Washington Press, 1956), p. 112.

40 Marc Bassin, *Imperial Visions. Nationalist Imagination and Geographical Expansion in the Russian Far East, 1840~1865*(Cambridge: Cambridge University Press, 1999), pp. 84~101.

41 Linda Yoon-Sun Park, "Political Exiles as Colonial Agents: The Russian Geographical Society and Its Exile — Explorers in Siberia, 1860s~1890s", 《러시아 연구》, 제13권 제1호(2003), 362~365쪽.

2장

1 이 말이 '분리'의 뜻을 내포하고 있는 것은 분명하지만, 이 말에서 강조되고 있는 것이 단지 '격리(salire, saltare)'인지 아니면 '자기 땅으로부터의 분리(ex solo)'인지에 대해서는 학자들의 견해가 일치하지 않는다고 한다. Neil Raj Singh-Masuda, "Exilium Romanum: Exile, Politics and Personal Experience from 58 BC to AD 68", Ph. D. Dissertation University of Warwick(1996), p. 3.

2 Thucydides, I, 138.

3 Plutarch, *Lives*, Coriolanus.

4 Gordon P. Kelly, *A History of Exile in the Roman Republic*(Cambridge; New York: Cambridge University Press, 2006), p. 17.

5 R. A. Bauman, *Crime& Punishment in Ancient Rome*(Routledge, 1996), p. 14에서 재인용.

6 Singh-Masuda, *Op. cit.*, p. 4.

7 Григорий Фельдштейн,*Ссылка.Очерки ея генезиса, значенія,исторіи и современнаго состоянія*(Москва: Высоч. утвержд Товарищество Скоропечатии А. А. Левенсон. Петровка, д. Левенсон, 1893), p. 3.

8 Robert G. Caldwell, "Exile as an Institution", *Political Science Quarterly*, Vol. 58, No. 2(Jun., 1943), p. 241.

9 Mary V. Braginton, "Exile under the Roman Emperors", *The Classical Journal*, Vol. 39, No. 7(Apr., 1944), p. 393.

10 Фельдштейн, *Op. cit.*, p. 9.

11 Singh-Masuda, *Op. cit.*, pp. 4~5

12 로마의 유형 제도를 연구한 싱 마수다(Singh-Masuda)는 렐레가티오는 가벼운(non-capital) 엑실리움이고 데포르타티오와 '불과 물의 금지'는 중한(capital) 엑실리움이었다고 말한다. *Ibid.*, p. 4.

13 *Ibid.*, p. 5.

14 Фельдштейн, *Op. cit.*, pp. 1~2.

15 「유형」, 『한국민족문화대백과』, http://terms.naver.com/entry.nhn?docld795345&mobile&categoryld1592(검색일: 2012. 3. 5).

16 陳顧遠, 『中國法制史』(中國書店, 1988), 260쪽.

17 이 내용이 실린 부분은 「순전(舜典)」이라고도 한다. 「순전」이 원래 「요전」에 포함된 것이라는 점을 중시하는 논자들은 「순전」이라는 명칭을 인정하지 않고 그대로 「요전」이라고 부른다. 본문의 구절은 차상원 교수의 번역을 따랐다. 『書經』, 車相轅 譯著(明文堂, 1984), p. 43.

18 당시 용어로는 대벽(大辟)이라고 했다.

19 陳顧遠, 앞의 책, 273~275쪽.

20 仁井田陞, 『中國法制史研究: 刑法』(東京大學 出版會, 1959), 57쪽.

21 陳顧遠, 앞의 책, 263쪽.

22 『書經, 車相轅 譯著』, 36쪽.

23 仁井田陞, 앞의 책, 66쪽

24 위의 책, 100쪽.

25 위의 책, 51쪽.

26 위의 책, 122쪽; 陳顧遠, 앞의 책, 264쪽.

27 이동명, 「삼국 시대의 형벌 제도 연구」, 《법학연구》 34호(한국법학회, 2009), 4, 8, 13쪽.

28 李貞薰, 「고려 시대 支配體制의 변화와 中國律의 수용」, 『고려 시대의 형법과 형정』(국사편찬위원회, 2002), 12, 21쪽.

29 "流者 謂人犯重罪 不忍刑殺 流去遠方 終身不得回鄕 自二千里至三千里爲三等 每五百里 爲一等加減", 『大明律直解』五刑之圖 및 五刑名義.
   徐壹敎, 『朝鮮王朝 刑事制度의 硏究』(韓國法令編纂會, 1968), 146쪽에서 재인용.

30 장선영, 「조선 시기 流刑과 絶島定配의 推移」, 《지방사와 지방 문화》, 4권 2호(2001), 172쪽

31 徐壹敎, 앞의 책, 147쪽.

32 위의 책, 150~154쪽.

33 金景淑, 「朝鮮時代 流配刑의 執行과 그 事例」, 《史學硏究》 55, 56 合集號(한국사학회, 1998. 9), 372쪽.

34 『世宗實錄』 120권, 30년(1448, 戊辰) 6월 27일(辛巳).

35 1식(息)은 30리(里)이다.

36 신규수, 「朝鮮時代 流配刑罰의 性格」, 《한국문화연구》 23호(2012), 154쪽.

37 金景淑, 앞의 책, 371쪽.

38 徐壹敎, 앞의 책, 255쪽.

39 金景淑, 앞의 책, 375, 380~382, 383, 385쪽.

40 장선영, 앞의 책, 184~185쪽.

41 신규수, 「朝鮮時代 流配刑罰의 性格」, 《한국문화연구》 23호(2012), 147쪽.

42 池哲浩, 「朝鮮前期의 流刑에 관한 硏究」, 서울대 석사 논문(1984), 9쪽.

43 신규수, 앞의 책, 147쪽.

44 『노브고로드 연대기』, 1158, 1160, 1161년 항. 1160년에 스뱌토슬라프 공이 라도가 호수로 쫓겨났을 때 그의 부인은 수도원에 강제로 들

어갔고 그의 무사들(드루쥐나)은 토굴에 유폐되었다.

45 『노브고로드 연대기』, 1240년 항.

46 Евгений Николаевич Анучин, *Материалы для уголовной статистики России: исследования о проценте ссылаемых в Сибирь* ч. 1(Тобольск: Изд. Тобольского губернского статистического комитета тип. Тоб. губ. правления, 1866), p. 8.

47 И. Я. Фойницкий, *Учение о наказании в связи с тюрьмоведением*(Москва: Добросвет 2000, 2000), p. 243; Andrew Gentes, *Exile to Siberia 1590~1822*(New York: Palgrave Macmillan, 2008), p. 35. 유형 제도가 1582년 이전에도 실시되고 있었음은 문서로 확인할 수 있다. Фельдштейн, *Op. cit.*, p. 129.

48 Yuri Semyonov, *The Conquest of Siberia. An Epic of Human Passions translated by Dickes*(London: George Routledge and Sons, 1944), p. 314.

49 Фойницкий, *Op. cit.*, pp. 245~246. 포이니츠키의 이 저서는 1889년에 처음으로 출판되었으며 그 후 러시아에서는 형벌의 역사에 대한 표준적 연구서로 인정되고 있다.

50 Фойницкий, *Ibid.*, pp. 244~245.

51 유배에 의한 강제적 시베리아 정착의 경우 외에도, 농민들의 자발적 의사에 따른 시베리아 이주도 빈번하게 이루어졌다.

52 포이니츠키는 11군데 나온다고 썼는데(Фойницкий, *Op. cit.*, p. 244) 오류이다. 그가 열거한 형벌 조항 중 어떤 것은 유배형과 무관하다. 단순 착오로 보인다.

53 책에서는 1987년에 출판된 전국 주민 회의 법전 현대어본을 이용하였다. *Соборное Уложение 1649 года, Текст и Комментарии*(Ленинград: Издательство Наука, 1987), p. 100.

54 George Kennan, *Siberia and the Exile System* Vol. 1(Honolulu: University Press of the Pacific, 1970), p. 74. 또한 케넌과 같은 시기의 러시아 형법학자 포이니츠키는 추방은 형벌의 결과였을 뿐이라고 보았다. Фойницкий, *Op. cit.*, p. 244.

55 Фельдштейн, *Op. cit.*, p. 130.

56 А. П. *Саломон, Ссылка в Сибирь. Очерк ее истории и*

современного положения.Для высочайше утвержден-
ной Комиссии о мероприятиях по отмене ссылки
(Ст.-Петербург: Типография С.-Петербургской Тюрьмы,1900), p. 3.

57 Фельдштейн, *Op. cit.*, p. 131.

58 Саломон, *Op. cit.*, p. 3.

59 Анучин, *Op. cit.*, p. 9; Фойницкий, *Op. cit.*, p. 247.

60 А.Д. Марголис, "Система сибирской ссылки и закон
от 12 июня 1900 года", *Ссылка и общественно-полити-
ческая жизнь в Сибири XVIII-начало XX в.*(Новосибирск:
Издательство «Наука» сибирское отделение, 1978), p. 129.

61 Фельдштейн, *Op. cit.*, p. 127.

62 Фойницкий, *Op. cit.*, p. 251, 각주 1.

63 И. П. Козловский, "Андрей Виниус, сотрудник Петра В
еликого", *Русская старина* No. 4(1911), p. 179.

64 Фельдштейн, *Op. cit.*, p. 132. 중노동형과 유배형이 결부된 유형
수라도 중노동 형기가 끝나고 나면 단순 유배형을 선고받아 정착한
정주 유형수와 다르지 않았다. Саломон, *Op. cit.*, p. l.

65 Саломон, *Op. cit.*, p. 9.

66 Фойницкий, *Op. cit.*, p. 250.

67 Richard Hellie, *Enserfment and Military Change and Muscovy*
(Chicago; London: The University of Chicago Press, 1971), pp.
258~259. 과거의 연구자들은 이를 봉사 국가라고 번역해 왔다. 여
기서 문제가 되는 단어는 영어로 'service'라고 옮겨지는 러시아어
단어 sluzhit'(명사형은 sluzhba)인데, 행위의 공적 성격을 좀 더 분명
히 하기 위해 이 책에서는 이를 봉사 대신 복무라고 옮겼다.

68 표트르 1세 황제는 황제도 러시아를 위해 복무하는 존재이며, 그의
통치는 국가에 대한 자신의 의무를 이행하는 것이라고 여겼다. 대
주교 페오판 프로코포비치는 황제가 모범적이고 더 차원 높은 복
무 의무를 가졌다고 해석함으로써 표트르 황제의 '국가를 위한 복
무론'을 뒷받침하였다. Evgenii V. Anisimov, *The Reforms of Peter
the Great: Progress Through Coercion in Russia*, Translated with
an introduction by John T. Alexander(Armonk; London: M. E. Sharpe,

1993), p. 23.

69 Борис Николаевич Чичерин, *Опыты по истории русского права*(Москва: Тифографія Эрнста Барфкнехта и комп, 1858), p. 383; Richard Hellie, *Enserfment and Military Change in Muscovy*(Chicago; London: The University of Chicago Press, 1971), pp. 258~259.

70 운명의 바닷가(fatal shore)는 휴스의 책에서 오스트레일리아 유형 식민지를 가리키는 말이다. Robert Hughes, *The Fatal Shore, The Epic of Australia's Founding*(New York: Alfred Knopf, 1986).

71 Михаил С. Грушевский, *Иллюстрированная история Украины*(Киев: МПП Левада, 1996), p. 399.

72 *Ibid.*, pp. 399~400.

73 18세기 초에는 종신수와 유기수로 나뉘었다. Фойницкий, *Op. cit.*, p. 251.

74 부인들이 수도원에 들어가거나 자기네 마을에서 사는 것도 허락되었다. *Ibid.*, pp. 251~252.

75 젠티스는 적극적으로 이 같은 해석을 내리고 있다. 그의 의견으로는 중노동형은 시민으로서의 죽음을 의미하는 것이었고 그렇기 때문에 표트르 황제는 이 형벌이 결혼 서약 무효의 근거가 된다고 보았다. Andrew Gentes, "'Licentious Girls' and Frontier Domesticators: Women and Siberian Exile from the Late 16th to the Early 19th Centuries", *Sibirica: Journal of Siberian Studies*, Vol. 3(Berghahn Books, 2003) 3(1), 4/11. DOI: 10.1080/1361736032000168003.

76 Евгений Николаевич Анучин, *Исследования о проценте сосланных в Сибирь в период 1827~1846 годов: материалы для уголовной статистики России*(С. Петербург: Тип. Майкова, 1873), p. 15.

77 펠드슈테인은 표트르의 형벌 규정이 엄청나게 결의론적(казуистичный)이라고, 즉 구체적인 사안들에 대한 규정을 일일이 포함하여 매우 꼼꼼하다고 평가했다. Фельдштейн, *Op. cit.*, p. 135. 젠티스는 펠드슈테인의 이 평가를 인용하면서, 표트르 1세는 결코 계몽적이거나 교정주의적인 형벌관을 가지고 있지 않다고 보았다. Andrew A.

Gentes, *Op. cit.*

78 Любавский, *Op. cit.*, p. 467.

79 *Ibid.*, p. 467.

80 В. О. Ключевский, *Сочинения в девяти томах* IV *Курс русской истории*(Москва: Мысль, 1989), p. 315; Cyril Bryner, "The Issue of Capital Punishment in the Reign of Elizabeth Petrovna", *The Russian Review*, vol. 49(1990), p. 389; К. А., Писаренко *Елизавета Петровна*(Москва: Молодая гвардия, 2014), p. 183.

81 Михаил Ломоносов, "Ода всепресветлейшей державнейшей великой государыне императрице Елисавете Петровне" *Полное собрание сочинений т. 8. Поэзия, ораторская проза,надписи 1732~1764 гг.*(Москва: Ленинград: Издательство Академии Наук СССР, 1959), p. 745.

82 *Саломон*, *Op. cit.*, p. 11.

83 Фельдштейн, *Op. cit.*, p. 132.

84 *Ibid.*, p. 134.

85 *Ibid.*, p. 136.

86 Фойницкий, *Op. cit.*, p. 255.

87 Фельдштейн, *Op. cit.*, p. 134.

88 Cesare Beccaria, *On Crimes and Punishments*, trans. by G. R. Newman; P. Marongiu(New Brunswick; London: Transaction Publishers, 2011), p. 139.

89 Andrew Gentes, *Exile to Siberia 1590~1822*(New York: Palgrave Macmillan, 2008), p. 105.

90 *Саломон*, *Op. cit.*, p. 7.

91 Любавский, *Op. cit.*, p. 467.

92 Марголис, *Op. cit.*, p. 130.

93 Анучин, *Исследования о проценте сосланных в Сибирь в период 1827~1846 годов*, p. 15.

3장

1 Фельдштейн, *Op. cit.*, p. 135.

2 *Ibid.*, p. 137.

3 *Саломон, Op. cit.*, p. 32.

4 Фельдштейн, *Op. cit.*, p. 139.

5 *Ibid.*, p. 140.

6 Ядринцев, *Op. cit.*, p. 17.

7 Саломон, *Op. cit.*, p. 11.

8 Фойницкий, *Op. cit.*, p. 264.

9 Фельдштейн, *Op. cit.*, p. 141.

10 *Ibid.*, p. 141.

11 앞에서도 썼듯이, 옐리자베타 여제 재위 시기부터 주거 유배형은 성격이 명확하지 않았고 관련 규정이 계속 바뀌었다. 1845년 형법전에 이르러 주거 유배형이라는 용어가 명시적으로 등장한다.

12 Фельдштейн, *Op. cit.*, pp. 142~146.

13 Gentes, *Exile, Murder and Madness in Siberia, 1823~1861*(Palgrave Macmillan, 2010), p. 46.

14 Фельдштейн, *Op. cit.*, pp. 146~147.

15 Andrew Gentes, "Katorga: Penal Labor and Tsarist Siberia", http://eprint.uq.edu.au/archive/00004371/01/katorga.pdf(검색일: 2008. 02. 17).

16 Любавский, *Op. cit.*, p. 468.

17 Gentes, *Exile, Murder and Madness in Siberia, 1823~1861*, p. 14.

18 Kennan, "Siberia. The Exile's Abode", p. 41~42.

19 Саломон, *Op. cit.*, p. 14~15.

20 1891년에 처음 출판된 조지 케넌의 저서 *Siberia and the Exile System*은 시베리아 유형 제도와 그 실제 운영, 시베리아 유형수들의 삶에 대한 생생한 현장 보고서로서, 외부에 큰 충격을 던져 주었다.

21 Марголис, *Op. cit.*, p. 127~128.

22 Mark Bassin, "Inventing Siberia: Visions of the Russian East in the Early Nineteenth Century", *The American Historical Review*, Vol. 96,

No. 3(Jun., 1991), p. 774.

23 Ядринцев, *Op. cit.*, p. 214.

24 Gentes, *Exile, Murder and Madness in Siberia, 1823∼1861*, p. 181.

25 Фельдштейн, *Op. cit.*, p. 148.

26 Gentes, *Exile, Murder and Madness in Siberia, 1823∼1861*, p. 182.

27 Фельдштейн, *Op. cit.*, p. 181.

28 Любавский, *Op. cit.*, p. 468.

29 С. В. Максимов, *Сибирь и каторга*, издание третье (Санкт Петербург: Издание В. И. Губинскаго, 1900), p. 34.

30 Kennan, *Siberia and the Exile System Vol. 2*(Honolulu: University Press of the Pacific, 1970), p. 138.

31 *Ibid.*, p. 131.

32 *Ibid.*, p. 138.

33 Максимов, *Op. cit.*, p. 34.

34 Kennan, *Siberia and the Exile System Vol. 2*, p. 143.

35 *Ibid.*, p. 142.

36 *Ibid.*, pp. 142∼143.

37 *Ibid.*, p. 138.

38 *Ibid.*, pp. 143∼144.

39 *Ibid.*, p. 160.

40 Максимов, *Op. cit.*, p. 34.

41 Фельдштейн, *Op. cit.*, p. 151.

42 Hughes, *Op. cit.*

43 Фельдштейн, *Op. cit.*, pp. 156∼157.

44 *Ibid.*, p. 136.

45 Gentes, *Op. cit.*, p. 162.

46 Фельдштейн, *Op. cit.*, p. 144.

47 1데샤티나는 1헥타르와 거의 같았다.

48 Фельдштейн, *Op. cit.*, pp. 157∼158.

49 *Ibid.*, pp. 182∼183.

50 Марголис, *Op. cit.*, pp. 128∼129.

51 Саломон, *Op. cit.*, p. 7.

52 *Ibid.*, pp. 19~29.

53 Фельдштейн, *Op. cit.*, pp. 151~152.

54 살로몬, 야드린체프, 펠드슈테인, 포이니츠키, 아누친 등이 모두 이 입장을 취했다.

55 Gentes, *Op. cit.*, p. 172.

56 Ядринцев, *Op. cit.*, p. 217.

57 Е. Н. Анучин,*Материалы для уголовной статистики России: исследования о проценте ссылаемых в Сибирь* ч. 1, pp. 36, 45.

58 4만 2309명 가운데 4330명이 특히 심한 중범죄 때문에 중노동형을 선고받았다. Максимов, *Op. cit.*, p. 317.

59 Анучин,*Материалы для уголовной статистики России: исследования о проценте ссылаемых в Сибирь* ч. 1, p. 41.

60 *Ibid.*, p. 42.

61 Ядринцев, *Op. cit.*, p. 201.

62 Анучин,*Материалы для уголовной статистики России: исследования о проценте ссылаемых в Сибирь* ч. 1, p. 28.

63 Ядринцев, *Op. cit.*, p. 183.

64 *Ibid.*, p. 224.

65 *Ibid.*, p. 221.

66 *Ibid.*, pp. 222~223.

67 *Ibid.*, p. 187.

68 Фельдштейн, *Op. cit.*, p. 170.

69 *Ibid.*, p. 157.

70 Ядринцев, *Op. cit.*, p. 215.

71 *Ibid.*, p. 181.

72 *Ibid.*, p. 215.

73 Любавский, *Op. cit.*, pp. 467~468.

74 Саломон, *Op. cit.*, pp. 24~25.

75 Фойницкий, *Op. cit.*, pp. 256~258, 277, passim.

76 Марголис, *Op. cit.*, p. 129.

77 *Ibid.*, p. 130.

78 Саломон, *Op. cit.*, p. 36.

79 Фойницкий, *Op. cit.*, p. 269; Фельдштейн, *Op. cit.*, p. 138.

80 Саломон, *Op. cit.*, pp. 37~38.

81 *Ibid.*, pp. 38~39.

82 Д. Г. Тальберг, "Ссылка на Сахалин", *Вестник Европы*, 1879 г., T. III. No. V С, pp. 218~251.

83 Ахметшин, Р. Б. "Сахалинское путешествие А.П. Чехова: к реконструкции замысла", 《러시아연구》 25권 2호, 308~312쪽.

84 Ядринцев, *Op. cit.*, p. 216.

85 *Ibid.*, p. 220.

86 *Ibid.*, p. 217~219.

87 *Ibid.*, p. 226. 그는 이에 덧붙여 시베리아 전체가 유형 제도의 온갖 불편함과 고통을 짊어지고 있다고 시베리아인의 입장에서 고충을 이야기했다.

4장

1 Максимов, *Op. cit.*, p. 319.

2 А.Д. Марголис, "Социологический анализ биографий политических каторжан—участников второго этапа освободительного движения в России", *Политическая ссылка в Сибири XIX—начало XX в.*(Новосибирск: Издательство 《Наука》 сибирское отделение, 1987), p. 121.

3 *Ibid.*, p. 122.

4 А. А. Иванов, "Женский взгляд на каторжную тему", *Женщина в истории России XVIII—XXI веков*(Иркутск: Оттиск, 2010), p. 67에서 재인용.

5 *Ibid.*, p. 70.

6 톨스토이, 서상국 옮김, 『부활』(작가정신, 2010), 678~681쪽.

7 이인영, 『아바쿰: 러시아 문화사적 측면에서 본 생애전』(서울대 출판부, 1991), 177쪽.

8 위의 책, 180~181쪽.

9 페레야슬라프 협약 중에서 보흐단 흐멜니츠키가 우크라이나 코자크들의 자율성을 인정해 달라고 러시아 차르 알렉세이 미하일로비치에게 청원한 내용을 말한다. 이 협약에서 흐멜니츠키는 우크라이나의 자포로쟈 코자크 군단이 자체의 법과 재산권, 사법권을 가지고 있으며 군사 문제에서 다른 상급자를 인정하지 않는다고 주장하면서 이러한 권리와 자유를 보호해 줄 것을 차르에게 요청하였다. 아울러 그는 도시 행정에서도 자율권을 인정해 달라고 요청하였다. 차르는 우크라이나 코자크들이 충성을 바치는 대가로 이러한 자율권을 인정해 주겠다고 약속한 것으로 전해진다. Paul Robert Magosci, *A History of Ukraine*(Seattle: University of Washington Press, 1998), pp. 214~215.

10 므노호흐리쉬니의 활동에 대해서는 다음을 주로 참조했다. Грушевский, *Op. cit.*, pp. 349~353.

11 Максимов, *Op. cit.*, p. 372.

12 Грушевский, *Op. cit.*, p. 363.

13 Максимов, *Op. cit.*, pp. 372~373.

14 Грушевский, *Op. cit.*, pp. 353~373.

15 Максимов, *Op. cit.*, p. 372.

16 Грушевский, *Op. cit.*, pp. 385~395.

17 Максимов, *Op. cit.*, p. 372.

18 Кондратий Федорович Рылеев, *Войнаровский*(Москва: 1825).

19 Patrick O'meara, *K. F. Ryleev: A Political Biography of the Decembrist Poet*(Princeton: Princeton University Press, 1984), pp. 289~311.

20 Magosci, *Op. cit.*, pp. 296~300; 타라스 셰브첸코, 한정숙 편역, 『유랑 시인』(한길사, 2005), 70~71쪽.

21 Максимов, *Op. cit.*, pp. 381~382.

22 Н.И. Костомаров, *Русская история в жизнеописаниях её главных деятелей*. Том IV (Москва: РИПОЛ КЛАССИК, 1998), pp. 92~93.

23 Максимов, *Op. cit.*, p. 382.

24 *Ibid.*, p. 382.

25 *Ibid.*, p. 382~383.

26 두 사람은 1729년 12월 24일에 약혼했고 결혼식은 1730년 4월 8일에 올렸다.

27 나탈리야 돌고루카야의 회고록은 원본은 현재 소실되었지만 1913년 페테르부르크에서 출판된 인쇄본이 남아 있다.(Н. Б., Долгорукая, *Своеручные записки княгини Натальи Борисовны Долгорукой дочери г. фельдмаршала графа Бориса Петровича Шереметева*. СПб, 1913). 이에 바탕을 두고 현대 철자법으로 수정된 돌고루카야 회고록은 1991년 다시 출판되었고 현재 인터넷에도 올라와 있다.(http://www.vostlit.info/Texts/rus8/Dolgorukaja/text.phtml(검색일: 2016. 1. 15))

28 D. S. Mirsky. *A History of Russian Literature from Its Beginnings to 1900*. Edited by J. Whitefield(New York: Vintage Books, 1958), p. 60.

29 Долгорукая, *Op. cit.*, pp. 29~30.

30 *Ibid.*, p. 19.

31 르일레예프의 두마 http://biblioteka-poeta.ru/duma-xx-nataliya-dolgorukova/ryleev-k-f(검색일: 2016. 1. 17).

32 *Иван Козлов,Поэма Княгиня Наталья Борисовна Долгорукая* 제1부 중.

33 Tacitus, *History*, 1, 3.

34 Gaius Plinius Caecilius Secundus(Pliny the Younger), *Epistulae* VII, 19, 4.

35 Mary V. Braginton, "Exile under the Roman Emperors", *The Classical Journal*, Vol. 39, No. 7(Apr., 1944), p. 399.

36 R. P. Thaler, "Preface", Aleksandr Nikolaevich Radishchev, *A Journey From St. Peterburg to Moscow*, trans. by Leo Wiener(Cambridge, Massachusetts: Harvard University Press, 1969), p.

vii.

37 D. M. Lang, *The First Russian Radical: Alexander Radishchev 1749~1802*(London: George Allen & Unwin, 1959), p. 14.

38 А. Н. Радищев, *Путешествие из Петербурга в Москву Вольность*(Санкт—Петербург Наука 1992), pp. 10~12, 32~33.

39 R. P. Thaler, "Introduction", Aleksandr Nikolaevich Radishchev, *A Journey From St. Peterburg to Moscow*, p. 11.

40 Lang, *Op. cit.*, pp. 196~213.

41 *Ibid.*, pp. 216~223.

42 *Ibid.*, pp. 268~270.

43 Д. С. Бабкин, *А. Н. Радищев, Литературно-общесвенная деятельность*(Москва:Ленинград: Наука, 1966), p. 33.

44 서광진, 「두 자살: 라디셰프와 카람진의 '리자'」, 《러시아 연구》 26권 1호 (2016), 64, 66쪽.

45 Anatole G. Mazour, *The First Russian Revolution 1825. The Decembrist Movement* (Stanford: Stanford University Press, 1967), pp. 169~180.

46 존 킵이 이러한 견해를 표명하고 있다. John L. H. Keep, *Soldiers of the Tsar: Army and Society in Russia, 1462~1874*(Oxford: Clarendon Press, 1985), p. 232.

47 А. Д. Марголис, "К вопросу о числе жертв 14 декаб-ря 1825 года", А. Д. Марголис, *Тюрьма и ссылка в импе-раторской России Исследования и архивные находки* (Москва: Лантерна-Вита, 1995), p. 45.

48 Mazour, *The First Russian Revolution 1825. The Decembrist Movement*, pp. 179~180.

49 *Ibid.*, p. 213.

50 Т. А. Перцева, *По местам декабристов в Иркутске* (Иркутск: Мемориальный музей декабристов, 2006), p. 3.

51 Mazour, *Op. cit.*, p. 221.

52 Н. Ф. Каращ *Князь Сергей Волконский*(Иркутск: Мемориальный музей декабристов, 2006), pp. 183~185.

53 Перцева, *Op. cit.*, p. 6.

54 일반 형사범들이 귀족 출신 정치범들을 위해 자발적으로 대신 일을 해 주는 경우는 드물지 않았다. 심지어 폴란드 출신 정치범이었던 피에트로프스키도 폴란드 독립을 위한 봉기에 참가했다가 강제 중노동형을 선고받고 시베리아에 유형되었을 때 일반 형사범들이 그를 위해 힘든 노동을 대신해 주었다고 기록하고 있다. M. Rufin Pietrowski, *The Story of a Siberian Exile. Translated from the French*(London: Longman, Roberts, Green, 1863), p. 89.

55 Виктор Вайнерман, "Поручаю себя Вашей доброй памяти"(Ф. М Достоевский и Сибирь)(Омск: Издательский дом 《Наука》, 2014), p. 31에서 재인용.

56 *Ibid.*, p. 29.

57 Саломон, *Op. cit.*, p. 4.

58 Вайнерман, *Op. cit.*, pp. 33, 362.

59 표도르 도스토예프스키, 이덕형 옮김, 『죽음의 집의 기록』(열린책들, 2010), 160쪽.

60 본문의 서술이 두로프에 대한 것이라는 주장은 글쓴이가 2016년 7월 21일 방문한 옴스크 도스토예프스키 문학박물관의 전시물 해설문에 의거한 것이다.

61 *Омск*(Омск: Издательство ТАСС-Восточный экспресс, 2006), pp. 16~23. 1851년에 옴스크 도시의 전체인구는 1만 4970명이었는데, 그 가운데 군사-행정 관련자의 비율이 64퍼센트였다. В. В. Рабцевич, *Сибирский город в дореформенной системе управления*(Новосибирск: Наука, 1984), p. 30.

62 Вайнерман, *Op. cit.*, p. 64.

63 *Ibid.*, p. 131~141.

64 바쿠닌의 생애에 대해서는 E. H. Carr, *Michael Bakunin*(London; Basingstoke: Macmillan Press, 1937)을 참조하시오.

65 바쿠닌의 탈출 과정에 대한 서술은 E. H. Carr, "Bakunin's Escape from Siberia", *The Slavonic and East European Review*, Vol. 15, No. 44(Jan., 1937), pp. 377~384의 내용을 축약한 것이다.

66 *Ibid.*, pp. 384~386.

67 *Ibid.*, p. 379.

68 오스트로프스키의 소설 제목을 딴 것이다.

69 헤르만 베버, 정초일 옮김, 『레닌』(한길사, 1999), pp. 46~50.

70 레닌 유형 박물관에 대한 인터넷 안내 사이트인 Мемориальный музей-заповедник, "Сибирская ссылка В. И. Ленина" в Шушенском. http://shtish.livejournal.com/4874.html(검색일: 2016. 8. 20)과 발렌티노프가 레닌의 유형 시절에 대해 묘사한 글을 발췌 게재한 사이트 Как и на что Ленин жил в ссылке в Шушенском. http://www.izbrannoe.com/news/eto-interesno/kak-i-na-chto-lenin-zhil-v-ssylke-v-shushenskom/(검색일: 2016. 8. 20)에 의거하였다.

71 Vladimir Ilyich Lenin, *Collected Works*, vol. 3. 4th Edition(Moscow: Progress Publishers, 1964), p. 636.

72 크루프스카야는 후일, 레닌과 함께 보낸 슈센스코예 생활에 대해 아주 편안하고 다소 즐거워 보이기까지 한 어조로 회상하였다. N. K. 크루프스카야, 백태웅 옮김, 『레닌의 추억 I』(녹두, 1986), 36~49쪽.

73 Как и на что Ленин жил в ссылке в Шушенском

74 *Ibid.*

75 В.Ленин, *Развитие капитализма в России. Процесс образования внутреннего рынка для крупной промышленности*(Ст-Петербург: Издательство М. И. Водовозовой, 1899). 한국어 번역으로는 V. I 레닌, 김지수 옮김, 『러시아에 있어서 자본주의의 발전』 1, 2(태백, 1988)이 있다.

76 Лев Троцкий, *Моя жизнь: Опыт автобиографии* том 1(Москва: Панорама, 1991), pp. 23~144와 로버트 서비스, 양현수 옮김, 『트로츠키』(교양인, 2014), 83~132쪽에 의존하였다.

77 로버트 서비스, 양현수 옮김, 『트로츠키』(교양인, 2014), 83~132쪽.

78 Richard Stites, *The Women's Liberation Movement in Russia: Feminism, Nihilism, and Bolshevism 1860~1930*(Princeton: Princeton University Press, 1978), pp. 143~145.

79 *Ibid.*, pp. 272~273.

80 *Ibid.*, pp. 140~141,

81 Edvard Radzinsky, *Stalin: The First In-depth Biography Based on Explosive New Documents from Russia's Secret Archives.* Translated by H. T. Willetts(New York: Doubleday, 1996), 80쪽.

82 로버트 서비스, 윤길순 옮김, 『스탈린, 강철권력』(교양인, 2004), 187~195쪽.

83 M Rufin Pietrwski, *The Story of a Siberian Exile. Traslated from the French*(London: Longman, Roberts, Green, 1863); Kornel Zielonka, *Wspominienia z powstania 1863 roku i z życia na wygnaniu w Syberyi*(Lwow: Macierz Polska, 1913); Wincenty Migurski, *Pamiętniki z Sybiru*(Lwów: Karol Wild, 1863); Justynian Ruciński, Konarszczyk, *1838~1878 Pamiętniki zesłania na Sybir*(Lwów: Jakubowski & Zadurowicz, 1895); (Julian Sabinski), *Dziennik mojej niewoli i wygnania. od roku 1838 do 1857 włącznie*(wrocław)(원서에는 저자 이름이 없다.); Agaton Giller, *Z wygnania*(Lwów: F. H. Richter, 1870).

84 이르쿠츠크의 연구자인 볼레슬라프 쇼스타코비치의 평가이다. Волеслав С. Шостакович, *Воспоминания из Сибири: Мемуары, очерки, дневниковые записи польских политических ссыльных в Восточную Сибирь первой половины XIX столетия*(Иркутск: Артиздат, 2009), p. 583.

85 *Ibid.*, pp. 24~25.

86 Максимов, *Op. cit.*, p. 344.

87 Zielonka, *Op. cit.*, pp. 144~145.

88 Максимов, *Op. cit.*, p. 356.

89 Daniel Beer, *The House of the Dead: Siberian Exile Under the Tsars*(New York: Alfred Knopf, 2017), p. 147.

5장

1 Andrew Gentes, "Sakhalin as Cause Célèbre. The Re-signification of Tsarist Russia's Penal Colony", *Acta Slavica Iaponica*, Tomus 32, p.

58.

2 *Ibid.*, p. 61.

3 Kennan, "Siberia. The Exiles' Abode".

4 *Ibid.*, pp. 36〜37.

5 *Ibid.*, p. 59.

6 *Ibid.*, p. 58.

7 *Ibid.*, pp. 61〜62.

8 *Ibid.*, p. 62.

9 Kennan, *Siberia and the Exile System* Vol. 1, p. 2.

10 *Ibid.*, p. 326.

11 『자조론』이라고도 번역된다.

12 알렉산드르 코로포트킨에 대한 이상의 서술은 Kennan, *Siberia and the Exile System Vol.* 1, pp., 325〜333에 의거한 것이다.

13 *Ibid.*, pp. 245〜249.

14 *Ibid.*, pp. 349〜350.

15 Edward Said, "Reflections on Exile", *Reflections on Exile: And Other Literary and Cultural Essays*(Cambridge, Massachusetts: Harvard University Press, 2002), pp. 181〜186.

16 Фельдштейн, *Op. cit.*, p. 178.

17 С. В. Максимов, *Тюрьма и ссыльные*(막시모프의 『시베리아 중노동형』의 초판본 제목. 2002년판 편자가 이 제목을 소개하고 있는데 책의 다른 서지 사항을 찾지는 못했다.)

18 М. Н. Бычков, "Предисловие", С. В. Максимов, *Каторга империи. Сибирь и каторга*, Часть первая(Москва: Издательство ЭКСМО-Пресс, 2002).

19 이 책에서는 1900년에 3부로 묶여 출판된 『시베리아와 중노동형』 제3판을 이용하였다. С. В. Максимов, *Сибирь и каторга. издание третье*(Ст-Петербург: Издание В. И. Губинскаго, 1900), p. 3.

20 *Ibid.*, p. 4.

21 *Ibid.*, p. 5.

22 Pietrowski, *Op. cit.*, pp. 65〜66.

23 *Ibid.*, pp. 62, 65.

24 Максимов, *Сибирь и каторга*(1900), pp. 4~5.

25 *Ibid.*, p. 4.

26 자기 이름과 같은 이름의 성인을 기리는 축일을 말한다. 러시아 정교 신도들은 이 수호성인 이름 축일을 자신의 생일보다도 더 중요하게 여기고 이를 성대히 축하하곤 했다.

27 Максимов, *Сибирь и каторга*(1900), p. 5.

28 *Ibid.*, pp. 7~8.

29 *Ibid.*, p. 5.

30 *Ibid.*, p. 6.

31 *Ibid.*, pp. 6~7.

32 *Ibid.*, p. 11.

33 *Ibid.*, p. 10.

34 Pietrowski, *Op. cit.*, p. 66.

35 Максимов, *Сибирь и каторга*(1900), pp. 20~21.

36 *Ibid.*, p. 12.

37 도스토예프스키, 앞의 책, p. 145.

38 *Максимов, Сибирь и каторга*(1900), p. 13.

39 *Ibid.*, pp. 16~17.

40 Н. М. Ядринцев, *Русская община в тюрьме и ссылке* (Санкт Петербург: Типография А. Моригеровскаго, 1872), p. 142.

41 Максимов, *Сибирь и каторга*(1900), p. 35.

42 "дружно—не грузно, а врозь—хоть брось", Максимов, *Сибирь и каторга*(1900), p. 36.

43 *Ibid.*, p. 36.

44 Ядринцев, *Русская община в тюрьме и ссылке*, p. 146.

45 *Ibid.*, p. 144.

46 *Ibid.*, pp. 144~145.

47 *Ibid.*, p. 145.

48 Максимов, *Сибирь и каторга*(1900), p. 46.

49 *Ibid.*, p. 46.

50 Ядринцев, *Русская община в тюрьме и ссылке*, pp. 163~174.

51 *Ibid.*, p. 177.

52 Максимов, *Сибирь и каторга*(1900), p. 17.

53 Zlelonka, *Op. cit.*, pp. 60~61.

54 Ядринцев, *Русская община в тюрьме и ссылке*, p. 175.

55 Pietrowski, *Op. cit.*, p. 89.

56 Ядринцев, *Русская община в тюрьме и ссылке*, p. 188.

57 *Ibid.*, pp. 147~148.

58 Максимов, *Сибирь и каторга*(1900), p. 36.

59 Ядринцев, *Русская община в тюрьме и ссылке*, p. 151~152.

60 Максимов, *Сибирь и каторга*(1900), p. 36.

61 Ядринцев, *Русская община в тюрьме и ссылке*, pp. 148~149.

62 Максимов, *Сибирь и каторга*(1900), pp. 37~38.

63 Ядринцев, *Русская община в тюрьме и ссылке*, p. 150.

64 *Ibid.*, pp 150~151.

65 *Ibid.*, p 150. 막시모프가 방문한 시베리아의 중노동 수용소에서는 농민이나 소시민 같은 자유인 출신 죄수는 3은화루블, 정배 유형수는 50코페이카, 떠돌이 죄수는 3코페이카를 납부했다. Максимов, *Сибирь и каторга*(1900), p. 43.

66 Максимов, *Сибирь и каторга*(1900), p. 44; Ядринцев, *Русская община в тюрьме и ссылке*, p. 152.

67 Максимов, *Сибирь и каторга*(1900), p. 45.

68 도스토예프스키, 앞의 책, 39~40쪽.

69 Максимов, *Сибирь и каторга*(1900), p. 39.

70 Ядринцев, *Русская община в тюрьме и ссылке*, pp. 154~160.

71 *Ibid.*, pp. 160~161.

72 *Ibid.*, pp. 162~163.

73 Pietrowski, *The Story of a Siberian Exile*, pp. 60~63.

74 이 부분 서술은 주로 위의 책, pp. 63~64에 의거하였다.

75 Максимов, *Сибирь и каторга*(1900), pp. 87~88.

76 Kennan, *Siberia and the Exile System*, Vol. 2, p. 159.

77 Максимов, *Сибирь и каторга*(1900), p. 34.

78 Kennan, *Siberia and the Exile System* Vol. 2, p. 159.

79 도스토예프스키, 앞의 책, 391쪽.

80 위의 책, 394~411쪽.

81 Максимов, *Сибирь и каторга*(1900), p. 87.

82 *Ibid.*, p. 158~160.

83 사라 영은 막시모프의 책도 수감 생활에 대한 지식을 전해 주는 전통의 일부가 되었으리라고 본다. Sarah J. Young, "Siberian prison and exile: two studies", http://sarahjyoung.com/site/2010/07/26/siberian-prison-and-exile-two-studies/(검색일: 2012. 10. 12).

84 Kennan, "Siberia. The Exile's Abode", p. 41.

85 케넌의 연구를 따르면 1867년에서 1872년 사이에 시베리아 유형수는 모두 6만 4274명이었는데 그 가운데 부인과 자녀를 동반한 사람은 1만 8208명이었다. *Ibid.*, p. 44.

86 *Усадьба князя Сергея Петровича Трубецкого*(Иркутск, 2004), 3쪽.

87 Максимов, *Сибирь и каторга*(1900), p. 411.

88 *Ibid.*, p. 411.

89 Николай Некрасов, Русские женщины: I. Княгиня Т *****(Трубецкая), *Отечественные записки*, 1872, No. 4; II. Княгиня М. Н. Вол—ская(Волконская), *Отечественные записки*(1873), том 206.

90 Gentes, *Exile to Siberia, 1590~1822*, p. 149.

91 Михаил Лемке, *Николай Михайлович Ядринцев*(Санкт Петербург: Типо-Литография "Герольд," 1904), pp. 4~5.

92 А. С. Маджаров, *Афанасий Прокопьевич Щапов: История жизни(1831~1976) и жизнь «истории»*(Иркутск: Издание ОАО Иркутская оьластная типография 1 им. В. М. Посохина, 2005), p. 338.

93 *Ibid.*, p. 349.

94 아래에 소개하는 사례들은 Lynda Yoon-Sun Park, "Political Exiles as Colonial Agents: The Russian Geographical Society and Its Exile-Explorers in Siberia, 1860s~1890s", pp. 367~370의 내용을 압축한 것이다.

95 도스토예프스키, 앞의 책, 415쪽.

96 위의 책, 404쪽.

97 위의 책, 41~42쪽.

98 Pietrowski, *Op. cit.* p. 107.

99 도스토예프스키, 앞의 책, 391쪽.

100 위의 책, 457쪽.

101 조르조 아감벤, 김항 옮김, 『예외 상태』(새물결, 2009), p. 15.

102 조르조 아감벤, 박진우 옮김, 『호모 사케르; 주권 권력과 벌거벗은 생명』(새물결, 2008).

103 Gentes, *Exile, Murder and Madness in Siberia, 1823~1861*, p. 14.

104 Ядринцев, *Сибирь как колония*, p. 195.

105 *Ibid.*, p. 199.

106 *Ibid.*, p. 194.

107 Максимов, *Сибирь и каторга*(1900), p. 39.

108 Kennan, *Siberia and the Exile System* Vol. 2, p. 154.

109 야로슬라블 지구 법정은 대개혁을 추친하였던 황제 알렉산드르 2세의 명령으로 야로슬라블도 야로슬라블시에 설립되었던 법정으로, 1866년에 설립되어 1917년까지 존속하였다. 민사·형사 업무를 담당하였다. http://www.yararchive.ru/funds/fund48668/(검색일: 2012. 11. 19).

110 Ядринцев, *Сибирь как колония*, pp. 198~199.

111 Kennan, *Siberia and the Exile System* Vol 2, pp. 229~243.

112 *Ibid.*, pp. 258~259.

113 Kennan, *Siberia and the Exile System* Vol 1, pp. 333~339.

114 *Ibid.*, pp. 339, 343~344.

115 *Ibid.*, p. 342.

116 Троцкий, *Моя жизнь*, p. 158.

117 *Ibid.*, p. 158.

118 Kennan, "Siberia. The Exile's Abode", p. 43.

119 Фельдштейн, *Op. cit.*, p. 185.

120 Максимов, *Сибирь и каторга*(1900), p. 65.

121 Ядринцев, *Сибирь как колония*, pp. 189~192.

122 *Ibid.*, p. 195.

맺음말

1 로마노프는 비테의 시베리아 팽창정책은 자본주의 팽창기 제정러시아 정부가 취한 정책의 필연적 귀결이라고 평가했다. Борис А. Романов, *Россия в Маньчжурии*(1892~1906), Ленинград: Издание ЛВИ им. А.С. Енукидзе(1928). p. ix.

2 시베리아 횡단 철도 부설의 장점에 관해 비테가 예상한 내용은 위의 책, pp. 57~60에 주로 의거한 것이며 아래 서술은 따로 명기하지 않은 이상 한정숙, 「제정러시아 제국주의의 만주 조선 정책」, 《역사비평》, 35호(1996, 겨울), 222~223쪽을 주로 축약한 것이다.

3 А.В.Ремнев, "Сделать Сибирь и Дальний Восток русскими. К вопросу о политической мотивации колони зационных процессов XIX-начала XX века", *Сибирская Заимка. История Сибири в научных публикациях*. http://zaimka.ru/remnev-motivation/(검색일: 2016. 1. 26).

4 Asada Masafumi, "The Russian-China-Japan Military Balance in Manchuria, 1906~1918", *The Impact of Russia's Resurgence on Eurasia and East Asia. Proceedings of the First Joint Symposium between IREEES*(Seoul National University) and SRC(Hokkaido University)(Seoul February 2008), pp. 5~8, 17~20.

부록 1

1 도스토예프스키, 앞의 책, 30쪽.

2 *Омский государственный литературный музей имени Ф. М. Достоевского: Путеводитель*(Омск, 2015), p. 2.

3 옴스크 요새의 구 대문들 가운데 토볼스키에 대문은 유일하게 지금까지 원형 그대로 보존되고 있다.

부록 3

1 *Иркутск и декабристы путеводитель*(Иркутск: Пепро-центр А, 2012), p. 7.

2 *Усадьба князя Сергея Петровича Трубецкого*(Иркутск: ИОИММД, 2004), p. 3.

참고 문헌   동양어 문헌, 논저 및 사료

계승범, 「17세기 중반 나선정벌의 추이와 그 동아시아적 의미」, 《사학연
    구》 110호, 2013.

고은, 김형수, 「고은·김형수 대담: 지난날 아시아는 외세에 의해, 이젠
    내부 모순에 의해 수치스럽네」, 《경향신문》, 2012. 10. 6.

金景淑, 「朝鮮時代 流配刑의 執行과 그 事例」, 《史學研究》 55. 56合集
    號, 1998. 9.

도스토예프스키, 표도르, 이덕형 옮김, 『죽음의 집의 기록』, 열린책들,
    2010.

차상원 역저, 『書經』, 명문당, 1984.

서비스, 로버트, 양현수 옮김, 『트로츠키』, 교양인, 2014.

徐壹敎, 『朝鮮王朝 刑事制度의 硏究』, 韓國法令編纂會, 1968.

신규수, 「朝鮮時代 流配刑罰의 性格」, 《한국문화연구》 23, 2012.

아감벤, 조르조, 김항 옮김, 『예외상태』, 새물결, 2009.

─────, 박진우 옮김, 『호모 사케르: 주권권력과 벌거벗은 생명』, 새물
    결, 2008.

이인영, 『아바쿰: 러시아 문화사적 측면에서 본 생애전』, 서울대 출판부,
    1991.

이동명, 「삼국 시대의 형벌 제도 연구」, 《법학연구》 34, 2009.

李貞薰, 「고려 시대 支配體制의 변화와 中國律의 수용」, 『고려 시대의
    형법과 형정』, 국사편찬위원회, 2002.

장선영, 「조선 시대 流刑과 絶島定配의 推移」, 《지방사와 지방 문화》, 4
    권 2호, 2001.

池哲浩, 「朝鮮前期의 流刑에 관한 硏究」 서울대 석사 논문, 1984.

크루프스카야, N. K., 백태웅 옮김, 『레닌의 추억 I』, 녹두, 1986, 36~49
    쪽.

톨스토이, 서상국 옮김, 『부활』, 작가정신, 2010.

한정숙, 「제정러시아 제국주의의 만주 조선 정책」, 《역사비평》 35, 1996
    년 겨울.

仁井田陞, 『中國法制史硏究: 刑法』, 東京大學 出版會, 1959.

陳顧遠, 『中國法制史』, 中國書店, 1988.

서양어 문헌, 논저 및 사료

Ананьев, Д. А., "Система воеводского управления в освещении историков-сибиреведов", *Сибирь в XVII—XX веках. Проблемы политической и социальной истории*, Новосибирск, 2002.

Андреев, Александр, *Строгановы*, Москва: Белый Волк-Крафт, 2000.

Анучин, Евгений Николаевич, *Исследования о проценте сосланных в Сибирь в период 1827~1846 годов: материалы для уголовной статистики России*, С. Петербург: Тип. Майкова, 1873.

————, *Материалы для уголовной статистики России: исследования о проценте ссылаемых в Сибирь* ч.1, Тобольск: Изд. Тобольского губернского статистического комитета тип. Тоб. губ. правления, 1866.

Ахметшин, Р. Б., "Сахалинское путешествие А.П. Чехова: к реконструкции замысла", 《러시아연구》, 25권 2호, 2015.

Вайнерман, Виктор, *"Поручаю себя Вашей доброй памяти", Ф. М. Достоевский и Сибирь*, Омск: Издательский дом, 《Наука》, 2014.

Грушевский, Михаил, *Иллюстрированная история Украины*, Киев: МПП Левада, 1996.

Женщина в истории России XVIII—XXI веков. Восьмые Щаповские чтения: Материалы Всероссийской научной конференции Иркутск, 1 октябрь 2010 г., Иркутск: Оттиск, 2010.

Зибарев, Виктор А., *Юстиция у малых народов севера (17~19 вв)*, Томск: Издательство Томского Университета 1990.

Каращ, Н. Ф., *Князь Сергей Волконски*, Иркутск: Мемориальный музей декабристов, 2006.

Ключевский, В. О. *Сочинения в девяти томах IV Курс русской истории*, Москва: Мысль, 1989.

Козловский, И. П., "Андрей Виниус, сотрудник Петра Великого", *Русская старина* №. 4., 1911.

Костомаров Н. И., *Русская история в жизнеописаниях её главных деятелей*. Том IV, Москва: РИПОЛ КЛАССИК, 1998.

Лемке, Михаил, *Николай Михайлович Ядринцев*, Санкт Петербург: Типо-Литография "Герольд", 1904.

Ленин, В., *Развитие капитализма в России Процесс образования внутреннего рынка для крупной промышленности*(Ст-Петербург: Издательство М. И. Водовозовой, 1899)

Ломоносов, Михаил, *Полное собрание сочинений т. 8. Поэзия, ораторская проза, надписи 1732~1764 гг.*, Москва; Ленинград: Издательство Академии Наук СССР, 1959.

Любавский, М. К., *Обзор истории русской колонизации с древнейших времен и до XX века*, Москва: Издательство Московского университета, 1996.

Маджаров, А. С., *Афанасий Прокопьевич Щапов: История жизни*(1831~1976) *и жизнь* (*истории*), Иркутск: Издание ОАО Иркутская оьластная типография 1 им. В. М. Посохина, 2005.

Максимов, С. В., *Сибирь и каторга издание третье*, Ст-Петербург: Издание В. И. Губинскаго, 1900.

———, *Каторга империи. Сибирь и каторга. Часть первая*, Москва: Издательство ЭКСМО-Пресс, 2002.

Марголис, А. Д., *Тюрьма и ссылка в императорской России. Исследования и архивные находки*, Москва: Лантерна-Вита, 1995.

Мирзоев, В., *Историография Сибири 1-я половина века*,

Кемерово: Кемеровское книжное издательство, 1963.

Новгородская первая летопись старшего и младшего изводов//*Полное собрание русских летописей*, Том третий, Москва-Ленинград: "Издательство Академии Наук СССР", 1950.

Омск, Омск: Издательство ТАСС-Восточный экспресс, 2006.

Омский государственный литературный музей имени Ф. М. Достоевского: Путеводитель, Омск, 2015.

Писаренко К. А., *Елизавета Петровна*, Москва: Молодая гвардия, 2014.

Политическая ссылка в Сибири XIX–начало XX в., Новосибирск: Издательство *Наука*, сибирское отделение, 1987.

Рабцевич, В. В., *Сибирский город в дореформенной системе управления* Новосибирск: Наука, 1984.

Ремизов Семен, *Краткая Сибирская летопись(Кунгурская)*, Составители К. Г. Леви, Н. В. Задонина, Иркутск: Время странствий, 2003.

Романов, Б. А. *Россия в Маньчжурии(1892~1906)*, Ленинград: Издание ЛВИ им. А. С. Енукидзе, 1928.

Рылеев, Кондратий Федорович, *Войнаровский*, Москва: 1825.

Саломон, А. П., *Ссылка в Сибирь. Очерк ее истории и современного положения. Для высочайше утвержденной Комиссии о мероприятиях по отмене ссылки*, Ст.-Петербург: Типография Ст.-Петербургской Тюрьмы, 1900.

Сибирь и декабристы, Иркутск: Иркутский музей декабристов, 2009.

Словцов, Пётр Андревич, *Историческое обозрение Сибири. книга первая*, С-Петербург: Типография И. Н.

Скорохов, 1886.

Соборное Уложение 1649 года. Текст и Комментарии, Ленинград: Издательство Наука, 1987.

Ссылка и общественно-политическая жизнь в Сибири XVIII–начало XX в., Новосибирск: Издательство Наука сибирское отделение, 1978.

Тальберг, Д. Г., "Ссылка на Сахалин", Вестник Европы, 1879 г., Т. III. No. V.

Троцкий, Л. Моя жизнь: Опыт автобиографии том 1, Москва: Панорама, 1991.

Тысяча лет русской истории в переданиях, легендах, песнях, Москва: Русская Книга, Полиграфресурсы, 1999.

Усадьба князя Сергея Петровича Трубецкого, Иркутск, 2004.

Фельдштейн, Григорий, Ссылка. Очерки ея генезиса, значенія, исторіи и современнаго состоянія, Москва: Высоч. утвержд. Товарищество Скоропечатии А. А. Левенсон. Петровка, д. Левенсон, 1893.

Фойницкий, И. Я., Учение о наказании в связи с тюрьмоведением, Москва: Добросвет 2000, 2000.

Чичерин, Борис Николаевич, Опыты по истории русского права, Москва: Тифографія Эрнста Барфкнехта и комп, 1858.

Шостакович, Волеслав С., Воспоминания из Сибири: Мемуары, очерки, дневниковые записи польских политических ссыльных в Восточную Сибирь первой половины XIX столетия, Иркутск: Артиздат, 2009.

Ядринцев, Н. М. Русская община в тюрьме и ссылке, Санкт Петербург: Типография А. Моригеровскаго, 1872.

———, Сибирь как колония, Тюмен: Издательство Ю Мандрики, 2000.

Anisimov, Evgenii V., *The Reforms of Peter the Great: Progress Through Coercion in Russia*, Translated with an introduction by John T. Alexander, Armonk; London: M. E. Sharpe, 1993.

Armstrong, Terence ed., *Yermak's Campaign in Siberia. A Selection of documents*, Translated from the Russian by Tatiana Minorsky and David Wileman, London, The Hakluyt Society, 1975.

Bassin, Marc, *Imperial Visions. Nationalist Imagination and Geographical Expansion in the Russian Far East, 1840~1865*, Cambridge: Cambridge University Press, 1999.

──, "Inventing Siberia: Visions of the Russian East in the Early Nineteenth Century", *The American Historical Review*, Vol. 96, No. 3., Jun., 1991.

Bauman, R. A., *Crime and Punishment in Ancient Rome*, Routledge, 1996.

Beer, Daniel, *The House of the Dead: Siberian Exile Under the Tsars*, New York: Alfred A. Knopf, 2017.

Beccaria, Cesare, *On Crimes and Punishments*, trans. by G. R. Newman; P. Marongiu, New Brunswick; London: Transaction Publishers, 2011.

Bobrick, Benson, *East of the Sun. The Epic Conquest and Tragic History of Siberia*, New Yor; London: Poseidon Press, 1992.

Braginton, Mary V., "Exile under the Roman Emperors", *The Classical Journal*, Vol. 39, No. 7, Apr., 1944.

Bryner, Cyril, "The Issue of Capital Punishment in the Reign of Elizabeth Petrovna", *The Russian Review*, vol. 49, 1990,

Caldwell, Robert G., "Exile as an Institution", *Political Science Quarterly*, Vol. 58, No. 2., Jun., 1943.

Carr, E. H., "Bakunin's Escape from Siberia", *The Slavonic and East European Review*, Vol. 15, No. 44., Jan., 1937.

Carr, E. H., *Michael Bakunin*, London; Basingstoke: Macmillan Press, 1937.

Clowes, Edith W., "Imagined Geography and Vocabularies of Identity in Post-Yeltsin Siberia", *Space, Memory, and Identity: The Local Experiences of Russia and Korea*(공간, 기억, 그리고 정체성: 러시아와 한국 지방의 경험), 『한국외대 제 3차 HK국제학술대회 발표문집』, 2012. 10.

Diment, Galya, Yuri Slezkine eds., *Between Heaven and Hell: The Myth of Siberia in Russian Culture*, New York: St. Martin's Press, 1993.

Fisher, Raymond, *Russian Fur Trade, 1550～1700*, Berkeley; Los Angeles: University of California Press, 1943.

Forsyth, James, *A History of the Peoples of Siberia. Russia's North Asian Colony 1581～1990*, Cambridge, Cambridge University Press, 1992.

Gentes, Andrew A, *Exile, Murder and Madness in Siberia, 1823～1861*, New York: Palgrave Macmillan, 2010.

――, *Exile to Siberia 1590～1822*, New York: Palgrave Macmillan, 2008.

――, "'Licentious Girls' and Frontier Domesticators: Women and Siberian Exile from the Late 16th to the Early 19th Centuries", *Sibirica: Journal of Siberian Studies*, (2003) 3(1). DOI: 10.1080/1361736032000168003.

――, "Sakhalin as Cause Célèbre. The Re-signification of Tsarist Russia's Penal Colony", *Acta Slavica Iaponica*, Tomus 32.

Golovnev, Andrei; Gail Osherenko, *Siberian Survival. The Nenets and Their Story*, Ithaca; London, Cornell University Press, 1999.

Hellie, Richard, *Enserfment and Military Change in Muscovy*, Chicago; London: The University of Chicago Press, 1971.

Hughes, Robert, *The Fatal Shore, The Epic of Australia's Founding*, New York: Alfred Knopf, 1986.

Keep, John L. H., *Soldiers of the Tsar: Army and Society in Russia, 1462～1874*, Oxford: Clarendon Press, 1985.

Kelly, Gordon P., *A History of Exile in the Roman Republic*, Cambridge; New York: Cambridge University Press, 2006.

Kennan, George, "Siberia. The Exile's Abode", *Journal of the American Geographical Society of New York*, Vol. 14, 1882.

———, *Siberia and the Exile System* vol. 1~2, Honolulu: University Press of the Pacific, 1970.

Lantzeff, George V., Pierce, R. A., *Eastward to Empire. Exploration and Conquest on the Russian Open Frontier, to 1750*, Montreal; London: McGill-Queen's University Press, 1973.

Lenin, Vladimir Ilyich, *Collected Works*, vol. 3. 4th Edition, Moscow: Progress Publishers, 1964.

Magosci, Paul Robert, *A History of Ukraine*, Seattle: University of Washington Press, 1998.

Miasnikov, V. S., *The Ch'ing Empire and the Russian State in the 17th Century*, trans. by Vic Schneierson, Moscow: Progress Publishers, 1985.

Mirsky. D. S., *A History of Russian Literature from Its Beginnings to 1900*, Edited by J. Whitefield, New York: Vintage Books, 1958.

Mote, Victor L., *Siberia. Worlds Apart*, Boulder: Westview Press, 1998.

Naumov, Igor V., Edited by D. N. Collins, The History of Siberia (New York: Routledge, 2006).

Patrick O'meara, *K. F. Ryleev: A Political Biography of the Decembrist Poet*, Princeton: Princeton University Press, 1984, p. 289~311.

Park, Linda Yoon-Sun, "Political Exiles as Colonial Agents: The Russian Geogaphical Society and Its Exile-Explorers in Siberia, 1860s~1890s", 《러시아 연구》, 제13권 제1호, 2003.

Pietrowski, M. Rufin, *The Story of a Siberian Exile. Traslated from the French*, London: Longman, Roberts, Green, 1863.

Pliny(Gaius Plinius Caecilius Secundus, Pliny the Younger), *Epistulae* VII.

Plutarch, *Lives*, Coriolanus.

Raeff, Marc, *Siberia and the Reforms of 1822*, Seattle: University of Washington Press, 1956.

Russian Penetration of the North Pacific Ocean. A Documentary Record 1700~11797, Edited and translated by B. Dmytryshyn; E. A. P.

Crownhart-Vaughan; T. Vaughan, Oregon: Historical Society Press, 1988.

Semyonov, Yuri, *The Conquest of Siberia. An Epic of Human Passions*, Translated by Dickes, London: George Routledge and Sons, 1944.

Said, Edward, "Reflections on Exile", *Reflections on Exile: And Other Literary and Cultural Essays*(Harvard University Press, 2002).

Singh-Masuda, Neil Raj, "Exilium Romanum: Exile, Politics and Personal Experience from 58 BC to AD 68", Ph. D. Dissertation University of Warwick, 1996.

Stites, Richard, *The Women's Liberation Movement in Russia: Feminism, Nihilism, and Bolshevism 1860~1930*, Princeton: Princeton University Press, 1978.

Tacitus, *History*.

Thucydides.

Toth, Stephen A., *Beyond Papillon: The French Overseas Penal Colonies, 1854~1952*, Lincoln; London: University of Nebraska Press, 2006.

Wolf, Eric R., *Europe and the People Without History*, Berkeley; Los Angeles; London: University of California Press.

Zielonka, Kornel, Wspominienia z powstania 1863 roku i z życia na wygnaniu w Syberyi, Lwow: Macierz Polska, 1913.

Znamenski, Andrei A., *Shamanism and Christianity. Native Encounters with Russian Orthodox Missions in Siberia and Alaska, 1820~1917*, Westport, Conneticut: London: Greenwood Press, 1999.

인터넷 자료

한국민족문화대백과, http://terms.naver.com/entry.nhn?docId*795345 &mobile&categoryId*1592(검색일: 2012. 3. 5).

Gentes, Andrew A, "Katorga: Penal Labor and Tsarist Siberia". http://eprint.uq.edu.au/archive/00004371/01/katorga.pdf (검색일: 2008. 02. 17).

Young, Sarah J., "Siberian prison and exile: two studies".
http://sarahjyoung.com/site/2010/07/26/siberian-prison-and-
exile-two-studies/ (검색일: 2012. 10. 12).

http://www.yararchive.ru/funds/fund48668/ (검색일: 2012. 11. 19).

Долгорукая Н. Б., *Своеручные записки княгини Натальи
Борисовны Долгорукой дочери г. фельдмаршала гра-
фа Бориса Петровича Шереметева.* СПб., 1913.
http://www.vostlit.info/Texts/rus8/Dolgorukaja/text.phtml (검색일:
2016. 1. 15).

Ремнев, А. В., "Сделать Сибирь и Дальний Восток рус-
скими. К вопросу о политической мотивации колониза-
ционных процессов XIX-начала XX века", *Сибирская Заи
мка. История Сибири в научных публикациях.* http://
zaimka.ru/remnev-motivation/ (검색일: 2016. 1. 26).

Рылеев К. Ф., дума XX Наталия Долгорукова.
http://biblioteka-poeta.ru/duma-xx-nataliya-dolgorukova/ryleev-k-f
(검색일: 2016. 1. 17).

Козлов, Иван, поэма《Княгиня Наталья Борисовна Долг
орукая》. http://www.stihi-xix-xx-vekov.ru/kozlov54.html (검색
일: 2016. 1. 22).

Мемориальный музей-заповедник "Сибирская ссылка В.
И. Ленина" в Шушенском http://shtish.livejournal.com/4874.
html (검색일: 2016. 8. 20).

Как и на что Ленин жил в ссылке в Шушенском.
http://www.izbrannoe.com/news/eto-interesno/kak-i-na-chto-lenin-
zhil-v-ssylke-v-shushenskom/(검색일: 2016. 8. 20).

출간사

급격하게 변화하고 있는 21세기를 맞아 창의적인
인문학 연구를 고취하고, 인문학의 연구 성과를 대중과
소통하여 그 내실을 다지며, 사회와 현실에 대한
보다 깊이 있는 시선을 확보하는 일은 무엇보다 중요하다.
옛것을 거울삼아 새로운 것을 창조해 내는 이른바
법고창신(法古創新)의 정신을 되살리고, 변화하는 사회에
능동적으로 대처하기 위해서는 무엇보다도 인문학이
가져다줄 수 있는 심화된 교양과 고전에 대한 깊이 있는
이해가 필요하다. 인문학의 위기를 걱정하고 그 미래를
고민하며 시대를 헤쳐 나갈 인문학의 지혜에 목말라하는
사람들은 많아졌지만, 정작 '대중 인문학'이라고 부를 수
있는 저술들은 턱없이 부족하다.

서울대 인문 강의 총서는 창의적 학술성을 지닌
인문학적 지식이 가독성과 깊이를 겸비한 저술을 통해
학계 및 사회와 소통할 수 있는 계기를 만들고자 한다.
이를 위해 대중과 호흡할 수 있는 창의적인 인문학 주제들을
발굴해 내고, 인문학 스스로 대중 및 사회와의 접점을
능동적으로 찾아 나가는 길을 모색하고자 한다. 서울대
인문 강의 총서는 "대중과 함께하는 인문학의 향연"
이라는 취지에서 2010년 시작된 '서울대학교 인문 강의'의
성과를 저술로 묶어 낸 것이다. 서울대 인문 강의 총서는
교양서와 학술서라는 진부한 이분법에서 벗어나 품격 있는
고급 교양서를 지향한다. 이를 위해 서울대학교 인문대학의
소장 교수들이 동양과 서양, 고대와 현대, 문사철(文史哲)의
경계를 넘나들며 최고의 인문학적 지식과 상상력을
펼쳐 보이고자 한다.

서울대 인문 강의 위원회

08 서울대 인문 강의

시베리아 유형의 역사

격리 형벌, 계몽, 자유

1판 1쇄 찍음	2017년 12월 22일
1판 1쇄 펴냄	2017년 12월 29일

지은이	한정숙
발행인	박근섭, 박상준
펴낸곳	(주)민음사

출판등록   1966. 5. 19.(제16-490호)

서울 강남구 신사동 506

강남출판문화센터 5층(135-887)

대표전화   515-2000

팩시밀리   515-2007

www.minumsa.com